Rüdiger Liedtke

Die Treuhand und die zweite Enteignung der Ostdeutschen

Die Treuhand und die zweite Enteignung der Ostdeutschen

Herausgegeben
von Rüdiger Liedtke

1993
edition spangenberg

Umschlaggestaltung: Frauke Bergemann
Herstellung: Bernd Walser
ISBN 3-89409-075-8
Printed in Germany

Inhaltsverzeichnis

RÜDIGER LIEDTKE

Zu treuen Händen – Volkswirtschaft im Angebot

Eine Einführung ins Thema

Seit die Treuhand installiert wurde, steht sie im Mittelpunkt der deutsch-deutschen Diskussion – gelobt, gescholten, verdammt. Ursprünglich gelobt von denen, die sich dieses Modell in der DDR-Endzeit auf Initiative des »Runden Tisches« hatten einfallen lassen zur Rettung des sogenannten Volksvermögens, also für die, die es geschaffen haben, die arbeitende Bevölkerung Ostdeutschlands. Die Regierung Modrow und die Verantwortlichen des in Auflösung begriffenen deutschen Staates hatten vor zu retten, was zu retten war. Sie scheiterten. Heute gelobt von denen, freilich unter gänzlich anderer Flagge, die die Treuhand nach der Währungsunion umfunktionierten in die Speerspitze westdeutscher und das heißt marktwirtschaftlicher Interessen zur Privatisierung und – wenn als notwendig erachtet – Liquidierung der ehemaligen DDR-Wirtschaft. An vorderer Stelle der Lobspender stehen die Bundesregierung, die überwiegende Zahl westdeutscher Konzerne und die Treuhandverantwortlichen selbst.

Gescholten wird die Treuhand jetzt von denen, die sich eine »sanfte Renovierung« der Ex-DDR hatten vorstellen können, einen behutsamen Übergang in das westdeutsche gesellschaftliche System, in die Systematik der Marktwirtschaft, besonders ihrer sozialen Komponente: Das alles ist gründlich schiefgegangen, nachdem deutlich wurde, daß der Osten Deutschlands von der Westwirtschaft auf Konsum programmiert und als gewinnbringender Markt definiert worden war, nachdem neue Produktionsstandorte nicht ernsthaft angedacht wurden, wogegen die Produktion im Westen boomte.

Gescholten auch von westdeutschen Ökonomen und in Ostdeutschland vor Ort agierenden Politikern: Eine politische Ausrichtung, die die Industrie einer ganzen Nation »auf den Markt

wirft«, agiert feindlich, da sie ihr Scheitern nicht nur einkalkuliert, sondern entscheidend mitbestimmt. Der Kollaps ostdeutscher Betriebe nach Währungsschnitt und weggebrochenen Absatzmärkten, bei veralteten Produktionsanlagen und fehlendem Management kommt nicht überraschend. Welcher westliche Unternehmer hätte denn unter solchen Voraussetzungen eine ernsthafte Überlebenschance gehabt? Kein Unternehmen kann, einmal zu »Schrott« erklärt, einen guten Preis bei einem in- oder ausländischen Investor erzielen. »Ludwig Erhard hätte diese Entwicklung nicht zugelassen«, so Sachsens Wirtschaftsminister Kajo Schommer (CDU) im Konzert mit seinen ostdeutschen Kollegen: »Wer den Patienten Ostwirtschaft jetzt vom Tropf abschneidet, ohne etwas für seine Genesung zu tun, macht sich der fahrlässigen Tötung schuldig. Heute ist die Schutzfunktion der Wirtschaftspolitik in der sozialen Marktwirtschaft gefragt und nicht ordnungspolitischer Radikalismus.« (Der Spiegel 2/93) Die Frage bleibt, ob es sich bei den umstrittenen ökonomischen Vorgaben der Treuhand in Bezug auf die »selbstheilenden Kräfte des Marktes« um Unwissen, Blauäugigkeit oder Vorsatz der in Bonn politisch Verantwortlichen gehandelt hat?
Gescholten wird die Treuhand von denen, die in Ostdeutschland einen deutschen Mezzogiorno entstehen sehen als Folge von Deindustrialisierung und Strukturzerschlagung. Mit verheerenden sozialpsychologischen Folgen für die Ostdeutschen und einem tiefgreifenden finanziellen Aderlaß auch für den Westen. Gesellschafts- und sozialpolitischer Sprengstoff! Evangelische Bischöfe aus den neuen Bundesländern beklagten zum Jahreswechsel 92/93, in der »kapitalistisch ausgerichteten Marktwirtschaft« seien neue Zwänge an die Stelle der alten getreten, die es zu bekämpfen gelte; selbst der Präsident des Arbeitgeberverbandes Gesamtmetall, Hans-Joachim Gottscholl, plädierte für ein zeitweiliges Abrücken von marktwirtschaftlichen Grundsätzen. (Süddeutsche Zeitung, vom 31. Dezember 1992)
Verdammt wird die Treuhand von der ostdeutschen Bevölkerung, weil die westdeutsche (und auch die westeuropäische) Industrie handstreichartig die ostdeutsche Industrie aus ihren angestammten Absatzmärkten verdrängt, sich die »Filetstücke« herausgeschnitten und 16 Millionen gutmütige Konsumenten definiert hat, die es auf die Schnelle »abzuzocken« galt. (»Ein

Volk stand auf und ging zu Aldi.«) Verdammt, weil dem Volk der DDR, den Menschen ihr erarbeitetes Eigentum genommen und reprivatisiert wird. Die in den Startlöchern stehenden Fabrik- und Gutsbesitzer von einst meldeten ihren Anspruch auf die in Staatshand bzw. nach DDR-Sprachgebrauch »Volkshand« befindlichen Betriebe und Ländereien an, Bauern fürchten um ihr Land, das sie infolge der Bodenreform erhalten hatten, Bürger, die nach dem Krieg guten Glaubens Wohnungen, Häuser und Grundstücke erworben hatten, bekamen es mit der Angst, als Zehntausende von Besitzansprüchen aus dem Westen in den Briefkästen lagen. Verdammt von denen, die Arbeit, soziale Bindungen, gewachsene Strukturen verloren haben, die hohe Zahl an Frauen ihre Beschäftigung, die Kinder ihren Hort, die Kulturszene ihre Sprachrohre.

Verdammt von denen, die die Marktwirtschaft für »nicht friedensfähig« halten: Wenn schon mit den »Brüdern und Schwestern« im Osten in solch rüder Weise umgesprungen wird, denen in der Vergangenheit doch stets Solidarität und Mitgefühl bekundet worden war, wie würde eine Bundesrepublik dann erst mit Fremden, fremden Märkten, den anderen osteuropäischen Ländern, gar der Dritten Welt umgehen? Günter Grass in seiner »Rede vom Verlust« in den Münchner Kammerspielen am 16. November 1992: »Als weitere Maßlosigkeit nenne ich den zentralistischen Alptraum Treuhand, nach dessen Übermaß menschliche Existenzen ausgesiebt werden. Nichts hat uns gezwungen, diese mittlerweile selbsttätigen Monster in die Welt zu setzen. Oder was hat uns gezwungen, so erbarmungslos mit beschädigten, wiederholt gedemütigten Menschen umzugehen? Wollten wir Westdeutschen uns an ihnen, den Ossis, beweisen? Sollen sie büßen, weil wir uns unsere Globke und Kiesinger, zudem Tausende NS-Juristen geleistet haben? Sollen sie, unsere vielberufenen ›armen Brüder und Schwestern‹, wiedergutmachen, was uns unter der Sonne des Wirtschaftswunders mißraten ist? – Um bei der deutschen Maßlosigkeit zu bleiben: welch Ausmaß an Selbstgerechtigkeit schlägt hier zu Buche!« (Süddeutsche Zeitung, vom 21./22. November 1992)

Die Treuhand, ihre Repräsentanten und das Personal der »Abwicklung« – gelobt, gescholten, verdammt. Entsprechend dem politischen Standort, der unterschiedlichen ökonomischen In-

teressenlage, der moralisch-ethischen Sichtweise. Niemals zuvor in der Geschichte hat es etwas Vergleichbares gegeben, hat ein Land die Wirtschaft eines anderen per Dekret innerhalb kürzester Zeit in ein gänzlich anderes ökonomisches System überführt. Niemals zuvor hat es eine der Treuhand vergleichbare ökonomische Machtballung gegeben, eine »Holding«, die eine komplette Volkswirtschaft im Angebot hat, um sie zu verkaufen, also zu privatisieren, bei Bedarf auszuschlachten und bei Unrentabilität zu liquidieren.
Im Mittelpunkt des vorliegenden Buches steht die »zweite Enteignung der Ostdeutschen« durch die dafür eingesetzte westdeutsche Staats-Holding »Treuhandanstalt«. Die erste, in Etappen vollzogene Enteignung der ostdeutschen Bevölkerung erfolgte mit der Verstaatlichung aller Produktionsmittel durch die sowjetische Besatzungsmacht, schließlich durch die offizielle DDR-Politik und die sie repräsentierenden Kommunisten. Die »zweite Enteignung« ist die Transformation des Volkseigentums nach marktwirtschaftlichen Gesichtspunkten in private Hände. Ein Prozeß mit weitreichenden ökonomischen und sozialen Folgen, dem mit marktwirtschaftlicher Hauruck-Philosophie und pluralistisch-demokratischer Schlaumeierei allein nicht mehr beizukommen ist.
Das Buch setzt sich kritisch mit der Treuhandanstalt, ihren Rahmenbedingungen (Einigungsvertrag, Treuhandgesetz) und den politischen Vorgaben auseinander. Ausgewiesene Fachleute, Ökonomen und Wirtschaftshistoriker unterziehen die Treuhand einer lückenlosen Bestandsaufnahme und arbeiten die sich abzeichnenden Folgen einer in großen Teilen verfehlten Politik heraus. Folgen für den Industriestandort Ost, für die soziale Situation der Ostdeutschen, für die stetig auseinanderklaffende Schere zwischen Ost und West. An anschaulichen Beispielen wird die Privatisierungs- und Verkaufspolitik der Treuhand dargestellt. Die brandenburgische Sozialministerin skizziert die fortschreitende Deindustrialisierung und soziale Entwurzelung in Ostdeutschland als Folge der Treuhandpolitik. Treuhandpräsidentin Birgit Breuel versucht eine Rechtfertigung ihrer Politik, die, ausschließlich marktwirtschaftlich orientiert, erhebliche Härten einkalkuliert.
Das dicke Ende der Treuhandpolitik steht noch aus, ihre heute

getroffenen Entscheidungen werden noch Jahre das Klima im Land bestimmen. Denn in Ostdeutschland sind Lebensgewohnheiten und Sozialstrukturen eingestürzt, herrscht Massenarbeitslosigkeit vor, führt Deindustrialisierung zur Verödung traditionsreicher industrieller Standorte. Die Liquidierung gewohnter Umgangsmuster, die Demontage der Kultur, des Sports, des Gesundheitswesens, der Medien geschieht über die Köpfe der betroffenen Menschen hinweg. Lebensentwürfe, Lebensleistungen aus vier Jahrzehnten werden negiert oder verspottet. Den Ostdeutschen wird suggeriert, gesellschaftspolitisch, moralisch und besonders ökonomisch »verrottet«, »marode« und »heruntergewirtschaftet« zu sein, eine Überlebenschance sei nur durch westdeutsche Alimentierung möglich. Umfragen zufolge fühlt sich ein großer Teil der ehemaligen DDR-Bevölkerung »kolonialisiert« und »erobert«. Welche Mechanismen diesem Empfinden zugrunde liegen und ob es historisch gesehen Parallelen zum Umgang der Westdeutschen mit den Ostdeutschen gibt, untersucht Armin Steuer in seinem Beitrag »Von den Conquistadores bis zur Treuhand – Sieger und Besiegte in der Geschichte«.

Die Treuhand-Politik läßt die Ostdeutschen ein Gefühl der Ohnmacht und der Zweitklassigkeit empfinden. Hatte doch der Bundeskanzler ein ums andere Mal versprochen: »Es wird niemandem schlechter gehen als zuvor, dafür vielen besser.« Die Westdeutschen hingegen haben das Gefühl, aufgrund widersprüchlicher, falscher und nicht plausibler politischer Vorgaben und Entscheidungen immer wieder für die »Ossis« zur Kasse gebeten zu werden. Das erzeugt Feindschaft zwischen Ost und West.

Die Psychoanalytiker Hans-Joachim Maaz (Ost) und Margarete Mitscherlich (West) untersuchen von ihrem unterschiedlichen Standort aus, was die Motive der Westdeutschen sind, die jahrzehntelang Kerzen in die Fenster gestellt und Mitleids-Päckchen gepackt haben, jetzt über ihre »Brüder und Schwestern« in einer Manier herzufallen, die man von den ärgsten Feinden nicht erwarten würde. Handelt es sich dabei nur um Wildwüchse des Kapitalismus im Gewand der Marktwirtschaft, ist es vielleicht Unwissenheit, weil es für die Einführung der Marktwirtschaft solcher Art bisher kein historisches Vorbild gab oder spielen möglicherweise tiefsitzende psychologische Motive eine Rolle? Ist es die unverarbeitete eigene Geschichte, sind es Komplexe seitens der Westdeutschen? Entstammt die an den Tag gelegte und von den Ostdeutschen vielfach so empfundene Siegermentalität vielleicht dem unbewußten Gefühl, den Krieg nachträglich gewonnen zu haben, allemal nach dem Zusammenbruch der UdSSR? Gebiert diese Mentalität da neues Herrschaftsdenken und -handeln, wo eigentlich Solidarität gefragt wäre? Stößt demokratisches Verhalten unseres Zuschnitts dort an seine Grenzen, wo Eigentum die höchste moralische Instanz ist? Wie aber ist dann, fragt Johannes Ludwig in seinem Beitrag, der Umgang mit ehemals jüdischem Eigentum zu werten? Wird das Primat des Eigentums nur so lange hochgehalten, wie man selbst davon profitiert?

Sind die Ostdeutschen an der Misere selbst schuld, da sie doch schließlich diese Politik gewählt haben? Die Ostdeutschen seien nicht zu retten, sagen diejenigen, die gehofft hatten, daß zumindest die positiven Ansätze und Entwicklungen der jüngeren DDR-Geschichte in das neue Deutschland herübergerettet werden könnten: Warum um alles in der Welt haben die Ostdeutschen ihre friedliche Revolution so schnell verspielt? Ihren weltweiten Kredit gleich an westdeutschen Kassen abgeliefert? Sind den Versprechungen der verantwortlichen Westpolitiker unhinterfragt aufgesessen und haben, gegen alle Warnungen, naiv geglaubt, der Markt verschenke etwas, meine es gut mit ihnen? Wer denke, man müsse nur CDU wählen, die D-Mark einführen und schon komme der Segen, der habe sein Schicksal selbst zu verantworten, der müsse jetzt Lehr- und Strafgeld zahlen, der habe die Treuhand verdient. Zynisch, selbstgerecht und überheblich ist der immer wieder zu hörende Ansatz, die Westdeutschen hätten sich ihren Wohlstand ja schließlich auch erst erarbeiten müssen. Wer sich 40 Jahre geduckt habe, der müsse nicht nur wieder den »aufrechten Gang«, sondern erst einmal richtig arbeiten und anpacken lernen.

Gleichzeitig verramschen westdeutsche Manager und Glücksritter unterschiedlicher Couleur das »Volkseigentum«, schlachten die Betriebe aus, bereichern sich – marktwirtschaftliche Anarchie ohne Kontrollmechanismen. Wer nie wirtschaftliche Konkurrenz kannte und die Ellenbogenmentalität des freien Marktes nie spürte, kann nicht mithalten. Der Schriftsteller Rolf Schneider meint zum Lebensgefühl der Ostdeutschen, seine Landsleute fühlten sich »hintergangen, betrogen, gedemütigt, wieder einmal«. (Der Spiegel, 25. Februar 1991) Möglicherweise – so der Psychotherapeut Hans-Joachim Maaz – kann man sich nur als DDR-Bürger in den Zustand einfühlen, der entsteht, »wenn man ein halbes Leben auf einen Trabi gespart und gewartet hat, und mit einem Schlag wird durch die ›Mercedes-Wirtschaft‹ alles absolut lächerlich gemacht.« (Süddeutsche Zeitung/Magazin, 16. August 1991) Das schlägt Wunden, die langsam heilen und Narben hinterlassen. Gregor Gysi zeigt in seinem Beitrag auf, daß die Ost- und Westdeutschen schon lange nicht mehr zusammengehören, daß gänzlich neue Denkmuster verlangt werden, will man die Mauer im Kopf nicht ständig wuchtiger werden lassen.

Der Sozialpädagoge Wilfried Gottschalch kritisiert im »Freibeuter« die westdeutschen Politiker, die es durch ihre Reduktion der Wiedervereinigung auf ein herrschafts- und finanztechnisches Problem am Verständnis für die objektive Situation und an Einfühlung in die subjektive Befindlichkeit der ostdeutschen Bevölkerung haben fehlen lassen. »Zwar blieb das physische Leben unbedroht, dafür verloren viele Menschen ihre mühsam erworbene und aufrechterhaltene Integrität.« Drei Reaktionsformen der Ostdeutschen stehen dabei im Vordergrund: »Erstens führt die Gleichschaltung der ostdeutschen Länder zum Zusammenbruch der sowieso schon schwachen DDR-Wirtschaft. Man mußte sich versorgen, d. h. Kindern gleich behandeln lassen. Zweitens verloren viele Menschen ihre Individualität. Ihre lebensgeschichtlichen Erfahrungen wurden entwertet, ihre politische und berufliche Identität gebrochen. Das muß ihre Selbstachtung untergraben. Drittens wurden ihnen jene Möglichkeiten der Selbstbestimmung, die sie in gewissen Nischen ihrer Gesellschaftsordnung hatten, genommen. Vor allem verdunkelten sich alle ihre Zukunftsperspektiven. Sie wissen nicht mehr, auf welche Zukunft sie sich eigentlich vorbereiten können.« (Freibeuter 51/1992)

Wenn jemand wie die frühere DDR-Wirtschaftsministerin in der Regierung Modrow, Christa Luft, heute daran erinnert, daß sowohl das Treuhandgesetz als auch der Einigungsvertrag –

entgegen maßgeblicher Experten-Ratschläge – auf jeglichen struktur-, arbeitsmarkt-, regional- und umweltpolitischen Auftrag für die Treuhand verzichtet haben, und die Politik der Bundesregierung als »schocktherapeutischen Kurs« der »konservativen politischen Klasse Deutschlands« kritisiert, wird sie von der westdeutschen Presse und zahlreichen West-Ökonomen als Sozialromantikerin oder DDR-Nostalgikerin verhöhnt. Ähnlich geht es denen, die darzustellen versuchen, welche Chancen der Veränderung für die alte Bundesrepublik und damit das vereinte Deutschland verpaßt worden sind und noch immer verpaßt werden durch das unsensible Auslöschen gewachsener und längst nicht nur verdammenswerter Strukturen aus vier Jahrzehnten DDR.

Viele der in diesem Buch versammelten Beiträge zeigen, von den unterschiedlichsten Warten aus, daß es absurd ist, die westdeutschen Werte als die allein seligmachenden zu preisen, die gewachsenen Identitäten auf D-Mark, Konsum und »Made in Germany« zu reduzieren. Kritiker haben recht, wenn sie sagen, der Treugeber, also die Bevölkerung der früheren DDR, fühle sich vom Treuhänder und der Bonner Politik vielfach hintergangen und betrogen, seines Kapitals beraubt. Jürgen Habermas macht Entwertung von Kapital in dreifacher Hinsicht aus: »Die Entwertung des industriellen Kapitals verdichtet sich symbolisch in der Treuhand, die das Volksvermögen verscherbelt; die Entwertung des lebensgeschichtlichen Kapitals ganzer Generationen findet ihren Ausdruck in den anonymen Schicksalen der Massenarbeitslosigkeit; die Entwertung des intellektuellen Kapitals wird sichtbar in der Abwicklung von Akademien und Hochschulen, in der Gleichschaltung der Medien, und es äußert sich nicht zuletzt im Verstummen der mit Fleiß diskreditierten Sprachmächtigen von einst: Der sogenannte Literaturstreit hat seinen Zweck erfüllt.« (Die Zeit 51/1992) Zu welchen Folgen die Privatisierung der Kulturlandschaft eines Landes führen kann, welche Identitäten und Wertmuster dabei verloren gehen, damit beschäftigen sich die Beiträge von Elmar Faber und Michael Faber.

Ist die deutsch-deutsche Vereinigung auch unabdingbar Geschichte, die Transformation der ehemaligen DDR-Wirtschaft in die des Westens unwiderrufbar und ein Zusammenleben der

Ost- und Westdeutschen für die Zukunft mehr recht als schlecht zu erwarten, so sind doch heute noch erschreckend viele Fragen offen, Probleme ungelöst. Der Ökonom Rudolf Hickel und die Autoren Thomas Ebermann/Rainer Trampert sehen die Ursachen dafür u. a. in den marktwirtschaftlichen Strukturen. Ihre Beiträge hinterfragen die Marktwirtschaft und ihre Umsetzung durch die Treuhand. Sie geben nicht primär der Treuhand die Schuld an der Misere in Ostdeutschland, sondern zuvorderst dem von ihr exportierten Wirtschaftsmodell West (Ebermann/Trampert). Das »neue Deutschland« – so Rudolf Hickel, brauche eine »Kapitalismusreform«.
»Die Treuhand und die zweite Enteignung der Ostdeutschen« zeigt auch auf, wo Korrekturen dringend erforderlich und auch möglich sind. Zweifellos sind westdeutsche Arroganz und Besserwisserei, die Hochnäsigkeit im Anpreisen westdeutscher Werte mitschuldig am schlechten deutsch-deutschen Klima. Inbegriff aber für das rücksichtslose Unterordnen der ostdeutschen Bevölkerung unter westdeutsche Interessen ist die Treuhand, eine Anstalt, deren hehrer Name vielen Betroffenen längst wie blanker Zynismus erscheint.

JÖRG ROESLER

Die Treuhandanstalt: Wirtschaftsimperium oder Politikinstrument?

Die Geschichte der Treuhand und die ökonomische Transformation der ehemaligen DDR-Wirtschaft

In einem aufsehenerregenden Artikel sprach die ostdeutsche Illustrierte »extra Magazin« im März 1991 von der »allmächtigen Treuhand« und titulierte den damaligen Treuhandpräsidenten Detlev Karsten Rohwedder als »Herrscher des Ostens«. Rohwedder kommandiere mit der Treuhandanstalt (im folgenden Treuhand) »den größten Konzern der Welt«, meinte die Illustrierte. Mit einem Federstrich könne er Zehntausende in die Arbeitslosigkeit entlassen.[1]

Daß die Treuhand an der wirtschaftlichen Misere im Osten Deutschlands schuld sei, ist eine in der Ex-DDR weit verbreitete Meinung. Die Treuhandzentrale in Berlin bzw. einzelne der 15 regionalen Büros waren wiederholt Ziel erregter Demonstranten. Anfang Juli 1991 hatten Gewerkschafter in Rostock den Eingang zur Treuhandniederlassung vermauert und mit der Aufschrift »Ihr verbaut unsere Zukunft, wir Eure Tür« versehen. In Schwerin schütteten Metallarbeiter mehrere Säcke Sand vor den Eingang der Treuhandniederlassung: Damit bringe man den Sand zurück, den die Treuhand den Mitgliedern der IG Metall in die Augen gestreut habe.[2]

Auch in der Bundestagsdebatte zum Jahreswirtschaftsbericht 1990 Mitte April 1991 spielte die Treuhand eine wesentliche Rolle. Keiner der Hauptredner der Bundestagsparteien versäumte es, sich mit ihr zu beschäftigen. Während Bundesregierung und Koalitionsparteien die Arbeit der Treuhand positiv einschätzten, kritisierte sie der Sprecher der SPD. Die Bürgerbewegungen verlangten einen Neuanfang der Anstalt auf der Grundlage eines revidierten Treuhandgesetzes. Der Vertreter

[1] Kai Hermann, Das Imperium des Dr. Rohwedder und seine SED-Seilschaften, in: extra Magazin 1, 1991, 12, S. 10 ff.

[2] Neues Deutschland, 6./7. 7. 1991.

der PDS/Linke Liste, der die Ergebnisse der bundesdeutschen Wirtschaftspolitik im Osten als eine Katastrophe bezeichnete, forderte: »Der Mammutkonzern im Gewande einer Behörde, genannt Treuhand, muß aufgelöst werden.«[3]
Wie unterschiedlich auch die Rolle der Treuhand eingeschätzt wurde und wird, in einem Punkt gab es keinen Streit: Die Treuhand ist in der ostdeutschen Wirtschaftslandschaft nicht zu übersehen. Zu Beginn ihrer Tätigkeit im Frühjahr bzw. Sommer 1990 verfügte die Holding über rund 8000 Betriebe (vorwiegend in der Industrie, darunter 2000 mit mehr als 1500 Beschäftigten), über rund 25000 Einzelhandelsgeschäfte, 7500 Gaststätten und Hotels, 2000 Apotheken, 900 Buchhandlungen, ferner über Reisebüros, FDGB-Heime und -Hotels, Zeitungs- und Zeitschriftenverlage sowie 1,7 Millionen Hektar land- und forstwirtschaftlicher Nutzfläche.[4] (Im folgenden werden wir uns aus Platzgründen auf die Industrie beschränken müssen.) Die Gesamtzahl der Mitarbeiter der Treuhand betrug vier Millionen. Damit war die Treuhand ab dem 3. Oktober 1990 nicht nur das größte Staatsunternehmen Deutschlands, sondern tatsächlich die größte Holding der Welt. Zur Treuhand gehörten so viele Betriebe und Mitarbeiter, wie die 25 größten börsennotierten Unternehmen der USA zusammen aufweisen.[5]
Diejenigen, die die Treuhand zu diesem Großunternehmen machten, waren nicht dieselben, die ihre Weiterexistenz heute vehement verteidigen, sondern diejenigen, die sie heute abschaffen oder doch grundlegend reformieren möchten: PDS und Bündnis 90/Grüne. Die Gründung der Treuhand erfolgte 1990 allerdings unter anderen wirtschaftlichen und politischen Konstellationen, als sie für 1991 charakteristisch sind.

Die Einsetzung der »Anstalt zur treuhänderischen Verwaltung des Volkseigentums« erfolgte am 1. März 1990, in den letzten Tagen der Amtszeit Hans Modrows.[6] Die Anstalt erhielt den Auftrag, in den zu GmbHs bzw. Aktiengesellschaften umzuge-

[3] Das Parlament 41, 1991, 19, S. 5 ff.
[4] Manfred Lemaire, Treuhandanstalt: das lange dünne Ende kommt noch, in: Wochenpost 38, 1991, 6, S. 25.
[5] Neues Deutschland, 12. 3. 1991.
[6] Vgl. Gesetzblatt (GBl.) der DDR 1990, Teil I, Nr. 14.

staltenden Volkseigenen Betrieben (VEBs) die Gesellschafterrechte wahrzunehmen. Sie verfügte über 100% des Stammkapitals der Betriebe. Mit der organisatorischen Umwandlung erfolgte zunächst noch kein Eigentumswandel, d.h. das Volkseigentum blieb als solches bestehen. Die Treuhand nahm am 15. März ihre Arbeit auf. Viele Mitarbeiter der Arbeitsgruppe Wirtschaftsreform beim Ministerrat wechselten in die Treuhand über.[7] Wenn personell alles beim alten blieb, warum dann überhaupt die in letzter Minute vor der Wahl am 18. März unternommene Neugründung? Verständlich wird diese Maßnahme nur im Kontext des Wirtschaftsreformprogramms der Regierung Modrow und der sich seit der Wende in den Betrieben vollziehenden Auflösungsprozesse des planwirtschaftlichen Systems. Anfang Februar 1990 hatte der Ministerrat der DDR ein Wirtschaftsreformprogramm gebilligt, das eine Abkehr von dem noch im November 1989 in Modrows Regierungserklärung zu erkennenden Ziel einer »marktorientierten Planwirtschaft« darstellte.[8] Mit der Aufnahme des »Reformkonzeptes« bekannte sich die DDR-Regierung nunmehr »zu einer sozial und ökologisch orientierten Marktwirtschaft«.[9] Wenige Tage später schätzte die Arbeitsgruppe Wirtschaft des zentralen »Runden Tisches«, in dem die Bürgerbewegungen dominierten, das Reformkonzept »als Grundlage weiterer notwendiger Entscheidungen zur Durchführung der Wirtschaftsreform positiv ein«[10], so daß seiner Verwirklichung unter dem damaligen politischen Kräfteverhältnis in der DDR nichts mehr im Wege stand.

Das Reformkonzept sah den schrittweisen, aber konsequenten Abbau der zentralplanwirtschaftlichen Organisation der Wirtschaft vor. Damit wurden die VEBs und Kombinate aus dem System der staatlichen Kontrolle entlassen. Damit sie weder zu »herrenlosem Gut« wurden, das bei der zu erwartenden Vereinigung mit der BRD zum Spielball privater Interessen werden würde, noch die bisherigen VEB-Direktoren De-facto-Eigentü-

[7] Wochenpost 38, 1991, 28, S. 2.
[8] Christa Luft, Zwischen Wende und Ende, Berlin 1991, S. 85 ff.
[9] Regierungskonzept zur Wirtschaftsreform in der DDR. Zielstellung, Grundrichtungen, Etappen und unmittelbare Maßnahmen der Wirtschaftsreform in weiterer Verwirklichung der Regierungserklärung vom 17. 11. 1989, hg. von der Arbeitsgruppe Wirtschaftsreform beim Ministerrat der DDR, Berlin 1990, S. 1.
[10] Ebenda, S. IV.

mer und Herren der Unternehmen – ersteres wurde stärker von der PDS, letzteres von den Bürgerbewegungen befürchtet –, entschloß sich die Regierung, die Treuhandanstalt zu schaffen. Diese würde – wie es in einer der Presse übergebenen Verlautbarung zum Treuhandbeschluß hieß – »unter parlamentarischer Kontrolle stehen, als Verwalter des Volkseigentums, aber nicht als wirtschaftsleitendes administratives Organ«[11] arbeiten.

Obwohl die Regierung Modrow beim Übergang zur Marktwirtschaft der Veränderung des Wirtschaftsmechanismus eindeutig gegenüber Veränderungen der Eigentumsformen Priorität gab,[12] war durchaus an Veränderungen am Eigentum gedacht. Der Weg zur Schaffung privaten Eigentums war freizumachen; neue Wege bei der Organisation des »gesellschaftlichen Gemeineigentums an Produktionsmitteln« und des genossenschaftlichen Eigentums waren zu beschreiten. Aus dem Volkseigentum sollten bei Entflechtung der bestehenden Kombinatsstrukturen verschiedene Formen des gesellschaftlichen Gemeineigentums entstehen: »Staatliches Eigentum in bestimmten Branchen, kommunale Unternehmen, Beteiligung der Belegschaften an ihrem Betrieb durch günstige Konditionen, Management-buy-out«.[13] Privateigentum sollte vor allem durch Neugründungen entstehen, wofür volle Gewerbefreiheit versprochen wurde. Weiteres privates bzw. staatlich-privates Eigentum sollte durch Rückwandlung halbstaatlicher oder 1972 enteigneter privater Unternehmen in Unternehmen mit inländischer Beteiligung bzw. Privatbetriebe geschaffen werden. Eine wesentliche Rolle war auch »Unternehmen mit ausländischer Beteiligung« (Joint Ventures) zugedacht.[14]

Für den Übergang zur »sozial und ökologisch orientierten Marktwirtschaft« in der DDR sah das Reformkonzept einen Zeitraum von zweieinhalb Jahren (bis Ende 1992) vor. Darin war das erste Halbjahr 1990 als erste Etappe mit eingerechnet. Die vorgesehenen Veränderungen am wirtschaftlichen Eigentum sollten bereits in der ersten Phase durchgeführt werden bzw.

[11] Neues Deutschland, 2. 3. 1990.
[12] Christa Luft (Anm. 8), S. 94.
[13] Christa Luft, Eigentumspluralismus war geplant, in: Neues Deutschland, 22.3.1991.
[14] Regierungskonzept (Anm. 9), S. 5.

beginnen. Daraus erklärt sich die Eile, mit der von der Regierung Modrow nicht nur das Treuhandgesetz, sondern auch die Gesetze zur Gewerbefreiheit, zur Gründung privater Unternehmen einschließlich der Reprivatisierung der 1972 volkseigen gewordenen Unternehmen und das Gesetz über Joint Ventures verabschiedet wurden. Das waren Gesetze, von denen Modrows Nachfolger de Maizière in seiner Regierungserklärung im April 1990 sagte, daß sie »einen Impuls gesetzt haben, sich selbständig zu machen«.[15] Allerdings bemängelte der am 18. März gewählte neue Ministerpräsident die Langsamkeit, mit der die Eigentumsveränderungen vor sich gingen. Beschleunigung war jedoch nicht das einzige, was die Regierung de Maizière in der Eigentumsfrage beizutragen gedachte.

Mit ihrer mehrheitlichen Stimmabgabe für de Maizières »Allianz für Deutschland« hatten sich die DDR-Bürger nicht nur für eine andere Parteienkonstellation, sondern auch für ein anderes politisches und wirtschaftliches Konzept entschieden, als dies die Regierung Modrow in Übereinkunft mit dem »Runden Tisch« verfolgt hatte. Dieses Konzept war jedoch kein eigenes, sondern ein übernommenes: Die Regierung in Bonn hatte sich Mitte Februar für die »Wiedervereinigung« zum frühestmöglichen Zeitpunkt und die En-bloc-Einführung der Marktwirtschaft in der DDR zu einem noch zu bestimmenden Stichtag entschieden. De Maizière wurde sich bald nach seinem Amtsantritt mit der Bundesregierung über das Datum für die Wirtschafts-, Währungs- und Sozialunion (im folgenden Währungsunion) einig.[16] Das Konzept der neuen Regierung unterschied sich von dem der Regierung Modrow nicht nur durch die Vorverlegung des Eintritts der uneingeschränkten Marktwirtschaft vom 1. Januar 1993 auf den 1. Juli 1990, sondern auch durch die Ersetzung der »sozial und ökologisch orientierten Marktwirtschaft bei staatlich regulierten Rahmenbedingungen«[17] durch die »Soziale Marktwirtschaft« bundesrepublikanischer Prägung, für die zwar »die notwendigen rechtlichen Voraussetzungen und Institutionen«

[15] Lothar de Maizière, Regierungserklärung, in: Neues Deutschland, 20. 4. 1991.
[16] Jörg Roesler, Die verschwundene Alternative, in: Utopie konkret 2, 1991, 7, S. 48 ff.
[17] Regierungskonzept (Anm. 9), S. 17

zu schaffen seien, die ansonsten aber – so die Erwartung – im Selbstlauf jenes Niveau der wirtschaftlichen Prosperität und sozialen Absicherung bringen würde, dessen sich die Bundesrepublik schon seit Jahrzehnten erfreute.
Dieser Schritt der Bundesregierung – obwohl vom Bundeskanzler zunächst ganz pragmatisch mit der Schaffung von Startbedingungen, »die eine rasche Verbesserung des Lebensstandards der Bürger in der DDR ermöglichen«, und der »katastrophalen Lage in der DDR« gegenüber dem Parlament begründet[18] – bedurfte einer ordnungspolitischen Absicherung. Diese wurde denn auch mit einem umfangreichen, im März 1990 fertiggestellten Gutachten der Universität Köln nachgereicht, das insofern von besonderem Interesse ist, als es den leitenden Beamten des neugeschaffenen de Maizièreschen Wirtschaftsministeriums von deren bundesdeutschen Beratern quasi als Fibel in die Hand gedrückt wurde.[19]
In dem als Sonderdruck des Presse- und Informationsamtes der Bundesregierung verbreiteten Kölner Gutachten wurde nicht nur jede schrittweise Transformation als kontraproduktiv verworfen, sondern auch ein Junktim zwischen Einführung der Marktwirtschaft und umfassender Privatisierung hergestellt. »Da bisher in der DDR das Privateigentum weitgehend abgeschafft worden war«, argumentierte der für das Gutachten verantwortlich zeichnende Hans Willgerodt, »fehlte ein Hauptantrieb, mit sachlichen Produktionsmitteln sparsam umzugehen. Was allen gehört, gehört niemandem und wird auch so behandelt, das heißt vergeudet. Staatliche Kontrolle ändert daran wenig.«[20] Da klang schon die Forderung nach uneingeschränkter Privatisierung der Wirtschaft an. Noch deutlicher wurde sie dort, wo sich Willgerodt gegen die Beibehaltung staatlicher Eigentumsformen auch im Verkehrs- und Nachrichtenwesen aussprach – Wirtschaftsbereiche, die sich auch in der Bundesrepublik überwiegend in Staatseigentum befinden. »Es ist aber

[18] Helmut Kohl, Klares Signal der Hoffnung, in: Das Parlament 40, 1990, 9/90, S. 1.
[19] Hans Willgerodt unter Mitwirkung von Barbara Dluhosch, Malte Krüger, Gutachten: Vorteile der wirtschaftlichen Einheit Deutschlands, hg. vom Institut für Wirtschaftspolitik an der Universität zu Köln, Köln 1990.
[20] Ebenda, S. 71.

keineswegs ausgemacht, daß in diesem Bereich vollständig die staatsmonopolistischen Strukturen der Bundesrepublik übernommen werden müssen«, skizzierte er das seiner Meinung nach anzustrebende Privatisierungsprogramm für die DDR.[21]
Ganz in diese Richtung argumentierte auch der Finanzminister der Bundesrepublik, Theo Waigel, wenige Tage vor dem politischen Anschluß der DDR. In einem »Ohne Eigentum keine Motivation« überschriebenen Artikel im »Bayernkurier« äußerte der faktisch bereits seit dem ökonomischen Anschluß vom 1. Juli für die DDR-Wirtschaft maßgebende Mann:
»Mit dem Offenbarungseid des Kommunismus haben auch alle Wunschvorstellungen von einem angeblich idealen Kompromiß der Ordnungssysteme, von einer ›gemischten‹ Wirtschaft [...] abgedankt.« Bezugnehmend auf das Schicksal der gemeinwirtschaftlichen, gewerkschaftlichen Unternehmen in der Bundesrepublik, »die sich inzwischen unter Hinterlassung gewaltiger Hypotheken fast alle in der Auflösung befinden oder bereits verkauft worden sind«, vertrat er die Auffassung: »Zu den wichtigsten Aufgaben der Erneuerung der Sozialen Marktwirtschaft gehört es auch, staatliche Beteiligungen an Unternehmen auf Wettbewerbsmärkten auf wenige, gut begründete Ausnahmefälle zu beschränken.«[22]
Unter Privatinitiative verstand Waigel dabei ausschließlich die des Unternehmers. Jede Art »gemeinwirtschaftlicher« Beteiligung der Belegschaften lehnte er ab. Als einzige Reminiszenz an die noch ein halbes Jahr zuvor in Ost und West diskutierten und in Osteuropa weiterhin aktuellen[23] Vorschläge von Beteiligungen der Bürger oder Belegschaften an »ihren« Betrieben wurde in den Einigungsvertrag vom September 1990 eine Klausel aufgenommen, die besagte, »daß den Sparern zu einem späteren Zeitpunkt für den bei der Umstellung 2:1 reduzierten Betrag ein verbrieftes Anteilrecht am Volksvermögen eingeräumt werden *kann*«.[24]

[21] Ebenda, S. 70.
[22] Theo Waigel, Ohne Eigentum keine Motivation. Die Rolle der Treuhandanstalt in der DDR, in: Bayernkurier, 29. 9. 1990.
[23] Konferenzmaterial: Privatisierung des Produktionsvermögens, Internationaler Workshop, 10. und 11. Oktober 1990, hg. vom Institut für Angewandte Wirtschaftsforschung Berlin, Berlin 1990, S. 81 ff, 104 ff.
[24] Vertrag zwischen der Bundesrepublik Deutschland und der Deutschen Demo-

Augenscheinlich sahen Leute wie Waigel und Willgerodt in der Übernahme der DDR eine Chance, durch eine sehr weitgehende Privatisierung ihr Konzept der »Erneuerung der Marktwirtschaft«, der Beseitigung »staatsmonopolistischer Strukturen« in Deutschland noch weiter voranzutreiben, als ihnen dies in der Bundesrepublik seit 1982 möglich gewesen war. Eine Treuhandanstalt, wie sie die Regierung Modrow und der »Runde Tisch« begründet hatten, paßte in dieses Konzept selbstverständlich nicht.

De Maizière hatte sich in seiner Regierungserklärung zunächst noch recht vorsichtig ausgedrückt: »Aufgaben und Struktur der Treuhandanstalt [sind] so zu gestalten, daß damit ein Instrument zur Beeinflussung der Entflechtung volkseigener Betriebe und zur Überführung in geeignete Rechtsformen geschaffen wird.«[25] Was mit der »Überführung in geeignete Rechtsformen« gemeint war, erfuhr die Öffentlichkeit bereits einen Monat später, als der Vertrag über die Wirtschafts-, Währungs- und Sozialunion zwischen den Regierungen beider deutscher Staaten in Bonn unterzeichnet wurde. In dem dem Vertrag beigefügten »Gemeinsamen Protokoll über die Leitsätze« wurde verlangt: »Unternehmen im unmittelbaren oder mittelbaren [!] Staatseigentum [...] sind so rasch wie möglich wettbewerblich zu strukturieren und so weit wie möglich in Privateigentum zu überführen.«[26]

Für manche überraschend, hielt Waigel trotz seines verglichen mit dem der Regierung Modrow/»Runder Tisch« viel weiter reichenden Privatisierungskonzepts an der Institution Treuhand fest: »Der Treuhandanstalt, die noch von der Übergangsregierung Modrow errichtet wurde«, erklärte Waigel, »kommt bei der Privatisierung des Industrie- und des Grundvermögens eine zentrale Rolle zu.« Die Treuhand sei allerdings »nach ihrem personellen und organisatorischen Zuschnitt denkbar schlecht«

kratischen Republik über die Herstellung der Einheit Deutschlands – Einigungsvertrag –, hg. vom Presse- und Informationsamt der Bundesregierung, Bonn 1990, S. 883, (Hervorh. J. R.).

25 Lothar de Maizière (Anm. 15).

26 Vertrag für die Schaffung einer Währungs-, Wirtschafts- und Sozialunion zwischen der Bundesrepublik Deutschland und der Deutschen Demokratischen Republik, in: Der Staatsvertrag, Grundlage der deutschen Einheit, hg. vom Ministerium für Medienpolitik, Berlin, und dem Presse- und Informationsamt der Bundesregierung, Bonn 1990, S. 11–31, hier: S. 12.

für ihre neue Aufgabe gerüstet. Und Waigel verlangte: »Die DDR-Regierung wird jetzt eine schlagkräftige Beteiligungsverwaltung aufbauen, die in der Lage ist, schnelle Privatisierungserfolge zu erzielen.«[27]

Mitte Juni beschloß dann die Volkskammer der DDR mit den Stimmen der Koalition die Reorganisation der Treuhand. Schon im Namen der Verordnung wurde das neue Konzept sichtbar.[28] »Das Gesetz«, so hieß es in einer internen Information des Ministeriums für Wirtschaft der DDR kurz und bündig, »hat zum Ziel, die unternehmerische Tätigkeit durch Privatisierung zu fördern.«[29] Endgültig passé waren damit Vorstellungen von Eigentumsvielfalt, verschiedenen Formen des Gemeineigentums oder auch nur von staatlichen Unternehmen mit inländischer bzw. ausländischer privater Beteiligung.

Das neue, umfassende Privatisierungskonzept der Treuhand stand nicht nur im Gegensatz zu den Vorstellungen der in den Wahlen vom 18. März unterlegenen politischen Gegner der »Allianz für Deutschland«, es stand auch im Gegensatz zu anderen, von prominenten westdeutschen Ökonomen entwickelten Konzepten für den Übergang von der Planwirtschaft zur Marktwirtschaft in der DDR. Der »Sachverständigenrat zur Begutachtung der gesamtwirtschaftlichen Entwicklung« hatte Ende Januar 1990 der Bundesregierung ein Sondergutachten zur Transformation der DDR-Wirtschaft vorgelegt, in dem er auch zum notwendigen Eigentumswandel Stellung nahm. Die »Fünf Weisen« sprachen sich für eine Entflechtung der Kombinate und die grundsätzliche Privatisierung der Kombinatsbetriebe aus, wandten sich jedoch gegen eine »Überführung der DDR in eine ›staatsfreie‹ Wirtschaft« und fügten hinzu: »Diese gibt es auch in den westlichen Industrieländern nicht. Es geht vielmehr darum, die Felder zu benennen, auf denen der Staat zu handeln hat [...], und sie von jenen abzugrenzen, wo sich private unternehmerische Aktivität entfalten soll.«[30] Unter Privatisierung verstand der

[27] Ebenda, S. 87.

[28] Gesetz zur Privatisierung und Reorganisation des volkseigenen Vermögens – Treuhandgesetz –, GBl. der DDR 1990, Teil I, Nr. 33.

[29] Information über die Gesetzgebungsarbeit zur Währungs-, Wirtschafts- und Sozialunion – Stand 18. 7. 1990 –, hg. vom Ministerium für Wirtschaft der DDR, Berlin 1990, S. 3.

[30] Sachverständigenrat zur Begutachtung der gesamtwirtschaftlichen Entwick-

Sachverständigenrat lediglich die Aufhebung des rein staatlichen Eigentums. Ausdrücklich zugelassen sollten dagegen neben dem Verkauf an Private die Umwandlung der VEBs in Kapitalgesellschaften und der Verkauf der Anteile an die DDR-Bürger, die Überlassung der Unternehmen an ihre Belegschaften durch Erwerb eines Kapitalanteils sowie gemischte staatlich-private Unternehmen (Joint Ventures) sein.[31] Lediglich vor der Umwandlung der VEBs in Produktionsgenossenschaften nach jugoslawischem Vorbild wurde gewarnt. Damit waren die Vorschläge im Gutachten des westdeutschen Sachverständigenrates nicht weit von den Vorstellungen der ostdeutschen Wirtschaftsreformer entfernt, die sich von Anteilsübertragungen an Betriebsbelegschaften bzw. vom Verkauf von Aktien an die Bevölkerung versprachen, daß das Volkseigentum aus seiner Anonymität herausgeführt und die Arbeiter stärker an den Ergebnissen ihrer Arbeit interessiert würden. Allerdings firmierten diese Beteiligungsformen im »Reformkonzept« nicht als privat, sondern als »Gemeineigentum der volkseigenen Betriebe, Kombinate und Wirtschaftsverbände«.

Die neue Aufgabenstellung verwandelte die Treuhand von einer staatlichen Aufsichtsbehörde, die Volkseigentum vor Zugriffen Unberechtigter schützen, seine Struktur wandeln und es teilweise veräußern sollte, in eine Verkaufsorganisation des Staates mit gigantischer, in der Geschichte bisher noch nicht dagewesener Aufgabenstellung: Eine ganze Volkswirtschaft sollte in kürzester Frist stückweise verkauft werden. Zur Bewältigung dieser Aufgabe wurden von der Regierung de Maizière westdeutsche Spezialisten herangezogen, die bald nicht nur in den oberen Etagen der Treuhand den Ton angaben. Den (ehrenamtlichen) Vorsitz des Verwaltungsrates der Treuhand übernahm der Vorstandsvorsitzende der Hoesch AG, Detlev Karsten Rohwedder. Der Posten des Präsidenten der Treuhand ging an den Vorstandsvorsitzenden der Deutschen Bundesbahn, Rainer Maria Gohlke.[32]

lung. Zur Unterstützung der Wirtschaftsreform in der DDR: Voraussetzungen und Möglichkeiten. Sondergutachten vom 20. Januar 1990, Wiesbaden 1990, S. 5.

31 Ebenda, S. 22 ff.

32 Deutschlandarchiv 38, 1990, 8, S. 1181.

Daß die Verwirklichung des Treuhandauftrages mit beträchtlichem Risiko behaftet sein würde, darüber dürften sich die beiden Spitzenmanager der westdeutschen Wirtschaft im klaren gewesen sein. War doch für den Kundigen von vornherein eine Reihe von Konfliktfeldern in der Arbeit der Treuhand erkennbar:

Da war erstens der Konflikt zwischen der ordnungspolitischen Aufgabenstellung, so rasch wie möglich zu privatisieren, um den »Selbstheilungsprozeß« der Marktwirtschaft zu ermöglichen, und der finanziellen Aufgabenstellung, soviel Geld wie möglich bei Verkauf einzunehmen. Ersteres erforderte, schnell zu Geschäftsabschlüssen zu kommen, am besten an den ersten Anbieter zu verkaufen, auch für den symbolischen Preis von einer Mark, während die Erfüllung der zweiten Forderung es verlangte, verschiedene Angebote abzuwarten und sich für das günstigste zu entscheiden. In diesem Konflikt hat in der Folgezeit in der Regel der ordnungspolitische über den finanzpolitischen Gesichtspunkt gesiegt. Bald war von (Netto-)Verkaufsgewinnen der Treuhand keine Rede mehr.[32]

Ein weiterer Interessenkonflikt ergab sich für die Treuhand aus dem Fakt, daß die Mehrzahl des westdeutschen Personals, das nach dem 1. Juli die Führungsetagen der Treuhand bevölkerte, keine Bundesbeamten waren, sondern westdeutsche Manager, die nicht nur persönliche Interessen, sondern auch die ihrer Unternehmen einbrachten. Rohwedder z. B. war von Hoesch beurlaubt worden. Er nahm als Vorstandsvorsitzender der Treuhand aber auch weiterhin seine Funktionen im Aufsichtsrat bei IBM, Volvo, der Allianz-Versicherung und bei der Ruhrgas-AG wahr. War es Zufall, daß zwei dieser Firmen die wohl spektakulärsten und umstrittensten Einkäufe bei der Treuhand machten? Die Allianz übernahm komplett die einstige Staatliche Versicherung der DDR; Ruhrgas verleibte sich eines der besten Stücke der DDR-Wirtschaft ein: das ostdeutsche Ferngasnetz.[33]

[32] Anfang 1991 vertrat Rohwedder die Meinung: »Alles in allem müßte über die Lebenszeit der Treuhand ihr Vermögen ausreichen, um ihre Ausgaben zu finanzieren.« Wochenpost 38, 1991, S. 25.

[33] Neues Deutschland, 22.3.1991.

Begünstigt wurden derartige Praktiken dadurch, daß die DDR-Betriebe nicht öffentlich auf Auktionen, durch Ausschreibungen oder an der Börse veräußert wurden, wie das in der Tschechoslowakei, Polen und Ungarn der Fall ist,[35] sondern potentiellen (westdeutschen) Käufern der gleichen Branche individuell angeboten wurden. Dadurch entstand eine Situation, die für Begünstigungen, aber auch diesbezügliche Verdächtigungen wie geschaffen war.

Während derartige Fälle in der Regel in den Medien kaum Beachtung fanden, war von den »alten Seilschaften« in der Treuhand um so mehr die Rede. »Alte SED- und Stasi-Bonzen blockieren die Arbeit der Ost-Berliner Treuhandanstalt«, schrieb im Sommer 1990 die Illustrierte »Stern«.[36] Vom »Genossenfilz« in der Treuhand war noch im März 1991 im »extra Magazin« die Rede.[37] Das Problem der »personellen Altlasten« war gewiß nicht zu unterschätzen, denn immerhin befanden sich unter den verantwortlichen Treuhandfunktionären Mitarbeiter wie Paul Liehmann, zehn Jahre stellvertretender Minister für Leichtindustrie, und Gunter Halm, ehemaliger Vizeminister im Ministerium für Glas und Keramik. Von den ehemaligen führenden Mitarbeitern der Planungskommission der DDR hatten im März allein vier Stellvertreter des Vorsitzenden eine Stellung in der Treuhand gefunden.[38] Handfeste Beweise für Amtsmißbrauch durch führende Wirtschaftsfunktionäre aus der SED-Zeit blieben allerdings aus. Der »Treuhandskandal«, den im April 1991 ein beherzter Berliner Kriminalkommissar zutage förderte, beruhte vielmehr auf der engen Zusammenarbeit von Betriebsdirektoren ehemaliger VEBs mit westdeutschen Firmeneinkäufern: Diese Direktoren ruinierten ihre durch die SED-Wirtschaftspolitik und die Wirtschaftsunion bereits angeschlagenen Betriebe häufig weiter, um den »Marktwert« der Unternehmen für die aufkaufenden westdeutschen Partner zu drücken. »Die Drahtzieher dieser Untaten seien mit Geld oder attraktiven

[35] Konferenzmaterial (Anm. 23), S. 51 ff., 54 ff., 86 ff.; David Lipton, Jeffrey Sachs, Privatization in Eastern Europe: The Case of Poland, in: Bookings Papers on Economic Activity 1990, 2, S. 320 f.

[36] Stern 49, 1990, 36, S. 42.

[37] Kai Hermann (Anm. 1), S. 12 ff.

[38] Ebenda.

Posten belohnt worden«, hieß es von seiten der untersuchenden Kriminalpolizei. Die Schadenssumme belaufe sich auf eine halbe Milliarde Mark.[39] Die Treuhand suspendierte daraufhin einige Ost-Mitarbeiter, die Verkaufsakte zu überprüfen hatten. Keiner von ihnen war in leitender Position tätig gewesen.[40]

Ein weiteres Konfliktfeld tat sich auf dem Gebiet des Wettbewerbs auf. Zwar sollte und konnte mit der Zerschlagung der Kombinate, der staatlichen Handelsketten und Großhandelsorganisationen verhindert werden, daß sich die aus dem zentralplanwirtschaftlichen Kontrollnetz entlassenen VEBs zu Monopolen entwickelten. Ein Problem blieb aber, daß die für eine Branche oder Region oder sogar für ganz Ostdeutschland flächendeckend tätigen Organisationen gerade wegen ihres diesbezüglichen Monopols von westdeutschen Unternehmen aufgekauft wurden. Das seit dem 3. Oktober 1990 für die Überprüfung von Firmenfusionen zuständige Bundeskartellamt hat allerdings nach Aussage seines Leiters Kartte nur ein einziges Mal bei West-Ost-Fusionen eingegriffen. Für den Energiesektor, »wo die großen westdeutschen Unternehmen (RWE, Preussen Elektra und Bayernwerk) den größten Teil der Kuchens bekommen haben«, räumte das Kartellamt ein, daß »die Chance für eine sinnvolle Wettbewerbspolitik [...] versäumt worden«[41] sei.

Ein weiteres Konfliktfeld ergab sich für die Treuhand aus der von der Holding zu verfolgenden Mittelstandsorientierung. Im »Gemeinsamen Protokoll« des Vertrags über die Währungsunion war nicht die Überführung der VEBs in Privateigentum schlechthin verfügt worden, sondern es sollten dabei insbesondere kleineren und mittleren Unternehmen Chancen eröffnet werden.[42] Gleichgültig, ob damit nun ostdeutsche oder westdeutsche Unternehmen gemeint waren: Die kleinen und mittleren Unternehmen würden weniger bieten können als die großen, so daß auch ein Konflikt zwischen der Mittelstandsorientierung und dem Bestreben, größtmögliche Verkaufserlöse zu erzielen, programmiert war.

In der Praxis wurde die Mittelstandsideologie dem Treuhandver-

[39] Frankfurter Allgemeine Zeitung, 12. 4. 1991.
[40] Berliner Zeitung, 12. 4. 1991; Frankfurter Allgemeine Zeitung, 12. 4. 1991.
[41] Frankfurter Allgemeine Zeitung, 28.5.1991.
[42] Der Staatsvertrag (Anm. 26), S. 33.

fahren, »immer erst an die westdeutschen Unternehmen heranzutreten« (Kartte),[43] geopfert. Selbst bei gering mit Kapital ausgestatteten Branchen und Unternehmen wie im Falle kleinerer HO-Einzelhandelsgeschäfte entschied die Höhe der Verkaufsangebote gegen potentielle Mittelständler aus der Ex-DDR. Im Falle des Verkaufs von 75 ehemaligen HO-Geschäften »in bester Lage« in Potsdam gab es beispielsweise fast 1000 Bewerber. »Nur leider – viele waren Strohmänner, hinter fast jedem Potsdamer Bewerber stand ein finanzkräftiger Interessent aus den alten Bundesländern.«[44]

Ein weiteres Konfliktfeld wird sichtbar, wenn wir uns die regionale bzw. nationale Herkunft der erfolgreichen Käufer ansehen. In seiner Rede anläßlich der Unterzeichnung des Vertrages über die Währungsunion hatte Bundesfinanzminister Waigel euphorisch ausgerufen: »Für Investoren aus der DDR, der Bundesrepublik und aus der ganzen Welt werden mit der Errichtung der Wirtschafts- und Währungsunion außerordentlich günstige Startchancen geschaffen.«[45] Die Investoren der genannten drei »Regionen« verfügten aber über ganz unterschiedliche Finanzmittel bzw. Informationen und Zugang zum Verkaufsmarkt der Treuhand. Die westdeutschen Unternehmen waren dabei sowohl gegenüber ausländischen als auch gegenüber ostdeutschen Investoren ganz eindeutig im Vorteil.

Ein letztes Konfliktfeld sei noch erwähnt: Die Aufgabenstellung der Treuhand war betriebswirtschaftlicher Natur: Verkauf von Betrieben bzw. Betriebsteilen an Unternehmen. Nicht zur Debatte stand die Rücksichtnahme auf die Regionaleinbettung der Betriebe, ihre Rolle als Arbeitgeber in einer Stadt bzw. ihrem Umland und die arbeitsteiligen Beziehungen des zu verkaufenden Unternehmens mit anderen (bereits früher verkauften oder später zu verkaufenden) Betrieben der gleichen oder vor- und nachgelagerter Branchen. Die Auflösung regionaler bzw. brancheninterner Verflechtungen war also vorprogrammiert, hielt man sich an den Auftrag, die ehemaligen VEBs einzeln an die Bieter zu verkaufen. Die Sanierung des verkauften Betriebes konnte eventuell durch die Privatisierung des Unternehmens

43 Berliner Zeitung, 12. 4. 1991.
44 Manfred Lemaire (Anm. 4), S. 25.
45 Der Staatsvertrag (Anm. 26), S. 87.

eingeleitet werden, die der abgehängten Zulieferer wurde auf jeden Fall behindert.

Fragt man sich, warum diese mit der En-bloc-Einführung der Marktwirtschaft und der raschen und möglichst vollständigen Privatisierung verbundenen Konfliktsituationen in Kauf genommen wurden, so gibt es aus wirtschaftlicher Sicht eigentlich nur eine plausible Antwort: Die Risiken einer anderen Herangehensweise (schrittweise Einführung der Marktwirtschaft und teilweise Beibehaltung »direkten oder indirekten« staatlichen Eigentums in der Wirtschaft) müssen von den Initiatoren der Währungsunion als noch größer angesehen worden sein. Auf die echten oder vermeintlichen Gefahren der schrittweisen Einführung der Marktwirtschaft in der DDR haben die Verfechter der sofortigen und bedingungslosen Abschaffung des Staatsinterventionismus in der Wirtschaft sehr deutlich hingewiesen. »Das oft empfohlene allmähliche und schrittweise Vorgehen, mit dem die ordnungspolitische Wende schonender vollzogen werden soll, verkennt weitgehend das zu lösende Problem, für das es keine Zwischenlösungen geben kann«, schrieb Willgerodt in seinem Gutachten zur in der DDR anstehenden Transformation, das auch eine implizite Abrechnung mit dem Sondergutachten der »Fünf Wirtschaftsweisen« darstellt. »Bei einer schrittweisen Auflösung der Zentralplanung würde eine große Zwischenzone der Unklarheit darüber entstehen, ob und inwieweit der Zentralplan noch gilt. Auch die Geltung marktwirtschaftlicher Verfahren bleibt dann für den gesamtwirtschaftlichen Prozeß unklar. Eine derartige doppelseitige Unklarheit, die weder den Zentralplan durchsetzt noch den Preismechanismus voll wirksam werden läßt, bedeutet nicht ein schonendes Vorgehen, sondern erhebliche Wohlstandseinbußen durch ordnungspolitisches Versagen. Die Investoren erhalten weder von der Zentralplanung noch vom Markt eindeutige Signale für ihr Verhalten.«[46]

»Auch 50, 60 oder 80 Prozent Marktwirtschaft«, pointierte Waigel, »können nicht funktionieren, sondern bedeuten immer einen Verlust an Freiheit und wirtschaftlicher Effizienz.«[47]

Diese Auffassung der Vertreter der »reinen Marktwirtschaft«

[46] Hans Willgerodt (Anm. 19), S. 4.
[47] Theo Waigel (Anm. 22).

widerspricht offensichtlich den praktischen Erfahrungen westeuropäischer Staaten während der letzten Jahrzehnte. Sowohl Frankreich als auch Schweden und Österreich sind trotz eines beträchtlichen staatlichen Sektors nicht nur Marktwirtschaften geblieben, sondern ihre Wirtschaften wiesen und weisen eine nicht zu leugnende Effizienz aus. Diese Tatsache läßt sich auch damit nicht aus der Welt schaffen, daß diese Länder heute bestrebt sind, Zahl und Umfang der Staatsunternehmen zu verringern. Hinter der Warnung vor den Risiken einer schrittweisen Einführung der Marktwirtschaft und begrenzten Privatisierung verbirgt sich wohl weniger das Wissen darüber, daß es schrittweise »nicht geht«, als die Furcht, etwas zu wagen, wofür die reine Lehre der Marktwirtschaft keine Rezepte hat. Für die Einführung der Marktwirtschaft beschreibt bisher kein Lehrbuch ein gangbares Verfahren. Möglicherweise war es viel eher diese Wissenslücke als die oft unterstellte politische Absicht, im Osten von 40 Jahren Sozialismus nichts übrig zu lassen, die im Vertrag über die Währungsunion und auch im späteren Einigungsvertrag dazu führte, daß bundesdeutsche Institutionen und Gesetze fast vollständig von ostdeutscher Seite kopiert werden mußten.

Wie die Wirtschaftsentwicklung in der DDR nach dem 1. Juli aussehen würde, konnten die Verantwortlichen für Wirtschaft in der Regierung de Maizière aus dem Willgerodtschen Gutachten entnehmen. Darin hieß es: »Nach Öffnung der Grenze für den Freihandel mit der Bundesrepublik werden zahlreiche bisher die Produktion beeinträchtigende Engpässe aufgesprengt, weil es nicht mehr zu Produktionsstörungen wegen fehlenden Materials oder ausgebliebener Zulieferungen kommen kann. Die Motivation zur Leistung wird wiederbelebt werden, sogar bevor irgendeine Hilfe aus der Bundesrepublik oder ein Kapitalbeitrag zugeflossen ist. Das vervielfältigte Warensortiment und die zu erwartenden Preissenkungen bei höherwertigen technischen Verbrauchsgütern werden hierzu ebenso beitragen wie die Gewinnmöglichkeit der Klein- und Mittelbetriebe, denen eine kaum übersehbare ungestillte Nachfrage gegenübersteht. Die gerade zu Beginn der Reform zu erwartende Produktivitätssteigerung kann sehr hoch sein und die Wettbewerbsfähigkeit der

Betriebe durch Kostensenkung massiv erhöhen.«[48] Ein »marktwirtschaftlicher Urknall« würde, glaubt man Willgerodt, binnen kürzester Frist die DDR-spezifischen Probleme wie unzureichende Produktivität – ein Rückstand von 50% etwa in der Industrie[49] – und mangelnde Qualität mit einem Schlag beseitigen. Ganz so optimistisch wie die Kölner Marktwirtschaftler gab sich de Maizière in seiner Regierungserklärung nicht. Er sprach von notwendigen Sanierungs- und Stillegungsprogrammen für jene Betriebe, die »aus zwingenden Gründen der Wirtschaftlichkeit oder des Umweltschutzes« nicht zu halten seien. Als Ausgleich für die daraus resultierenden Arbeitsplatzverluste setzte sich die Regierung de Maizière das Ziel, »noch 1990 ca. 500000 Arbeitsplätze im Mittelstandsbereich zu schaffen«.[50] Demnach würden sich die aus der Währungsunion resultierenden Aufgaben im wesentlichen auf Umschulung und Umsetzung reduzieren.
Langjährige Beobachter der DDR-»Zentralverwaltungswirtschaft« sahen für die Zeit unmittelbar nach der Währungsumstellung noch einige zusätzliche Probleme voraus: »Ein weiteres Problem der sofortigen Währungsunion«, erklärte der Wirtschaftswissenschaftler Gernot Gutmann in einem Vortrag in Freiburg/Breisgau am 25. Juni 1990, »ergibt sich für die Liquidität mancher Betriebe. Wer am 1. August 1990 seine Produktion noch nicht so umstrukturiert und die Absatzwege noch nicht so gesichert hat, daß er genügend Erlöse in DM erzielt hat, um die Monatslöhne zu bezahlen und Vorprodukte einzukaufen, benötigt Bankkredite.«[51] In einem solchen Fall sah Gutmann eine (Zusatz-)Aufgabe auf die Treuhand zukommen: »Wenn ein Betrieb in der Lage ist, der Treuhandanstalt ein Modell zur Liquiditätssicherung vorzulegen, dann kann er bei einer Bank einen Liquiditätskredit beantragen, für den die Treuhandanstalt mit ihrem Vermögen in einem bestimmten Umfang Sicherheit leistet.«[52]

48 Hans Willgerodt (Anm. 19), S. 43 f.
49 DIW-Wochenbericht 57, 1990, 19, S. 172 ff.; über die Ursachen vgl. Norbert Peche, Wilfried Ettl, Dieter Walter, Konzept einer radikalen Wirtschaftsreform 1990, in: Was heißt radikale Reform?, Berlin 1990, S. 27 ff.
50 Lothar de Maizière (Anm. 15).
51 Gernot Gutmann, Das Ende der Planwirtschaft in der DDR, Tübingen 1990 (Walter Eucken Institut, Vorträge und Aufsätze).
52 Ebenda.

Die Veränderungen in der ostdeutschen Wirtschaft, wie sie dann schlagartig mit dem Wirksamwerden der Währungsunion eintraten, ließen alle optimistischen Voraussagen und die wenigen getroffenen Vorkehrungen für den Eintritt der DDR in die Marktwirtschaft zur Makulatur werden. Die vollständige Öffnung der DDR-Wirtschaft gegenüber der Bundesrepublik (und der Europäischen Gemeinschaft) hatte für die DDR-Unternehmen – sowohl die staatlichen als auch die wenigen privat gebliebenen oder bereits wieder privatisierten mittelständischen – katastrophale Folgen. Die Produktion sank im Juli 1990 um mehr als ein Drittel (34,9%) gegenüber dem Vormonat und im August um weitere 14,6%. Das war in der deutschen Wirtschaft in Friedenszeiten ein bisher einmaliger Vorgang. Die DDR-Industrieproduktion betrug damit nur noch die Hälfte (50,8%) der Erzeugung des gleichen Monats des Vorjahres.[53] Während einerseits technisch-organisatorisch die Einführung der DM nahezu perfekt bewerkstelligt wurde, Preis-, Währungs- und Stabilität des Zinsniveaus in der Bundesrepublik (zunächst) gesichert waren und für die Bevölkerung der DDR das Nettorealeinkommen auch nach dem Umtausch in etwa erhalten blieb,[54] begannen deren beabsichtigte und von Monat zu Monat mehr auch deren unbeabsichtigte Wirkungen die wirtschaftliche und soziale Entwicklung in Ostdeutschland zu prägen.

Da von beiden deutschen Regierungen unter Berufung auf die »Selbstheilungskräfte des Marktes«, auf Anpassungsfristen und Übergangsregelungen, überhaupt auf einen anderen staatlichen Rahmen als den, der für die funktionierende Marktwirtschaft im Westen Deutschlands galt, verzichtet worden war, fiel der Treuhand als de facto bereits bundesdeutscher Behörde die staatliche Regulierung des eingetretenen Desasters zu. Bereits im Laufe des Juli wurde 5000 von 8000 Treuhandbetrieben zahlungsunfähig und stellten Anträge auf Liquiditätskredite in Höhe von 23 Milliarden DM. Statt wie vorgesehen einigen Betrieben nach Maßgabe der in der bundesdeutschen Marktwirtschaft üblichen Kriterien Liquiditätskredite zu gewähren, gewährte die Treu-

53 Wirtschaft und Statistik 40, 1990, 9, S. 376.
54 Christa Luft (Anm. 8), S. 193.

hand auf Anweisung unterschiedslos 41% des beantragten Kredits.[55]

Die Hilfegesuche der Betriebe an die Treuhand hatten sicherlich mit der marktwirtschaftlichen Unerfahrenheit der Betriebsleiter und mit dem Rückstand der DDR-Industrie gemessen an dem Niveau der westdeutschen Wirtschaft zu tun. Vielen Folgen der Währungsunion wäre jedoch auch eine »geistig« und materiell besser gerüstete Wirtschaft nicht gewachsen gewesen: Die Währungsumstellung von DDR-Mark auf DM (1:1 bei laufenden Zahlungen wie z.B. Lohn und 1:2 bei Guthaben und Verbindlichkeiten) bewirkte bei denjenigen DDR-Betrieben, die bis dahin 4,40 Mark aufwenden mußten, um 1 DM auf dem westlichen Markt zu realisieren, einen – wie es Karl Schiller in einem Interview mit der »Frankfurter Allgemeinen Zeitung« formulierte – »dramatischen Aufwertungseffekt von 300 bis 400%«[56], der auch die Exportchancen marktwirtschaftlich geführter Volkswirtschaften schwer getroffen hätte. Für die DDR-Betriebe bedeutete diese De-facto-Aufwertung den fast vollständigen Verlust ihrer Westmärkte.

Vorausgesehen hatten beide deutsche Regierungen diesen Effekt erstaunlicherweise offenbar nicht. Ebensowenig hatten sie sich augenscheinlich vorstellen können, daß Ähnliches mit dem durch die Währungsunion schlagartig auf konvertierbare Währung umgestellten Handel der DDR mit der Sowjetunion und den osteuropäischen Ländern geschehen würde. Diese litten bekanntlich unter chronischem Devisenmangel und sahen sich bald gezwungen, ihre Einkäufe in der DDR einzustellen.

Auch der Binnenmarkt der DDR-Produzenten unterlag infolge der Marktöffnung nach Westen sofort beträchtlichen Einschränkungen. Nicht nur stürzten sich die DDR-Bürger zumindest zu Anfang auf die nun auch im DDR-Einzelhandel angebotenen, lange entbehrten »Westwaren« höherer Qualität, besserer Aufmachung und bunterer Verpackung, sondern westdeutsche Ladenketten wie Rewe, Tengelmann und Spar, die seit dem 1. Juli die staatlichen Einzelhandelsläden bedienten, schrieben von nun an selbst dem kleinsten Filialleiter vor, wo er seine Waren zu

[55] Deutschlandarchiv 38, 1990, 9, S. 1133.
[56] Frankfurter Allgemeine Zeitung, 23.4.1991.

bestellen habe: ganz überwiegend (bis zu 95% z. B. im Falle von Rewe) im Westen.[57]
Dem Zusammenbruch der Märkte folgte der Zusammenbruch der Produktion vieler ostdeutscher Betriebe. Hätten die beiden Regierungen – wie ursprünglich beabsichtigt – den Gesetzen der Marktwirtschaft freien Lauf gelassen, dann wäre dem Absinken der Produktion die Entlassung von mehr als einer Million Industriearbeitern gefolgt. Daß nach dem Eintritt der wirtschaftlichen die soziale Katastrophe vermieden werden müsse, darin waren sich beide deutschen Regierungen schon aus politischen Gründen (für den September und den Dezember standen Wahlen bevor) einig. Der Bundesregierung blieb es überlassen, durch Bereitstellung von Finanzmitteln in Milliardenhöhe die illiquiden Betriebe wieder soweit lebensfähig zu machen, daß sie ihren Belegschaften Löhne zahlen bzw. (Nullstunden-)Kurzarbeit verordnen konnten. Im Ergebnis verdoppelte sich die Zahl der ostdeutschen Arbeitslosen während des Monats Juli »nur« auf eine Viertelmillion. Rund 700000 Beschäftigte gingen in die Kurzarbeit, die vielfach einer Kaum- oder Nichtbeschäftigung gleichkam.[58]
Zu organisieren hatte die als soziale Abfederung bezeichneten Maßnahmen, nachdem der DDR-Wirtschaftsminister wegen Unfähigkeit entlassen worden war, faktisch die Treuhand. Neben diesen zusätzlichen Aufgaben blieben selbstverständlich die »alten«, im Treuhandgesetz vom Juni fixierten Aufgaben erhalten. In der DDR-Wirtschaft sollte weiterhin – man muß schon sagen: ohne Rücksicht auf Verluste – die Marktwirtschaft volle Anwendung finden. Für die Gewährung einer Übergangs- bzw. Anpassungsphase zur Schaffung eines zeitweiligen Sonderwirtschaftsgebietes sahen die beiden deutschen Regierungen weiterhin keinen Anlaß. Man gestand lediglich eine gewisse Verzögerung beim Wirksamwerden der marktwirtschaftlichen Kräfte ein. Die anfallenden Kosten dieser Verzögerung mußte angesichts des finanziellen Bankrotts der Regierung de Maizière wohl oder übel die Bundesregierung übernehmen.

57 Frankfurter Allgemeine Zeitung, 26.3.1991.
58 Jörg Roesler, Arbeitslosigkeit in den neuen Bundesländern – Umfang, Ursachen, Befindlichkeiten und Bewältigungsstrategien, in: Rissener Rundbrief, 1991, 5, S. 129, 138.

Die wirtschaftlichen Aussichten Ostdeutschlands hatten sich gegenüber dem Juni auch noch in anderer Hinsicht verändert: Spätestens im August wurde deutlich, daß ungeachtet des gemeinsamen Appells von Ministerpräsident und Bundeskanzler der (u.a. aufgrund des Abschlusses von 2800 Joint-Venture-Abkommen zwischen westlichen und DDR-Firmen) erwartete Investitionsschub ausbleiben, sich folglich der Verkauf der DDR-Betriebe langwierig gestalten und die Existenz der Treuhand beträchtlich verlängern würde. Als Gründe für die zögernde Investitionsbereitschaft nannten die potentiellen Investoren ungeklärte Eigentumsverhältnisse, finanzielle und ökologische Altlasten, »wirtschaftlich nicht zu rechtfertigende« Lohnerhöhungen bei Tarifabschlüssen und vor allem den »enormen Personalüberhang«.[59]

Ob diese Argumente nur vorgeschoben waren oder nicht: Während die Währungsunion eigentlich einen ungehemmten Investitionsfluß von West nach Ost ermöglichen sollte, ergab sich faktisch als Resultat der Marktöffnung, daß das DDR-Gebiet von westdeutschen Firmen zwar als interessanter Markt für ihre Produkte sofort angenommen, als zweckmäßiger Produktionsstandort jedoch überwiegend abgelehnt wurde. Bereits Ende Juni 1990 konnten die führenden Männer der Treuhand erkennen, daß durch die Folgen der Währungsunion nicht nur zusätzliche Aufgaben entstanden, sondern sich auch neue Konfliktfelder auftaten.

Die betriebswirtschaftliche Aufgabe der Treuhand, die ihr unterstellten Betriebe u.a. durch Abbau der Beschäftigtenzahlen für Käufer (die sich in der Regel auch zu Investitionen verpflichten sollten) attraktiv zu machen, mußte mit der ihr aus politischen Überlegungen zugeteilten Aufgabe kollidieren, an der sozialen Abfederung der Beschäftigten im volkswirtschaftlichen Rahmen mitzuwirken. Durch den Auftrag an die Treuhand, die ihr unterstellte Industrie als Einzelunternehmen zu betrachten und größere Einheiten möglichst durch Aufteilung und Absplitterung verkaufbar zu machen, entstand eine Reihe von Problemen.

[59] Klaus Humann (Hg.), Wir sind das Geld. Wie die Westdeutschen die DDR aufkaufen, Reinbek bei Hamburg 1990, S. 155 ff.; Deutschlandarchiv 38, 1990, 9, S. 1335; vgl. auch: Konferenzmaterial (Anm. 23), S. 11.

Bei nur zögerndem Verkauf von Betrieben wurden die Einzelstücke aus dem arbeitsteiligen System der DDR-Wirtschaft nacheinander herausgebrochen und in der Regel in das Zuliefersystem des aufkaufenden Unternehmens eingeordnet, das natürlich in das westdeutsche arbeitsteilige Wirtschaftssystem integriert war. Strukturanpassung vollzog sich so in erster Linie im Hinblick auf die aufkaufenden westdeutschen Unternehmen, was zugleich die Strukturanpassung der Volkswirtschaft der Ex-DDR erschweren mußte.[60] Wirtschaftsstrukturen wurden zerstört, auch wenn sie unter den veränderten wirtschaftlichen Bedingungen noch erhaltenswert gewesen wären. Beim Verkauf von Endproduzenten ging in der Regel der Absatzmarkt für die DDR-Zulieferer verloren. So ergaben sich Schneeballeffekte: Hatte die Treuhand einen Betrieb personell »gesundgeschrumpft«, um ihn zu verkaufen, so folgte der ersten, von der Treuhand geforderten Entlassungswelle oftmals eine zweite, unbeabsichtigte, bei den bisherigen Zulieferern. So wurden in den ehemaligen Wartburg-Werken in Eisenach 2600 der im April 1991 überwiegend auf Kurzarbeit Null gesetzten 6000 Mitarbeiter übernommen. Betroffen waren von der Einstellung der Produktion des »Wartburg« aber 20000 Arbeitsplätze in ganz Thüringen. Eine Schonfrist oder gar ein »DDR-Bonus« für Ostlieferanten wird den traditionellen Zulieferern von den neuen Inhabern der Autowerkstätten nicht gewährt.[61]

Für die Treuhand entstanden durch die Folgen der Währungsunion auch politische Probleme: Solange man sich zügigen Verkauf und Absorption der Entlassenen durch neu entstehende Mittelstandsbetriebe vorgestellt hatte, mochte man glauben, auf die (bei Fusions- und Verkaufsgeschäften in Westdeutschland auch nicht übliche) Öffentlichkeit sowie ein Mitspracherecht der Belegschaften unwidersprochen verzichten zu können. Die sich verschlechternde Arbeitsmarktlage und die immer deutlicher werdenden regionalwirtschaftlichen Auswirkungen von Betriebsschrumpfungen und -zusammenbrüchen ließen jedoch die Forderung, die Treuhand zu demokratisieren, immer lauter

[60] Monika Fischer, Harry Nick, Rainer Radtke, Die Arbeitsweise der Treuhandanstalt – Analyse, kritische Wertung, Alternativen. Unveröffentlichte Studie, Berlin 1991, S. 56.

[61] Sachsenspiegel 20.7.1990, Berliner Zeitung, 12.4. 1991.

werden. Zusätzlich geriet die Treuhand durch den ihr übergebenen Auftrag, das Vermögen der Ex-DDR-Parteien zu übernehmen und die Finanzgeschäfte der PDS zu kontrollieren, auch unmittelbar in den Bereich öffentlich geführter politischer Auseinandersetzungen.[62]

Zwei weitere Konfliktfelder kamen für die Arbeit der Treuhand durch den ab 3. Oktober 1990 wirksam werdenden Einigungsvertrag hinzu. Dieser Vertrag bestätigte einerseits die Weiterexistenz der Treuhand auch im neuen Deutschland als »rechtsfähige bundesdeutsche Anstalt des öffentlichen Rechts«. Sie wurde nunmehr auch offiziell der Fach- und Rechtsaufsicht des Bundesfinanzministers unterstellt.[63] Andererseits aber zog die Bestimmung des Einigungsvertrages, die für das zwischen 1949 und 1989 verstaatlichte Eigentum »Rückübertragung« vor Entschädigung den Vorzug gab,[64] statt der beabsichtigten größeren rechtlichen Sicherheit für Investoren zusätzliche Komplikationen und Verzögerungen nach sich, insbesondere als ehemalige Besitzer unter Anrufung des Bundesverfassungsgerichts auch die Restituierung ihres zwischen 1945 und 1949 verstaatlichten Besitzes zu erzwingen trachteten. Auch die im Einigungsvertrag festgeschriebene Entfernung der DDR-Staatsdiener zentraler Behörden aus ihren Ämtern (zum Zwecke der fachlichen und politischen Überprüfung ihrer Eignung für den öffentlichen Dienst der Bundesrepublik)[65] traf zumindest indirekt die Treuhand, in der als »bundesunmittelbarer Anstalt« im Herbst 1990 noch viele »zentrale« DDR-Kader arbeiteten.
Sieht man einmal von diesen Bestimmungen des Einigungsvertrages ab, dann waren seit August 1990 viele der geschilderten zusätzlichen Aufgaben- und Problemfelder bereits abzusehen. Verständlich also, wenn der im Monat zuvor berufene Treuhandpräsident Rainer Maria Gohlke nicht bereit war, diese Belastungen der Treuhandarbeit mitzutragen. Gohlke verließ die Treuhand am 20. August. Der Verwaltungsratsvorsitzende

[62] Frankfurter Allgemeine Zeitung, 26. 6. 1991; Neues Deutschland, 28. 6. 1991.
[63] Einigungsvertrag (Anm. 24), S. 883.
[64] Ebenda, S. 888; vgl. Eckart Putzier, Zur Eigentumsproblematik in den neuen Bundesländern, in: Rissener Rundbrief 1991, 5, S. 119 ff.
[65] Einigungsvertrag (Anm. 24), S. 881.

Rohwedder hatte den Mut, die Treuhand trotz ihrer erweiterten und teilweise widersprüchlichen Funktionen fortzuführen. Als erfolgreicher Sanierer der Hoesch AG schreckte ihn die von Gohlke Ende Juli getroffene Einschätzung, »daß kaum ein Betrieb in der DDR gegenwärtig wettbewerbsfähig«[66] sei, nicht. Auch war er der weit verbreiteten Illusion über die Möglichkeiten, größere Arbeitslosigkeit bei Einführung der Marktwirtschaft in der DDR zu vermeiden, nicht erlegen. Bereits im Juni rechnete er für diesen Fall mit mehr als einer Million Arbeitsloser in der DDR.[67] Illusionslos und zupackend, schien Rohwedder also, als er Ende August Gohlkes Nachfolge antrat, der geeignete Mann, die Treuhand im Sinne der neuen Bedingungen arbeitsfähig zu machen.

Den Zustand der Treuhand bei seiner Amtsübernahme charakterisierte Rohwedder auf einer Veranstaltung der Deutschen Industrie mit dem Wort »Tollhaus«. Er kündigte personelle Veränderungen, vor allem aber ein neues Organisationskonzept an. Von der in dieser Zeit wiederholt gestellten Forderung, den Privatisierungsprozeß dadurch zu beschleunigen, daß das Treuhandgeschäft weitgehend Privatisierungsgesellschaften, Banken und Investmentgesellschaften überlassen werden sollte,[68] wollte Rohwedder allerdings nichts wissen. Er teilte mit den Kritikern die Auffassung, die Arbeit der Treuhand sei weniger hierarchisch zu gestalten, hatte aber keineswegs die Absicht, den Privatisierungsprozeß »marktwirtschaftlich-selbstregulierend« umzuformen. Seiner Ansicht nach sollten in Zukunft kleinere Betriebe dezentral von 15 Zweigstellen der Treuhand aus verkauft werden. Die Großbetriebe behielt sich die Treuhandzentrale in Berlin vor. Sein Entschluß widersprach zwar dem Treuhandgesetz vom Juni, das eine Aufteilung der Holding in vier nach Branchen gegliederte Aktiengesellschaften vorgeschrieben hatte, aber, so Rohwedder, »erst komme das Leben, dann die Paragraphen«.[69] Die Treuhandzentrale wurde in den nächsten Monaten in fünf »Unternehmensbereiche« aufgeteilt, außerdem wurden

[66] Deutschlandarchiv 38, 1990, 9, S. 1133.
[67] Der Tagesspiegel, 3.6.1990.
[68] Konferenzmaterial (Anm. 23), S. 10.
[69] Frankfurter Allgemeine Zeitung, 1. 9. 1990.

die Bereiche »Niederlassungen und Länderfragen«, »Personal« und »Finanzen« geschaffen. Die Unternehmensbereiche hatten sowohl »Funktionalverantwortung« als auch »Geschäftsverantwortung« wahrzunehmen. Die »Geschäftsverantwortung« bezog sich im wesentlichen auf Wirtschaftsbereiche. Die Funktionalverantwortung trug z. B. der Unternehmensbereich 1 für das Aufgabengebiet Privatisierung, Bereich 2 für die Sanierung und 3 für die Verwaltung.[70]
Bei personellen Veränderungen entschied Rohwedder augenscheinlich nach der fachlichen Brauchbarkeit der Mitarbeiter. So unterstanden zwei der sechs Treuhandbereiche weiterhin Personen, die bereits unter der Modrow-Regierung Spitzenpositionen in der Holding eingenommen hatten (Gunter Halm im Unternehmensbereich 3 und Wolfram Krause im Bereich Finanzen).[71]
Ziel von Rohwedders z. T. sehr eigenwilligen »Umbauten« an der Treuhand war es nach seinen eigenen Worten, eine Organisation zu schaffen, »die den Bedürfnissen der Unternehmer gerecht werde«.[72] Dies bedeutete, daß für die Treuhand ungeachtet der bereits eingetretenen Folgen der Währungsunion weiterhin die Überführung der Unternehmen in privates Eigentum absolute Priorität haben sollte. Rohwedder versuchte, die Aufstellung von DM-Eröffnungsbilanzen als Grundlage für den Verkaufsakt zu beschleunigen. Als Termin nannte er den Dezember 1990. Zu diesem Zeitpunkt wollte er auch die ersten 800 Betriebe verkauft haben. Er machte Ernst damit, nur noch diejenigen Unternehmen weiter durch die Treuhand zu unterstützen, die ein »tragfähiges Sanierungskonzept« vorlegen konnten.[73]
Mit seinem Festhalten an der Privatisierung als bester Methode zur Sanierung der Wirtschaft paßte der in organisatorischen und Personalfragen durchaus eigenwillige Rohwedder voll und ganz in das Konzept der Initiatoren der Wirtschaftsunion, das auch nach dem eingetretenen ökonomischen Desaster in Ostdeutschland lediglich für den Bereich der sozialen Folgen geringfügig modifiziert wurde. Die Unterstellung der Treuhand unter das Finanzministerium (und nicht unter das Bonner Wirtschaftsmi-

[70] Neues Deutschland, 22. 3. 1991.
[71] Ebenda.
[72] Frankfurter Allgemeine Zeitung, 1. 9. 1990.
[73] Manfred Lemaire (Anm. 4), S. 24.

nisterium) unterstrich noch einmal, daß von der Treuhand betriebswirtschaftliches und nicht volkswirtschaftliches Handeln verlangt wurde. Als »Dienstleistung für das Volk« sah Rohwedder nicht die Erhaltung von Produktionskapazitäten und Arbeitsplätzen durch Sanierung an, sondern – so auch noch in seinem »Testament« vom März 1991 – die Verpflichtung der Treuhand, »unternehmerisch zu handeln«.[74]

In dieser Hinsicht sowie hinsichtlich der vollständigen Privatisierung der ehemaligen VEBs bestand zwischen Rohwedder und seinem obersten Dienstherrn Waigel volle Übereinstimmung. Die wiederholt, so im November 1990 geäußerte Maxime des Treuhandpräsidenten »Privatisierung hat Priorität«, prägte zunehmend die Arbeitsweise der Treuhandmitarbeiter. Ein Beschäftigter beschrieb Anfang 1991 die Stimmung in der Treuhand so: »Im Januar war es fast ketzerisch, über Sanierung zu sprechen.«[75] Die Verkaufsaktionen kamen nun rascher voran. Zwar waren Ende 1990 nur etwa halb so viele (450) Betriebe verkauft worden, wie Rohwedder vorgesehen hatte, doch erhöhte sich ihre Zahl bis März bereits auf 1000 und bis Ende April auf 1600 (davon wurden 446 durch die Berliner Zentrale und 1156 in den 15 Niederlassungen verkauft). Als erste Branche war bis zu diesem Zeitpunkt die gesamte Zuckerindustrie der DDR (18 Betriebe) privatisiert. Die Treuhand konnte sieben Milliarden DM an das Finanzministerium abliefern.[76] Zwar blieben noch weitere etwa 6000 Unternehmen zu privatisieren, waren noch immer nicht alle DM-Eröffnungsbilanzen erstellt und rückte die Selbstauflösung der Treuhand nach »getaner Arbeit« zeitlich immer weiter in die Ferne, aber gegenüber der Zeit des »Auf-der-Stelle-Tretens« bis zum Oktober des Vorjahres war eine beachtliche Beschleunigung der Treuhandaktivitäten zu verzeichnen. Beachtlich war allerdings auch die Zahl der Stillegungen: 333 bis Ende März, davon 74 im Rahmen von Gesamtvollstreckungen, 259 im Rahmen einer

[74] Detlev Karsten Rohwedder, An alle Mitarbeiterinnen und Mitarbeiter der Treuhandanstalt, Der letzte Brief, in: Die Zeit 46, 1991, 15, S. 17; hier S. 54 ff.

[75] Peter Christ, Zum Sündenbock gestempelt. Delev Karsten Rohwedder und die Treuhand – eine Bilanz, in: Die Zeit 46, 1991, 15, S. 17.

[76] Financial Times, 29. 10. 1990; Der Morgen, 26. 4. 1991; Frankfurter Allgemeine Zeitung, 3. 5. 1991, 15. 4. 1991, 13. 5. 1991.

»stillen Liquidation«. 87300 Beschäftigte verloren ihre Arbeitsstelle.[77]
Um diese Treuhand-Liquidationen, von denen die spektakulärsten das bereits erwähnte Automobilwerk Eisenach und die einzige Fluggesellschaft der Ex-DDR »Interflug« betrafen, blieb es allerdings nicht still. Im Februar und März mehrten sich die Protestaktionen der Betroffenen und derjenigen, die damit rechnen mußten, demnächst zu den Betroffenen zu gehören. Einige Industriegewerkschaften, um den Einfluß auf ihre im Osten in erheblicher Zahl neugewonnenen Mitglieder fürchtend, setzten sich an die Spitze der wieder aufflammenden »Montagsdemonstrationen«. Der Treuhand wurde das Festhalten an ihrer Politik des »Privatisieren geht vor Sanieren« vorgeworfen. Auf sie konzentrierte sich zunehmend die Kritik der ostdeutschen Bevölkerung wegen der nicht eingehaltenen Wohlstandsversprechen der Politiker anläßlich der Wirtschaftsunion. Die Treuhand, die sich ein dreiviertel Jahr lang bemüht hatte, (Bundes-) Regierungspolitik in die Tat umzusetzen, avancierte zum Sündenbock für die enttäuschenden Ergebnisse der wirtschaftlichen Anschlußstrategie. Rohwedder war zu dem Zeitpunkt, da sich die Erfolge seiner Reorganisation der Treuhand einstellten, zum bestgehaßten Mann Ostdeutschlands geworden. Er wurde von den Protestierenden auch für Dinge belangt, für die er nicht verantwortlich war. So konnte er Ende März auch mit einer gewissen Berechtigung an seine Mitarbeiter schreiben: »Anfeindungen und Verleumdungen sind aber keine Kritik und können uns daher nicht treffen.«[78]
Wenige Tage später wurde Rohwedder ermordet. Er repräsentierte den Typ des selbständig denkenden, effizient organisierenden Exekutors des »gesetzlichen Auftrages«, die Marktwirtschaft in Ostdeutschland zu den von den Schöpfern der Währungsunion ersonnenen Rahmenbedingungen einzuführen.
Rohwedder hatte am »gesetzlichen Auftrag« auch dann noch festgehalten, als unter seinen Auftraggebern im Finanzministerium längst Bedenken aufgekommen waren. Bereits Anfang März 1991 war man in der Unterabteilung VIII B des Finanzmi-

[77] Frankfurter Allgemeine Zeitung, 15.4.1991.
[78] Detlev Karsten Rohwedder (Anm. 74), S. 17; hier S. 57.

nisteriums zu dem Ergebnis gekommen, »daß bei einem rein betriebswirtschaftlichen Vorgehen die Treuhandanstalt lediglich rund zwanzig Prozent der industriellen Arbeitsplätze im Beitrittsgebiet – das wären 700000 von ehemals 3,4 Millionen Arbeitsplätzen der Industrie – überleben. Würde die Treuhand in ihrer Arbeit so wie bisher fortfahren«, hieß es in einem vertraulichen Vermerk, hätte dies »eine weitgehende De-Industrialisierung des Beitrittsgebiets« zur Folge, was in »sozialer, ökonomischer und politischer Hinsicht nicht akzeptabel« sei.[79] In der Abteilung VIII B war man daher bereits Anfang März zu der Schlußfolgerung gekommen: »Jetzt tritt die unternehmerische Verantwortung für die (noch) nicht privatisierungsfähigen Unternehmen in den Vordergrund, also die Sanierungsaufgabe.«[80] Dabei stützte man sich im Ministerium ganz selbstverständlich auch auf den offiziellen Text des Treuhandgesetzes vom Juni 1990, dessen interpretationsfähiger Kernsatz lautete: »Die Treuhandanstalt hat die Strukturanpassung der Wirtschaft an die Erfordernisse des Marktes zu fördern, indem sie insbesondere auf die Entwicklung sanierungsfähiger Betriebe zu wettbewerbsfähigen Unternehmen und deren Privatisierung Einfluß nimmt.«[81]

Rohwedders Nachfolgerin wurde seine Stellvertreterin Birgit Breuel, bis dahin zuständig für die 15 Niederlassungen der Treuhand und die Verbindung zu den Regierungen der neuen Bundesländer. Die frühere Wirtschaftsministerin von Niedersachsen versprach, eine Reihe öffentlich kritisierter Verhaltens- und Verfahrensweisen der Treuhand neu zu durchdenken.[82] Dabei bezog sie sich in erster Linie auf jene Konfliktfelder der Treuhandarbeit, die diese Institution seit ihrer Umorganisation im Juni 1990 begleitet hatten.
So wurde von ausländischen Investoren gegenüber der Treuhand immer wieder der Vorwurf erhoben, westdeutsche Unternehmen beim Verkauf zu bevorzugen. Das konnte in einer Reihe

79 Peter Christ (Anm. 75), S. 17.
80 Ebenda.
81 GBl. der DDR, Teil I, 1990, Nr. 33.
82 Vgl. das Interview, das B. Breuel Peter Christ und Roger de Weck in der »Zeit« gab. Die Zeit 46, 1991, 22, S. 19.

von Fällen auch nachgewiesen werden, wie z. B. im Falle des amerikanischen Unternehmens Bonnewell Pacific und des dänischen Stromversorgers Elsam Projekt.[83] Von den bis Ende April 1991 verkauften 1600 Unternehmen der Treuhand gingen nur 64 an Käufer aus den übrigen Ländern der Europäischen Gemeinschaft, der Schweiz, den USA und Japan.[84] Die neue Treuhandpräsidentin versprach im Mai größere Chancengleichheit für ausländische Aufkäufer durch aktives Marketing im Ausland. Ob sich dadurch langfristig an der »Verwestdeutschung« des Produktionspotentials der Ex-DDR etwas ändern wird, bleibt zweifelhaft. Bis Ende Juni wurden jedenfalls nur zehn weitere Unternehmen an Ausländer verkauft, ein Prozent aller Verkäufe in zwei Monaten.[85]

Denn abgesehen davon, daß nach einem dreiviertel Jahr Treuhand-Verkaufsaktivitäten die »Filetstücke« bereits verkauft waren (was von der Treuhand selbstverständlich bestritten wird), hat sich inzwischen im Ausland herumgesprochen, daß es um den gesamtwirtschaftlichen Hintergrund für unternehmerische Aktivitäten in den neuen Bundesländern nicht gut steht. So ist, wie Ende Juni der Korrespondent der »Frankfurter Allgemeinen Zeitung« aus Tokio schrieb, »der anfängliche Enthusiasmus über die Wiedervereinigung, in der unzählige japanische Firmen eine große Chance für sich selbst sahen [...] nüchterner Betrachtung gewichen [...]. Je mehr Ansiedlungsfachleute aus Japan nach Ostdeutschland gereist sind, desto zurückhaltender ist die Einschätzung geworden.«[86]

Was insbesondere den Japanern und anderen ausländischen Firmen – auch die Amerikaner hatten bis zum Sommer 1991 kaum in Ostdeutschland investiert – gegenüber der westdeutschen Konkurrenz fehlt, ist das nahegelegene Hinterland mit funktionierenden marktwirtschaftlichen Strukturen. Manches ausländische Unternehmen, das sich im Herbst noch bei seiner Botschaft in Berlin oder Bonn beschwerte, durch die Bevorzugung westdeutscher Unternehmen Benachteiligungen erfahren zu haben, ist vielleicht heute über die damalige Behinderung froh.

83 Der Morgen, 24. 4. 1991.
84 Frankfurter Allgemeine Zeitung, 24. 5. 1991.
85 Ebenda, 15. 7. 1991.
86 Ebenda, 24. 6. 1991.

So wird es wohl dabei bleiben, daß der ostdeutsche Arbeitgeber in der Regel ein Westdeutscher sein wird. Denn neben den Ausländern gehörten vor allem die Ostdeutschen zu der Gruppe derer, die bei der Privatisierung der Industriebetriebe nicht zum Zuge kamen. In den ersten Monaten der Verkaufstätigkeit der Treuhand waren ostdeutsche Bewerber zumeist abgewimmelt worden. Erst ab Ende November 1990 stellte die Holding nach Auskunft des Bundes Deutscher Unternehmensberater einheimische Käufer den westdeutschen gleich. Bis April 1991 sollen 150, bis Mai 400 Unternehmen auf dem Wege des Management-buy-out von der Treuhand veräußert worden sein. In der Regel handelte es sich um – aus den ehemaligen Kombinaten ausgegliederte – Kleinbetriebe. Zum Teil waren an diesen Käufen auch Gruppen der Belegschaft beteiligt. Der Anteil der Ostdeutschen am Wirtschaftspotential der ehemaligen DDR dürfte jedoch trotz neuerdings freundlicher Haltung der Treuhand klein bleiben: Grundsätzlich gelten für die finanzschwachen Ostdeutschen die gleichen Verkaufsbedingungen wie für ihre kapitalkräftigen Landsleute.[87] Dieser Grundsatz rein betriebswirtschaftlich orientierter Verkaufspolitik setzt der Mittelstandsförderung, auf die sich die Treuhand angesichts zunehmenden Käufermangels besinnt, deutliche Grenzen.
Auf Kritik von außen reagierte Frau Breuels Leitung auch bezogen auf die Personalpolitik der Treuhand. Rohwedder hatte das Festhalten an den Fachleuten aus dem Osten noch mit dem Hinweis auf die oftmals unzureichende Qualität der in die Treuhand »eingeflogenen« Westmanager begründet (»Wir haben doch genommen, wen wir kriegen konnten«[88]). Das sollte sich nun ändern. Mit Gunter Halm und Paul Liehmann hatten bereits Ende Mai zwei der drei in der Presse am heftigsten attackierten Mitglieder der »alten Seilschaften« die Treuhand verlassen.[89]
Um den Abbau von Konfliktstoff gegenüber der Öffentlichkeit war die Treuhand auch in ihrem Verhältnis zu den Länderregierungen bemüht. Brandenburgs Ministerpräsident Manfred Stolpe hatte sich beispielsweise lauthals beklagt, daß »die Treuhand als größte wirtschaftliche Macht unseres Landes« Mitsprache-

87 Financial Times, 19. 4. 1991; Der Spiegel 45, 1991, 22, S. 120 ff.
88 Peter Christ (Anm. 75), S. 17.
89 Kai Hermann (Anm. 1), S. 12 ff.; Neues Deutschland, 26. 5. 1991.

recht der Landesregierung und der Kommunen ablehne.[90] Bereits im März 1991 mußte Kanzler Kohl den Beschwerden der Länder nachgeben und der Errichtung von fünf »Treuhand-Wirtschaftskabinetten« zustimmen. Sie vereinen die Wirtschafts-, Arbeits- und Finanzminister des jeweiligen Landes und Repräsentanten der Treuhand. Mitbestimmung wird allerdings in den »Treuhand-Wirtschaftskabinetten« nicht betrieben. Lediglich rechtzeitige und detaillierte Informationen bei Betriebsstillegungen oder Teilstillegungen von »herausragender Bedeutung« hat die Treuhand zugesagt.[91]

So sehr sich die Treuhand auch bemühte, das im ersten Quartal 1991 in Ostdeutschland vorherrschende Bild von der Treuhand als ein Verkäufer loszuwerden, der Betriebe »um jeden Preis« hinter verschlossenen Türen an bevorzugte westdeutsche Großunternehmen »verscherbelt«: Entscheidendes Kriterium für eine wirkliche Wende in der Politik der Holding blieb das Verhalten der Treuhand zum Geist des Treuhandgesetzes vom Juni 1990. Wie aufgrund ihrer schon als niedersächsische Wirtschaftsministerin vertretenen wirtschaftspolitischen Grundpositionen nicht anders zu erwarten, wiederholte die Treuhandpräsidentin jedoch vor allem den Treuhand-Glaubenssatz: »Privatisierung ist die wirksamste Sanierung«. Als Zugeständnis an die sozialpolitischen und volkswirtschaftlichen Forderungen der Demonstranten versprach Frau Breuel lediglich, Betriebe, die sich nicht verkaufen ließen, »in einem vernünftigen Zeitmaß stillzulegen«.[92] Vage waren auch ihre Äußerungen hinsichtlich des Verbleibs eines Teils der Treuhand-Unternehmen in Staatshand. Von der Wochenzeitschrift »Die Zeit« befragt, ob man nicht auf das frühere Modell von bundesrepublikanischen Staatsunternehmen wie Veba, Volkswagen oder Salzgitter zurückgreifen könne, antwortete sie: »Wir verstehen unseren gesetzlichen Auftrag so, daß wir die Treuhand möglichst schnell überflüssig machen sollen, also möglichst schnell für alle Unternehmen neue, aktive Eigentümer finden.«[93]

Der »gesetzliche Auftrag« bringt die Treuhand immer dann in

[90] Neues Deutschland, 22. 3. 1991.
[91] Frankfurter Allgemeine Zeitung, 15. 3. 1991.
[92] Die Zeit 46, 1991, 22, S. 19.
[93] Ebenda.

eine Zwickmühle, wenn die Regierenden öffentlichem Druck nachgeben und die Holding in Programme einbinden, die den wirtschaftlichen Crashkurs sozial verträglich machen sollen. Das Hin und Her der Treuhand in der Frage der Beteiligungsgesellschaften (die vor allem die am 30. Juli 1991 in der Metallindustrie auslaufende Nullstundenkurzarbeit ersetzen sollten[94]) ist also in erster Linie der zwiespältigen, unentschlossenen Politik der Bundesrepublik gegenüber der Ex-DDR anzulasten.

Deutliches Zeichen dafür, daß die Bundesrepublik den Wechsel in der Präsidentschaft bei der Treuhand nicht willens war, für eine Wende in der Privatisierungspolitik der Holding zu nutzen, war die Beibehaltung des bisherigen Unterstellungsverhältnisses der Treuhand: Zuständig blieb Finanzminister Waigel ungeachtet der Bestrebungen des neuen Wirtschaftsministers Möllemann, die Treuhand seinem Ministerium einzugliedern.[95]

Mit den alten Privatisierungsgrundsätzen blieb aber auch der wesentlichste Konfliktstoff erhalten. Die Proteste gegen die Holding nahmen zum Halbjahreswechsel wieder zu, vor allem in Form von Betriebsbesetzungen.[96] Es ist jedoch zu berücksichtigen, daß die Arbeit der Treuhand grundsätzlich nicht besser sein kann als die Konzeption der En-bloc-Einführung der Marktwirtschaft zum frühestmöglichen Zeitpunkt mit Hilfe der Währungsunion. Diese aber hat so viele und so gewichtige beabsichtigte und unbeabsichtigte negative Folgen gehabt, daß man diese Art der Einführung der Marktwirtschaft sicher als verfehlt bezeichnen kann. Sie gilt im Rahmen der osteuropäischen Transformations- wie auch der westeuropäischen Integrationsbestrebungen als warnendes Beispiel dafür, wie man nicht verfahren sollte.[97]

Ungeachtet dessen blieb das mit der Währungsunion erprobte

94 Vgl. das Interview mit dem Treuhand-Vorstandsmitglied Alexander Koch, in: Neues Deutschland, 16. 7. 1991; Frankfurter Allgemeine Zeitung, 16. 7. 1991.

95 Die Zeit 46, 1991, 22, S. 20.

96 extra Magazin 1, 1991, 11, S. 18 ff.

97 So stellte der Sprecher der Dresdner Bank AG, Wolfang Röller, im April 1991 in einem Artikel in der Frankfurter Allgemeinen Zeitung zu »Lehren der deutschen Währungsunion« die Frage: »Ist dies nicht das Vorbild auch für die Integration Europas? Sozusagen das im Zeitraffer vorexerzierte nationale Modell einer Vereinigung auch auf internationaler, auf europäischer Ebene? Die Antwort ist nein [...]«. Frankfurter Allgemeine Zeitung, 5. 4. 1991. Vgl. hinsichtlich der Länder Osteuropas auch: Konferenzmaterial (Anm. 23), S. 27;

(und gescheiterte) Konzept auch im Frühjahr und Sommer 1991 noch gültige Marschroute für den Weg der neuen Bundesländer in die Marktwirtschaft. Eine Wende bei der Treuhand kann nicht kommen ohne ein neues, weniger ideologiebeladenes, mehr den ost- als westdeutschen Realitäten angepaßtes Konzept der Bundesregierung für die Sanierung der Wirtschaft der Ex-DDR. Kommen wird dieses Konzept – das ist meine Prognose –, wenn die Staatsausgaben für die neuen Bundesländer vom westdeutschen Steuerzahler oder von der Wirtschaft nicht mehr getragen werden wollen oder können und im Osten endgültig der Absturz ins soziale Nichts droht. Mit dem spätestens dann zu entwikkelnden neuen Konzept wird die Bundesregierung zweifellos von mancher liebgewordenen Illusion darüber, was der Markt bewirken kann, Abstand nehmen müssen. Staatsinterventionismus und Staatseigentum größeren Ausmaßes werden dann vermutlich die Wirtschaft im Osten stärker charakterisieren als im Westen (also die Umkehrung dessen, was sich die »reinen« Marktwirtschaftler von der Währungsunion erhofften). In dem entstehenden, zeitlich auf die Transformationsphase beschränkten »Sonderwirtschaftsgebiet Ost« wird die Treuhand durchaus gebraucht – zur Verwirklichung eines neuen, des dritten Auftrages in ihrer Geschichte. Möglicherweise hat unter der Hand und entgegen allen anders lautenden Proklamationen die Zukunft der Treuhand bereits begonnen. Der Umzug der größten Wirtschaftsbehörde der Ex-DDR innerhalb Berlins vom Alexanderplatz in das »Haus der Ministerien« weist recht deutlich auf eine langfristige Rolle der Treuhand als staatliches Leitorgan in einem gemischtwirtschaftlichen System hin. Die wiederholten Versicherungen führender Treuhandmitarbeiter, die Holding werde sich nach demnächst vollzogener vollständiger Privatisierung der ihr unterstellten Betriebe selbst auflösen, erinnert dagegen mehr an eine ideologische Pflichtübung.

Aktueller Nachtrag 1993: Irrte hier der Autor? Der Treuhand scheint es seit dem Frühjahr 1992 mit ihrer Selbstauflösung nach abgeschlossener Privatisierung wirklich ernst. Bis zum Ende des Jahres 1992 sank die Anzahl der Treuhandbetriebe auf 1500, ein

EACES (European Association For Comparative Economic Studies) Newsletter, 1, 1991, 2, S. 2 f.; David Lipton, Jeffrey Sachs (Anm. 35), S. 315.

Bruchteil der aus ursprünglich 3000 volkseigenen Betrieben durch Aufsplitterung hervorgegangenen 12000 Unternehmen. Von den etwa 4 Millionen Beschäftigten im Jahr 1990 waren im Dezember 1992 nach Auskunft des Vorstandsmitglieds der Treuhand Föhr nur noch 600000 übrig. Damit ist das noch im Mai von Frau Breuel prognostizierte Privatisierungstempo (2500 Betriebe im Dezember 1992) beträchtlich überboten worden. Angesichts dieser Zielstrebigkeit kann auch Frau Breuels Aussage geglaubt werden, daß 1993 de facto das letzte Treuhandjahr sein wird. Im Frühjahr 1994 sollen 40 % der Beschäftigten der Treuhandverwaltung entlassen sein. Der Rest wäre nur noch mit der Überwachung der Privatisierungsverträge beschäftigt, das leidige Thema Treuhand im Wahljahr 1994 vom Tisch.[98]
Hat sich also doch, entgegen der Auffassung vieler Skeptiker, die Privatisierung als bester Weg zur Sanierung der ostdeutschen Industrie erwiesen? Wenn das so wäre, dann könnte man auch über manches hinwegsehen, was die Treuhand unter Frau Breuel offensichtlich nicht erreicht hat: Trotz Werbereisen von Treuhandvorstandsmitgliedern um die halbe Welt ist der Anteil des Auslands an der Privatisierung im Osten gering geblieben. Etwas mehr als 500 Unternehmen bzw. Betriebsteile wurden von Ausländern erworben. Ihr Anteil beläuft sich damit – gemessen an den bei der Privatisierung versprochenen Investitionen – auf knapp 10 % (in den alten Bundesländern: 14 %).
Auch mit der angestrebten Förderung des Mittelstandes durch Privatisierung gesplitteter Großbetriebe hat es nicht so geklappt, wie sich das Frau Breuel bei der Amtsübernahme vorgestellt hat: Zwar sind Management-buy-out (Erwerb von Betrieben bzw. Betriebsteilen durch die Firmenleitung bzw. leitende Angestellte) und Management-buy-in (Erwerb durch Manager aus den alten Bundesländern) inzwischen Treuhandpraxis. Generell blieb es aber wie unter Rohwedder: »Die Praxis der Treuhandanstalt begünstigt die Großunternehmen... Diese Praxis behindert die Herausbildung mittelständischer Strukturen in Ostdeutschland«. So jedenfalls sah es im Mai 1992 der scheidende Präsident des Bundeskartellamtes, Wolfgang Kartte.[99] Und der Berliner

98 Birgit Breuel (Interview), Nachruf total egal, in: Wirtschaftswoche 27/92, S. 20 f.
99 Handelsblatt, 7.5.1992.

Wirtschaftssenator Meisner stellte Anfang 1993 fest, daß viele Management-buy-out- oder Management-buy-in-Gründungen durch die konjunkturelle Entwicklung oder unzureichende Kapitalausstattung bedroht sind. Der Senator beschuldigte die Treuhand, viele MBO/MBI-Firmen mit Geburtsfehlern in die Marktwirtschaft entlassen zu haben.[100]

Wie gesagt, das alles könnte man noch unter Schönheitsfehlern abbuchen, wenn das Hauptziel erreicht worden wäre: die Sanierung der Betriebe, die Schaffung einer konkurrenzfähigen ostdeutschen Wirtschaft mit Unternehmen, die in ein paar Jahren den westdeutschen ebenbürtig sind. Das aber ist nicht eingetreten. Nicht einmal als verlängerte Werkbank im Schlepptau der prosperierenden Stammbetriebe des Westens schließen die Ostunternehmen auf. Auch Anfang 1993 wurde in der »Filialökonomie« noch massenhaft entlassen. Mehr als 2300 Unternehmen mit fast 300000 Arbeitsplätzen sind von der Treuhand bis Ende 1992 offiziell liquidiert worden. Was an Betrieben nach überhasteter Privatisierung bis auf die Immobilie zusammenschrumpfte, zählt schon keiner mehr. Nur wenn sich die Restbelegschaften verzweifelt wehren, wie im Falle der »Märkischen Faser« in Premnitz/Brandenburg, dringen Nachrichten dieser Art noch an die Öffentlichkeit.

»Deindustrialisierung durch Privatisierung« könnte man als Motto über die Treuhandaktivitäten des Jahres 1992 setzen und wäre nah an der ostdeutschen Wirklichkeit. Inzwischen hat nach Opposition und Gewerkschaften auch die Bundesregierung die Gefahr dauerhaften wirtschaftlichen Siechtums, sozialer Deformation und politischer Instabilität im Osten erkannt. Seine Bereitschaft zur »Rettung der industriellen Kerne« verkündet selbst der Kanzler.

Die Treuhandanstalt hatte bereits vorgedacht: Schon im Mai 1992 schlug Frau Breuel vor, die etwa 500 unverkäuflichen, weil zur Zeit nicht profitablen ehemaligen Großunternehmen, zu zehnt gebündelt, als Management-KGs an Führungspersonal aus den alten Bundesländern zu vergeben mit dem Auftrag, die Unternehmen (vorerst innerhalb von drei Jahren) mit Staatsgel-

[100] Neues Deutschland, 7.1.1993.

dern arbeitsfähig zu halten und marktfähig zu machen.[101] Ein Anfang mit »Staatsbetrieben auf Zeit« wurde im zweiten Halbjahr 1992 bereits gemacht. Der Schein bleibt allerdings gewahrt: Die Treuhand wird dank der Management-KGs im Wahljahr 1994 die CDU/CSU nicht mehr behindern. Die Staatsbetriebe sind auf dem Weg in die Privatisierung, wann auch immer nach 1994 sie dort ankommen werden. Die Treuhand bleibt so bis zu ihrem offiziellen Ende Politikinstrument. Auch durch die Art und Weise, wie sie sich aus der ostdeutschen Wirklichkeit verabschiedet.

101 Ralf Neubauer, Treuhandanstalt: Quantensprung im Osten, in: Die Zeit 47, 1992, 22, S. 27.

An alle Mitarbeiterinnen
und Mitarbeiter der Treuhandanstalt

Die Treuhand erfüllt ihren Auftrag:
Schnelle Privatisierung – entschlossene Sanierung – behutsame Stillegung

1. Die Entscheidung für die deutsche Einheit war zugleich eine Entscheidung für die Soziale Marktwirtschaft in ganz Deutschland.
   Dies macht einen umfangreichen Umbau der Wirtschaft in den neuen Bundesländern erforderlich. Viele Arbeitsplätze mit unzureichender Produktivität sind dadurch verlorengegangen, andere müssen mit hohem Aufwand an Kapital, Kenntnissen und Erfahrungen umgestaltet werden, neue Arbeitsplätze müssen in Bereichen wie dem Bauwesen, den Dienstleistungen etc. entstehen – auf Gebieten, die in der ehemaligen DDR traditionell unterversorgt waren.

2. Zentrale Aufgabe, die der Gesetzgeber der Treuhandanstalt gestellt hat, ist es, diesen Umbau der Unternehmen herbeizuführen und zu begleiten. Das der Treuhandanstalt gesetzte Ziel ist, die Staatswirtschaft so schnell wie möglich zurückzudrängen und neue unternehmerisch aktive Eigentümer zu finden.

3. Der Weg zu diesem Ziel ist heute verständlicherweise umstritten. Nachdem die Wirtschaft der neuen Bundesländer voll in den Wettbewerb des Weltmarktes integriert ist, haben viele Arbeitsplätze ihre Wettbewerbsfähigkeit verloren, die sie vorher durch Subventionen und Abschottung vom Weltmarkt scheinbar hatten. Die Entscheidung, diese Arbeitsplätze abzubauen, ist schmerzlich für die Betroffenen, sie aufrechtzuerhalten ist teuer für die Gesamtheit und verlangsamt den gewollten Umbau der Volkswirtschaft.

4. Der Treuhandanstalt ist die Verantwortung für die Entscheidungen im Einzelfall übertragen worden. Sie darf nicht das Ziel ändern, aber sie hat das Tempo im Einzelfall und insgesamt unter Berücksichtigung der sozialen, wirtschaftlichen und finanziellen Folgen abzuwägen. Grundlage ihrer Arbeit sind die Prinzipien, die Bundesregierung, Ministerpräsidenten der neuen Länder und Treuhand-Vorstand im 8-Punkte-Programm für den Aufschwung Ost zur gemeinsamen Basis gemacht haben.

5. Priorität wird auch weiterhin die Überführung von Unternehmen in privates Eigentum haben. Dies ist der beste Weg, um mit neuem Wissen, neuem Kapital und neuen strategischen Unternehmenszielen ein Unternehmen und seine Arbeitsplätze zu erhalten und ihm eine neue Zukunft zu geben.
Privatisierung ist die wirksamste Sanierung.

6. Unternehmen, die Zukunftschancen haben, die aber noch nicht privatisiert sind, wird die Treuhandanstalt weiterhin in der unternehmerischen Verantwortung des Eigentümers entschlossen unterstützen, ihre Sanierung ebenso wie ihr Wachstum finanziell absichern und tragen. Sie wird bei der Anpassung an die neue Markt- und Wettbewerbslage die sozialen Belange der Mitarbeiter berücksichtigen, muß jedoch auch darauf achten, daß nicht die Zukunftschancen des Betriebes – und dazu gehört die Privatisierung – gefährdet werden. Hier sind Arbeitsplatzverluste so wenig zu vermeiden wie bei der Privatisierung oder bei der Stillegung.
Sanierung ist ständiger Auftrag der Treuhandanstalt für die Unternehmen auf dem Weg zur Privatisierung.

7. Es gibt in den neuen Bundesländern Betriebe, die keine Chance haben, Wettbewerbsfähigkeit zu erreichen; vielfach sind dies Fertigungen, die in anderen Teilen Europas schon vor vielen Jahren im Strukturwandel aus dem Markt ausgeschieden sind. In die-

sen Fällen ist die Stillegung unvermeidlich. Die Treuhandanstalt ist bemüht, diesen Stillegungsprozeß behutsam zu strecken, um Zeit für das Aufwachsen neuer Arbeitsplätze zu gewinnen. Sie wird sich insbesondere dafür einsetzen, daß Gebäude und Infrastruktur für deren zügige Ansiedlung genutzt werden, auch wenn dies nur Übergangslösungen bis zur Fertigstellung von Neubauten sind.
Stillegungen sollen zum Kristallisationskern neuer Aktivitäten werden.

8. Die Treuhandanstalt hat einen gesetzlichen Auftrag und sie leistet ihre Dienste in Erfüllung dieses Auftrages. Sie ist verpflichtet, unternehmerisch zu handeln – aber nicht im Eigeninteresse: Ihre Aufgabe ist Dienstleistung für das ganze Volk.

9. In einem Prozeß, den das ganze deutsche Volk wollte, hat die Treuhandanstalt dabei die schwere Aufgabe, schmerzliche aber unvermeidliche Umstellungen zu verantworten, die nötig sind, um das gemeinsame Ziel zu erreichen.

10. Vorstand und Mitarbeiter müssen wohl volles Verständnis dafür haben, daß diese Arbeit mit kritischer Aufmerksamkeit begleitet wird. Anfeindungen und Verleumdungen sind aber keine Kritik und können uns daher nicht treffen.

Dr. Detlev Rohwedder 27. März 1991

JÖRG HEIMBRECHT

Verramscht und stillgelegt

Wie die Treuhandbetriebe verkauft werden

Die beiden Herren in den dunkelblauen Nadelstreifenanzügen werden sofort vorgelassen. Schließlich vertreten sie ja auch ein milliardenschweres Firmenkonsortium, das Treuhandfirmen kaufen will. Das jedenfalls hatten sie der Treuhand mitgeteilt. Jetzt sitzen sie im Konferenzraum des zuständigen Abteilungsleiters in der Treuhandzentrale. Der hat schon zwei Angebote vorbereitet, von denen Arbeiter und Manager von Treuhandbetrieben nur träumen konnten:

Eine Magnetbandfabrik mit einem Schätzwert von 75 Mio. DM wird ihnen für weniger als 50 Mio. offeriert. Und eine Filmfabrik mit 240 Mio. DM Jahresumsatz sogar zum Negativkaufpreis. Die Treuhand will den Betrieb nicht nur verschenken, sie will den Interessenten bei Übernahme großzügig noch 170 Mio. DM zuzahlen.

Die Fabriken und die Treuhandangebote sind echt. Die seriösen Geschäftsleute aber waren in Wirklichkeit nicht für einen multinationalen Großkonzern, sondern für das Fernsehmagazin »Monitor« unterwegs. Mein Kollege, der Journalist H.-C. Schultze und ich wollten Vorwürfe überprüfen. Vorwürfe, daß die Treuhand Betriebe weit unter Wert verramscht und die potentiellen Käufer nur unzureichend überprüft, daß die Sicherung von Arbeitsplätzen bei der Treuhand nur eine untergeordnete Rolle spielt und daß die Treuhand ihren Betrieben kaum das Geld für notwendige Investitionen gibt, die das Überleben der Betriebe erleichtern und Arbeitsplätze sichern helfen. Und den Vorwurf, daß die West-Konkurrenz bei Entscheidungen der Treuhand ihre Finger mit im Spiel hat.

Dazu »gründen« wir eine Scheinfirma: die Unternehmensberatung EuroConsult. Das Unternehmen mit den angeblich weltweiten Verbindungen hat keine eigenen Büroräume und ist

Untermieter in meinem Kölner Journalistenbüro. Der Betrieb steht weder im Handelsregister noch im Telefonbuch. Sein einziges Betriebskapital besteht aus einem Firmenschild und einem Briefkasten.
Meine Kollegin Brigitte Venator spielt unsere Sekretärin, ich bin der EuroConsult-Chef Dr. J.R. Weinberger, mein Kollege Hans-Carl Schultze tritt als mein Assistent auf.
Bei der Treuhand melden wir uns per Fax an: Für unseren erfundenen Auftraggeber, einen natürlich nicht existierenden, amerikanisch-japanischen Chemiekonzern, suchen wir zum Verkauf stehende Chemiebetriebe und Grundstücke für den Neubau einer riesigen Pestizid- und Arzneimittelfabrik. Daß wir den Namen unseres Auftraggebers nicht preisgeben wollen, macht die Treuhand nicht mißtrauisch. Schließlich sind wir standesgemäß im geliehenen Mercedes, natürlich mit Autotelefon und Klimaanlage vorgefahren. Als Beweis dafür, daß wir tatsächlich milliardenschwere Kaufinteressenten vertreten, reichen unsere fotokopierten Visitenkarten völlig aus. Und schließlich treten wir ja auch mit genauso unverschämten Forderungen an die Treuhand heran, wie viele unserer echten Unternehmerkollegen.
So machen wir unserem Gesprächspartner, Professor Schraufstätter, Direktor des Unternehmensbereichs »Chemie« bei der Treuhand, gleich zu Beginn des Gespräches klar, daß unsere Auftraggeber nicht bereit seien, Garantien dafür abzugeben, daß die in Aussicht gestellten Investitionen in Höhe von 2,5 Mrd. Dollar auch wirklich investiert werden. Er hatte wohl damit gerechnet. Und er hat auch keine Einwände, als er erfährt, daß wir unseren Giftmüll im betriebseigenen Kraftwerk verbrennen wollen.
Den ersten Verhandlungserfolg können wir innerhalb weniger Minuten verbuchen: Wir bekommen schriftlich, daß die Kosten für die Altlastensanierung von der Treuhand übernommen werden. Unser Verhandlungspartner, Professor Schraufstätter, zeigt sich zufrieden. Er bietet uns die Traditionsfirma Wolfen und die Magnetbandfabrik in Dessau zum Kauf an und empfiehlt uns, vor Ort mit den Vorständen der Treuhandunternehmen weiter zu verhandeln.
Erste Station: Dessau. Die Firma wurde 1972 mit modernster

Technik ausgestattet und produziert heute qualitativ hochwertige Magnetbänder für Computer und Audiokassetten. Die finden auch auf dem Westmark immer mehr Anklang. Eine bekannte westliche Unternehmensberatung, die die Firma auf Herz und Nieren überprüft hat, kommt denn auch zu dem Schluß, daß die Dessauer Magnetband wirtschaftlich rentabel arbeiten kann und gute Zukunftsaussichten hat. »Der Betrieb rechnet sich schon heute«, sagt uns die Geschäftsleitung, das habe auch die Treuhand bestätigt. 436 Arbeitsplätze könnten aus eigener Kraft erhalten bleiben. Dennoch will die Treuhand den Betrieb an uns – angebliche Westinvestoren – verkaufen.

Werksbesichtigung: Direkt neben dem bestehenden Betrieb könnten wir unsere Chemiefabrik errichten. Nur daß wir hier auch Pestizide herstellen wollen, sollten wir zunächst lieber verschweigen. Es könnte zu Unruhe bei den Anwohnern kommen. Kein Wunder: Unmittelbar neben dem Werksgelände wohnen Menschen.

Und ihre Arbeitsplätze? Wir machen die Nagelprobe und bieten dem Verkäufer statt der möglichen 436 nur 350 Arbeitsplätze an. Die für die Verkaufsverhandlung von der Treuhand beauftragte Unternehmensberatung läßt sich tatsächlich darauf ein. Es ist die Firma Metzler-Consulting aus Frankfurt. Sie legt uns ein erstes Verkaufsangebot vor:

Verhandlungsbasis 50 bis 60 Mio. DM. Das sollen wir für die Dessauer Magnetband GmbH bezahlen. Dr. J. R. Weinberger zeigt sich empört: »Viel zu teuer!«

Das genügt – der Treuhand-Verkäufer gibt nach. Selbstverständlich könne man auch über einen Preis unter 50 Mio. reden. Und natürlich bekommen wir auch die DM-Eröffnungsbilanz und das komplette Sanierungskonzept. Alles interne Firmenunterlagen mit wertvollen Informationen für die Konkurrenz. Anhand dieser Papiere haben wir von einem unabhängigen Wirtschaftsprüfer den Wert des Betriebes ermitteln lassen, der ihn auf mindestens 75 Mio. DM schätzt.

Der Betrieb sollte also weit unter Wert verschleudert werden.

Wir packen die Koffer und machen uns auf den Weg zum nächsten Treuhandangebot, zur Filmfabrik Wolfen. Wir werden erwartet. Die Treuhand hat den Besuch des milliardenschweren Investors vorbereitet und die Termine für uns abgesprochen.

Vor der Wende arbeiteten hier 15 000 Menschen. Bis zur letzten Schraube wurde in betriebseigenen Werkstätten alles selbst hergestellt. 1936 entstand hier der erste Farbfilm der Welt und zu DDR-Zeiten versorgte das Unternehmen den halben Ostblock mit Filmen.

Nicht alles ist hier marode und verkommen.

Das Filetstück ist die Foto-Film-Produktion. Man ist im Besitz moderner Produktionsanlagen aus dem Westen – kurz vor der Wende gekauft. Die Filmfabrik Wolfen hat sogar aus eigener Kraft einen neuen Farbfilm entwickelt, der auch im Westen konkurrenzfähig ist und von der Stiftung Warentest mit »gut« bewertet wurde. Investitionen wären dringend erforderlich, könnten Arbeitsplätze retten.

Aber der Betrieb hängt in der Luft, hat keine Gelder für notwendige Investitionen. Im Gegensatz dazu drängt man uns das Geld förmlich auf. Sogar ein Negativkaufpreis sei drin, erfahren wir. Im Klartext: Wir bekommen die Filmfabrik Wolfen geschenkt. Uns wird sogar ein Investitionszuschuß von 120 Mio. DM in Aussicht gestellt, und das, obwohl wir erklärt hatten, wir könnten Arbeitsplätze nur für drei Jahre garantieren.

Wir sind beeindruckt, wie sehr sich der Vorstand für die Beschäftigten und ihre Arbeitsplätze einsetzt. Er hätte aber noch viel mehr tun können, wenn ihm die Treuhand die Gelder zur Verfügung gestellt hätte, die sie uns schon nach kurzen Gesprächen in Aussicht gestellt hatte. Damit hätte sie die Sanierung des Betriebes finanzieren können.

Wir angeblichen Dollarmilliardäre werden nicht nur von der Treuhand unterstützt. Was uns Bund und Länder zusätzlich an Subventionen schenken, das wollen wir von der Landesregierung erfahren.

Unserer Bedeutung entsprechend bekommen wir innerhalb von nur zwei Tagen einen Termin bei Horst Rehberger, dem Wirtschaftsminister des Bundeslandes Sachsen-Anhalt. Sein Haus erweist sich als eine wahre Goldgrube. Er möchte uns den Kauf der beiden Betriebe schmackhaft machen. »Überlegen Sie doch mal, was Ihnen allein schon gesetzlich zusteht.«

Wieder sind wir beeindruckt. Die Unternehmensberatung KPMG hat ausgerechnet, was für uns alles rausspringt:

- Investitionszulagen
- Zuschüsse
- Sonderabschreibungen
- Steuererleichterungen.

Von je 100000 DM an Investitionen übernimmt der Staat großzügig bis zu 63400 DM, d. h. wir zahlen nur 36600 DM. Der Rest wird uns geschenkt. Zusätzliche Subventionen gibt es für den Bau einer Kläranlage ebenso wie für den Bau einer Anlage zur Giftmüllverbrennung. Für den Strom müssen wir nur 10 Pfennig pro Kilowattstunde bezahlen. Zum Vergleich: Die Filmfabrik Wolfen muß 13 Pfennig aufbringen. Subventionen für uns: über 10 Mio. DM pro Jahr.
Und noch mehr Geld aus öffentlichen Kassen wird uns versprochen. Der Minister läßt uns wissen: »Weitere Förderprogramme sind denkbar.«
Wir sind zufrieden. Wir dürfen für unsere Pestizidproduktion sogar das knappe Grundwasser abpumpen. Autobahnanschluß und die komplette Infrastruktur werden kostenlos zur Verfügung gestellt. Darüber brauchen wir gar nicht erst zu verhandeln.
Wir wissen genug und ziehen am Ende der Reise Bilanz. Unser Verhandlungsergebnis:
Von 4,4 Mrd. DM Einsatz bekämen wir bis zu 3,3 Mrd. DM an öffentlichen Geldern geschenkt, eine Summe, mit der ein großer Teil der östlichen Chemiebetriebe saniert und modernisiert werden könnte.
Wir lösen unsere Scheinfirma auf. Sie hat ihre Aufgaben erfüllt.

In nur zwei Wochen Verhandlungen haben wir Zusagen bekommen, von denen ehemalige DDR-Betriebe, wie die Filmfabrik Wolfen nur träumen können. Dabei hatte die Firmenleitung der Filmfabrik schon vor der deutschen Vereinigung begonnen, den Großbetrieb auf die Marktwirtschaft vorzubereiten. Unrentable Betriebsteile wurden stillgelegt. Zuliefererbetriebe ausgegliedert und privatisiert und eine Beschäftigungsgesellschaft zur Sanierung der Umweltaltlasten ins Leben gerufen. Aber all das konnte den enormen Verlust an Arbeitsplätzen nicht wettmachen:
Von früher 15000 Filmwerkern der Region haben in den letzten zwei Jahren mehr als zwei Drittel, über 10000 Menschen allein bei der Filmfabrik Wolfen, dem größten Arbeitgeber, ihren

Arbeitsplatz verloren. In der tristen Trabantenstadt Wolfen-Nord ist die Arbeitslosigkeit besonders hoch. Armut, Resignation, Langeweile und Alkoholismus breiten sich aus. Hier steigt die Kriminalität ebenso steil an wie die Selbstmordrate. Und viele ehemalige Filmwerker haben mangels anderer Investoren nicht die geringste Chance auf einen neuen Arbeitsplatz.
Es ging lange Zeit abwärts, obwohl die Filmfabrik trotz der harten Konkurrenz nach Einschätzung gleich mehrerer Unternehmensberatungen mit ihren hervorragenden Schwarzweiß- und Farbfilmen zu konkurrenzfähigen Preisen eigentlich gute Chancen auf dem Markt hätte.
Trotzdem ist die Stimmung unter den Beschäftigten gedrückt. Kein Wunder: Seit der Wende sind sie mehrfach um ihre Hoffnungen betrogen worden. Es drängt sich der Eindruck geradezu auf, daß die West-Konkurrenz bei Treuhand-Entscheidungen ihre Finger mit im Spiel hat.
Zum Beispiel als die Bayer-Tochter und Filmfabrik-Konkurrentin AGFA 1989 Kooperationsverhandlungen anbot. Das brachte zwar der Filmfabrik nicht den erwarteten Aufschwung, dafür aber AGFA in den Besitz zahlreicher Interna über Produkte, Kunden und Lieferanten der Konkurrenz. Noch während der Kooperationsgespräche ging bei Wolfen der Verkauf ihrer Filmmarke ORWO drastisch zurück.
Fotohändler bekamen damals Besuch von Vertretern, die sich als AGFA-Mitarbeiter ausgaben. Die Vertreter boten an, AGFA-Filme gegen hohen Rabatt zu liefern und sämtliche ORWO-Filme zum vollen Ladenpreis aufzukaufen. Allerdings nur dann, wenn sich die Händler bereit erklärten, in Zukunft in ihrem Sortiment keine ORWO-Filme mehr zu führen. Ein glatter Verstoß gegen das Wettbewerbsrecht.
AGFA bestreitet an den illegalen Geschäften beteiligt gewesen zu sein: Die Vertreter – so die Firma – seien in Wirklichkeit gar keine AGFA-Mitarbeiter gewesen, sondern hätten sich fälschlich als solche ausgegeben.
Der für die Filmfabrik Wolfen verantwortliche Abteilungsleiter war bis Ende Juni 1991 Treuhand-Direktor Professor Schraufstätter, der Verhandlungspartner unserer Scheinfirma. Er kam nicht von AGFA, sondern von der AGFA-Eigentümerin, der Leverkusener Bayer AG, zur Treuhand.

Dort durfte er dann über die Zukunft des AGFA-Konkurrenzbetriebes, der Filmfabrik Wolfen, mitentscheiden. Die Treuhand zeigte ein auffallend geringes Interesse an der Vermarktung des neuen ORWO-Farbfilms.
So als die Filmfabrik im Jahr 1991 eine Werbekampagne für ihren neuen Farbfilm durchführte. Der ehemalige ORWO-Werbeleiter Lothar Schwarz: »Nach etwa acht Wochen, als die Kampagne auf dem Höhepunkt war, hat sich Herr Schucht, Vorstandsmitglied für Chemie bei der Treuhand über die Medien gemeldet. Herr Schucht erklärte, daß man das Geld für die Entwicklung des neuen Filmes genausogut durch den Schornstein hätte jagen können. Und die zweite Äußerung von Herrn Schucht war, daß man diese Filme genauso in gleicher Qualität massenhaft woanders produzieren und auch beziehen kann. Das heißt, daß diese Produkte eigentlich nicht benötigt würden am Markt.« Die Kunden der Filmfabrik waren verunsichert. Die Treuhand hatte ihrem eigenen Betrieb die Werbekampagne kaputtgemacht.
Auch an der dringend nötigen Erneuerung von Produktionsanlagen zeigte die Treuhand kein Interesse. Dabei hat die weltbekannte Unternehmensberatung Roland Berger die Filmfabrik schon Ende 1990 als sanierungsfähig eingestuft. In ihrem Gutachten fordert sie: »Modernisierung durch Investitionen zum Abbau des technologischen Rückstandes, zur Verbesserung und Sicherung der Qualität der Erzeugnisse und zur drastischen Kostensenkung...«
Geld von der Treuhand gab es trotzdem nicht. Die gab dafür erst einmal ein neues Gutachten in Auftrag. Als auch das für die Filmfabrik positiv ausfiel, gab es immer noch kein Geld. Dafür beschäftigte sich der sogenannte Lenkungsausschuß Chemie mit der Filmfabrik. Er war von der Treuhand eingesetzt worden, um Konzepte für die gesamte ostdeutsche Chemieindustrie zu untersuchen und zu entwickeln.
Für jeden Großchemie-Standort war ein Projektteam zuständig. Das Team für Bitterfeld wurde in der Treuhand von dem schon bekannten Professor Schraufstätter betreut. Auch für die Buna-Werke war ein Mann zuständig, der von Bayer kam und der inzwischen sogar in den Vorstand des Bayer-Konzerns aufgerückt ist: Manfred Pfleger.
Die gleiche Karriere bei Bayer machte sein Kollege Pol Bamelis,

der das Projektteam Leuna betreute. Das Team für Wolfen und damit zuständig für die Filmfabrik, wurde bis März 1991 vom Geschäftsführer des Fotoindustrie-Verbandes, Rainer Schmidt, betreut. Vorsitzender des Verbandes und Chef von Schmidt ist Klaus Gerlach, Vorstandsvorsitzender von AGFA. Und AGFA gehört auch wieder zu Bayer.

Der Lenkungsausschuß empfahl weitere Entlassungen bei der Filmfabrik. Ein weiteres Mal wurde eine Unternehmensberatung beauftragt, das Sanierungskonzept der Filmfabrik zu überprüfen. Ergebnis: wieder positiv. Geld für Sanierungen gab es von der Treuhand – wen wundert es – immer noch nicht. Die Filmfabrik gab dennoch nicht auf. Dazu Hartmut Rönnike, Betriebsratsvorsitzender der Filmfabrik:

»Nachdem sich die Treuhand bis dahin immer noch nicht gerührt hatte, haben wir, mit einer neuen Geschäftsleitung im Februar 1992 ein nochmals überarbeitetes Konzept eingereicht, das dann von der Treuhand zunächst mündlich bestätigt wurde.«

Frage: »Ist denn jetzt endlich sichergestellt, daß die Filmfabrik auch wirklich saniert wird?« Rönnike: »Davon sind wir damals auch ausgegangen. Aber in einer Beratung im April bei Herrn Dr. Schucht wurde uns eindeutig gesagt, daß die Treuhand als Zielstellung hat, im Dezember 1992 entweder zu privatisieren oder zu liquidieren.«

Auf Druck von Betriebsleitung und Betriebsrat überwies die Treuhand inzwischen einen Teilbetrag von 20 Mio. DM. Von dringend benötigten 82 Mio., die dem Betrieb den Sprung in die schwarzen Zahlen hätten ermöglichen können.

Erst nach mehreren Demonstrationen von Betriebsrat und Belegschaft und nach zwei weiteren Fernsehsendungen über die dramatische Entwicklung bei der Filmfabrik entschied der Treuhand-Vorstand am 17. November 1992, die Filmfabrik zumindest bis Ende 1993 am Leben zu erhalten und bis dahin weitere Gelder für die Sanierung bereitzustellen. Eine Entscheidung, die nach dem ersten positiven Gutachten, das bereits 1990 der Filmfabrik die Sanierungsfähigkeit bescheinigt hatte, nötig gewesen wäre.

Die späte Bereitschaft der Treuhand, die Sanierung der Filmfabrik aktiv zu unterstützen, hatte katastrophale Folgen: Nicht wenige Unternehmer überlegten sich, ob sie einen Film anbieten sollten, von dem sie nicht sicher waren, ob er einige Monate später noch produziert würde. Und zahlreiche hochqualifizierte Fachleute, die dringend für die Sanierung benötigt wurden, zogen Konsequenzen und suchten sich woanders einen Job.

Die Filmfabrik ist kein Einzelfall: In einem geheimgehaltenen Gutachten kritisieren sogar leitende Treuhandmanager ihren eigenen Vorstand. Ihr Fazit: Die Treuhand ist für Umsatzeinbrüche und den katastrophalen Zustand vieler Treuhandbetriebe mitverantwortlich. Die Liste der Fehler ist lang:

- »Verzögerter Aufbau bisher fehlender Vertriebsorganisationen.«
- »Zusammenarbeit mit ungeeigneten Partnern bzw. potentiellen Käufern.«
- »Unzureichende Einflußnahme der Treuhand war mitverursachend für fehlende Anpassungsmaßnahmen.«

Als »wesentliche Ursachen für die schlechte Ergebnissituation (30 % Verlust) der Treuhandbetriebe« bezeichnen die Treuhandexperten, »verzögerte Restrukturierungsmaßnahmen [...] und Rationalisierungsinvestitionen.« Im Falle sanierungsfähiger Unternehmen fordern sie die Treuhand auf: »Mehr Investitionen durchführen.«

Die Treuhand hat nach eigenen Angaben in den vergangenen beiden Jahren runde 72 Mrd. DM für die Sanierung ihrer eigenen Betriebe ausgegeben. Eine Mogelpackung. Denn Ausgaben für die Demontage von stillgelegten Betriebsteilen werden von der Treuhand genauso als Sanierungskosten deklariert wie die Kosten für die Beseitigung von ökologischen Altlasten und Zuschüsse zu Sozialplänen bei Entlassungen.

Frank Stille vom Deutschen Institut für Wirtschaftsforschung (DIW) in Berlin: »Ich würde im Gegensatz zu diesem sehr weiten Sanierungsbegriff der Treuhand eigentlich einen engeren Sanierungsbegriff wählen, der direkt mit der Umstellung der Betriebe auf moderne Produktionsverfahren und auf neue Produkte zu tun hat, was im Prinzip die Rentabilität der Betriebe in Zukunft verbessert. Und für diese Zwecke lagen die Aufwendungen der Treuhand im Jahre 1991 eher in der Größenordnung von 2 bis 3 Mrd. DM.«

Die reichen nur für wenige Betriebe, z. B. für die Heckert-

Werke in Chemnitz, die Werkzeugmaschinen produzieren. Ein Gutachten des Bremer Volkswirtschaftlers Hickel hatte ergeben, daß hier Sanieren billiger ist als Stillegen. Weil der Staat dann Dauersubventionen, z. B. für Arbeitslosigkeit und Sozialhilfe, einspart. Eine Aussage, die sicher auch auf andere Betriebe übertragen werden kann. Viele von ihnen werden trotzdem jahrelang genauso hingehalten wie die Filmfabrik. Konsequenz: Die Betriebe verkommen, obwohl sie von der Treuhand als sanierungsfähig eingestuft wurden – und obwohl von ihrem Überleben oft das Schicksal ganzer Regionen abhängt. Trotzdem ist für die Treuhand bis heute der Verkauf ihrer Betriebe die beste Sanierung.

Und auch wenn Treuhandbetriebe verkauft werden, entsteht, wie bei den Verhandlungen mit unserer Scheinfirma, nicht selten der Eindruck, daß statt der verkauften Betriebe die Käufer saniert werden.

Es gibt kaum eine Möglichkeit zu überprüfen, ob die Treuhand auch wirklich an den Interessenten verkauft, der das beste Angebot unterbreitet hat: das kritisiert Dr. Hans-Hagen Härtel vom Hamburger Institut für Wirtschaftsforschung (HWWA) in einem Gutachten für das Bonner Finanzministerium.

Härtel in einem Interview des WDR-Fernsehens: »Es gibt kein einheitliches Kriterium dafür, wer nun den Zuschlag bekommen kann. Und das macht es für die Investoren schwierig, überhaupt erst ein Angebot vorzulegen. Und vor allem ist dadurch auch die Möglichkeit gegeben, daß bei der Entscheidung nicht ökonomische und rationale Kriterien den Ausschlag geben, sondern daß Einflüssen von der Wirtschaft und von der Politik Tür und Tor offen sind.«

Auf diese Weise erhält manchmal der Anbieter einen Betrieb, der den höchsten Preis dafür zahlt. Oft bekommt der den Zuschlag, der sich verpflichtet, besonders viele Arbeitsplätze zu erhalten. Dafür allerdings gewährt die Treuhand dann einen erheblichen Preisnachlaß. – Ob er die Verpflichtung aber später auch einhält, steht auf einem ganz anderen Blatt, wie das Beispiel der Schraubenfabrik Finsterwalde zeigt:

Vor gut einem Jahr wurde sie zusammen mit dem Stammbetrieb in Chemnitz für den symbolischen Preis von einer Mark an eine Briefkastenfirma in Amsterdam verkauft. Die Altschulden in

Höhe von 140 Mio. DM werden von der Treuhand gestrichen. Zusätzlich erhalten die Neuerwerber nochmals 17,4 Mio. DM Anschubfinanzierung aus Treuhandmitteln. Doch ein großer Teil der Treuhandgelder verschwindet. Im Betrieb kommt davon kaum etwas an. Das Unternehmen gerät in die Krise. Trotzdem gibt die Treuhand den Erwerbern nochmals 20 Mio. DM Kredit. Als Sicherheit dafür reicht ihr der Gegenwert des Betriebes, den sie ein Jahr zuvor für eine symbolische Mark verkauft hat.
Die als Gegenleistung für die Millionen der Treuhand garantierten Arbeitsplatzzusagen werden nicht eingehalten. 250 Arbeiter verlieren ihren Arbeitsplatz. Doch die Treuhand erhebt keinen Einspruch. Ihre Begründung: Der Markt habe eben nicht mehr hergegeben. Und so verzichtet sie auch auf die vereinbarte Vertragsstrafe von 2,5 Mio. DM.

Für den Vorsitzenden des Ausschusses, der die Treuhand im Auftrag des Deutschen Bundestags kontrollieren soll, den CDU-Abgeordneten Arnulf Kriedner, ist der skandalöse Verkauf der Schraubenfabrik Finsterwalde kein Einzelfall.
Kriedner 1992 vor Arbeitern der Schraubenfabrik: »Die Treuhand, ich sag das jetzt mal deutsch, hat im Anfang ihrer Zeit einen Riesenscheiß gebaut, ...sie hat im Grunde blanko verkauft, und das ist das Problem, vor dem wir stehen. Zu Lasten der Arbeitnehmer, zu Lasten der künftigen Industriestruktur... Man hat sich vom besten Konzept blenden lassen, äußerlich dem besten Konzept, das heißt, die meisten Arbeitsplätze, die höchsten Investitionen, und hat nach den kaufmännischen Kriterien und den Entwicklungschancen überhaupt nicht gefragt. Und ich sage Ihnen kein Geheimnis, wenn ich Ihnen sage, daß über meinen Schreibtisch jede Woche im Schnitt seit dem ersten Januar 120 solcher Treuhandfälle laufen. Das heißt, das schränkt natürlich die Möglichkeit der aktiven Kontrolle von Einzelfällen unglaublich ein, das ist ganz klar.«

Viele Unternehmer, die mit der Treuhand ins Geschäft kommen wollen, bedienen sich dazu der Hilfe von Unternehmensberatern und Wirtschaftsprüfern. Eine der größten Firmen dieser Art auf der Welt ist die KPMG. Sie arbeitet, wie auch andere

Gesellschaften dieser Art, auf der einen Seite für die Treuhand und auf der anderen Seite für Unternehmen, die von der Treuhand Betriebe kaufen wollen. Und hin und wieder sind auch dieselben Mitarbeiter für beide Seiten tätig.
So kann man einer vertraulichen Datei des KPMG-Computers entnehmen, daß die Papierfabrik Weissenborn, die der Treuhand gehörte, von den KPMG-Mitarbeitern Townsend und Schuler betreut wurde.
Die Papierfabrik wurde im Dezember 1990 von der Treuhand verkauft, und zwar an die westdeutsche Firma Schöller aus Osnabrück. Eine Unternehmensgruppe mit rund 630 Mio. DM Jahresumsatz. Sie ist wie die Treuhand Kunde der KPMG. Und ein Blick in die streng vertrauliche Datenbank des Firmen-Computers zeigt: Auch Schöller wurde damals von den KPMG-Mitarbeitern Townsend und Schuler beraten.
Sie waren also für beide Seiten aktiv. Die KPMG möchte natürlich den Eindruck vermeiden, sie beeinflusse den Kaufpreis zum Nachteil der Treuhand und zugunsten ihrer Kunden wie zum Beispiel der Firma Schöller. – In einer internen Hausmitteilung gibt sie Anweisungen an ihre Mitarbeiter: »Für den Fall, daß der potentielle Erwerber ebenfalls Mandant ist, sollte die Frage der Unterschriften (möglichst nicht die selben) bedacht werden.«

Auch an einem anderen Deal mit der Treuhand waren alte Bekannte beteiligt. Diesmal nicht von der KPMG, sondern von der renommierten Unternehmensberatung McKinsey. Unser nächster Fall: die Elpro AG in Berlin-Marzahn.
Der High-tech-Betrieb hat die Wende mit rund 2200 Beschäftigten vergleichsweise gut überstanden. Die Firma plant und modernisiert komplette Industrieanlagen, ebenso Anlagen der Umwelt- und Verkehrstechnik. Außerdem erneuert sie Elektroinstallationen in Gebäuden: in der ehemaligen DDR ein Riesengeschäft. Die Sanierung ist noch nicht abgeschlossen. Deshalb schrieb die Elpro AG im Jahr 1992 noch rote Zahlen. 1993 soll die Firma, so das Unternehmenskonzept, die Verlustzone verlassen und ab 1994 Gewinn abwerfen. Die Chancen dafür stehen ausgesprochen gut. Die Firma ist weltweit tätig: Sie modernisiert Zementwerke im Iran und Industrieanlagen in den GUS-Staa-

ten. Auch konnte sie sich bei Aufträgen zur Steuerung der Stromversorgung der Berliner U- und S-Bahnen gegen die internationale Konkurrenz durchsetzen. Kein Wunder, daß bei Elpro die Kaufinteressenten Schlange standen. Leitende Angestellte von Elpro richteten an die Treuhand den Antrag, den Betrieb zu übernehmen: ohne Erfolg. Eine Tochtergesellschaft des französischen Elektrokonzerns Alcatel und ein Konsortium unter Leitung der Berliner Bank waren ebenfalls interessiert. Auch sie hatten keine Chance.

Den Zuschlag erhielt völlig überraschend eine Investorengruppe um Axel Eckhardt, Direktor bei McKinsey, eine jener Unternehmensberatungen, die auch für die Treuhand tätig sind. Am Kauf beteiligt ist Hartmut Emans, der ebenfalls bei McKinsey tätig ist.

Den Tip, sich bei Elpro doch einmal umzusehen, hatten sie vom Treuhandvorstand Wolf Klinz erhalten, den beide seit 13 Jahren kennen. Woher wohl? Richtig, auch Klinz hat früher bei McKinsey gearbeitet.

Eckhardt und Emans prüften die Firma und befanden: Hier lassen sich Gewinne machen. Kurz darauf setzte die Treuhand bei Elpro einen gewissen Dr. Lierts als neuen Aufsichtsratsvorsitzenden ein. Ebenfalls von McKinsey. Das alles aber – so die Treuhand – hat mit einer bevorzugten Behandlung der neuen Eigentümer nicht das geringste zu tun.

Diese erhalten Elpro und die Berliner Firma TGA, die sich auf Elektroinstallationen in Gebäuden spezialisiert hat. Auf das Gelände von TGA soll Elpro innerhalb von fünf Jahren umziehen. Für die Übernahme wurden traumhafte Konditionen vereinbart.

Die Treuhand kauft den neuen Eigentümern Gelände und Gebäude, die nicht benötigt werden, gleich wieder ab. Der Preis: 251 Mio. DM. Zieht man die Elpro-Altschulden in Höhe von 164 Mio. DM ab, bleibt den Erwerbern unterm Strich ein dickes Plus von rund 87 Mio. aus den Kassen der Treuhand. Maschinen und Ausrüstungen der Elpro AG im Wert von rund 27 Mio. DM erhalten sie als Zugabe.

Ferner, so kann man im Protokoll der Elpro-Aufsichtsratssitzung vom 11. Mai 1992 nachlesen: »...ist mit der Treuhand vereinbart, daß im Falle von Umsatzausfällen, welche die Elpro

AG nicht zu vertreten hat, der daraus entstehende Verlust bis zu 10 Mio. DM [....] von der Treuhand ersetzt wird.« Darüber hinaus »übernimmt die Treuhandanstalt die Kosten, die pro Jahr für die zu zahlende Betriebsrente anfallen.« Unbefristet, ohne zeitliche Begrenzung.
Wichtigste Gegenleistung der neuen Eigentümer: Sie verpflichten sich, die Arbeitsplätze von 1400 der derzeit 2150 Beschäftigten für ganze zwei Jahre zu garantieren. Für jeweils 100 Elpro-Mitarbeiter, die sie zusätzlich entlassen, müssen sie der Treuhand 2 Mio. DM überweisen. Das wäre zu verschmerzen, hat doch die Unternehmensberatung Price-Waterhouse ausgerechnet, daß die Firma beim Abbau von 100 Stellen 5 Mio. DM pro Jahr einspart. Also Jahr für Jahr das Zweieinhalbfache.

Finanzminister Waigel, dem die Treuhand untersteht, ist mit der bisherigen Tätigkeit des größten Konzerns der Welt ebenso zufrieden wie der Treuhandvorstand selbst. Die Beschäftigten vieler Treuhandbetriebe ziehen dagegen, wie eine große Zahl der Politiker im Osten, nach zwei Jahren Treuhand eine ganz andere Bilanz. Beispiel Regine Hildebrandt, Arbeitsministerin des Landes Brandenburg:
»Meine Treuhand-Bilanz ist eine einzige große Enttäuschung. Das Konzept war ursprünglich nicht schlecht angedacht, aber es fehlten uns die Erfahrungen. Was heute daraus geworden ist und was dort im Augenblick passiert, hat jedoch kaum mehr zu bewältigende Konsequenzen, mit denen wir noch sehr lange Jahre leben müssen, wenn wir sie überhaupt jemals ganz beseitigen können. Der Auftrag der Treuhand ist falsch. Die dort getroffene Entscheidung »Privatisieren vor Sanieren« bei diesem wirtschaftlichen Niveau, bei dieser Struktur und bei solchem Investitions- und Ausrüstungsstand war keinesfalls richtig. Damit es nicht ganz zur Kathastrophe kommt, hoffe ich, daß man in Bonn, von dort erhält die Treuhand ja ihre Weisungen, noch rechtzeitig einlenkt. In Brandenburg haben wir heute schon in weiten Bereichen ein Maß an Entindustrialisierung erreicht, daß wir effektiv nicht mehr wissen, wie es noch weitergehen soll. So kann es jedenfalls nicht gehen.«
Wird es aber in absehbarer Zeit wohl doch. Äußerungen von

Bundesregierung und Treuhandvorstand lassen wenig Bereitschaft für eine grundsätzliche Korrektur der derzeitigen Treuhand-Politik erkennen.

REGINE HILDEBRANDT

»Wir werden ein Volk von Rentnern sein«

Deindustrialisierung und soziale Entwurzelung als Folge der Treuhandpolitik

Ein Gespräch

Ist für Sie die Treuhandanstalt die adäquate Adresse zur Lösung der wirtschaftlichen Probleme im Bereich der ehemaligen DDR?

Nein.

Würden Sie das bitte einmal erläutern.

Entscheidend ist, daß die Treuhand eine Institution, ein Verwaltungsapparat unter Stabführung des Bundesfinanzministers ist, eingerichtet mit dem festen Auftrag, die Wirtschaft der früheren DDR zu privatisieren. Das kann nicht gutgehen.

Hängt das wirtschaftliche Desaster im Osten, der rapide Verfall der Wirtschaft in den neuen Bundesländern, unmittelbar mit der Politik der Treuhand zusammen?

Nicht nur mit der Politik der Treuhand. Hinter der Politik der Treuhand steht die Politik der Bundesregierung. Kurz und knapp: Es war von Anfang an eine politische Fehlentscheidung, eine strukturierte Wirtschaft wie die im Osten, mit den riesigen Kombinaten, mit ihren innerbetrieblichen Strukturen, durch Privatisierung innerhalb weniger Monate in das Weltwirtschaftssystem zu integrieren.

Die Treuhand vertritt immer wieder die These, daß der beginnende Zusammenbruch der Wirtschaft unmittelbar nach der Währungsunion der Nachweis dafür ist, daß sie innerhalb kürzester Zeit ohnehin kollabiert wäre.

Das halte ich für abwegig. Ich selber habe 15 Jahre in einem Industriebetrieb gearbeitet, der von Anfang an dermaßen desolat war, daß man eigentlich hätte denken könne, er müsse in kürzester Zeit zusammenbrechen. Tat er aber nicht. Der Grund: Wir lebten in der DDR unter anderen Bedingungen und mit anderen

Maßstäben als Sie im Westen. Wir waren in der DDR gewohnt, ständig zu improvisieren und Planziele zu erreichen, die nach den Bedingungen des internationalen Wettbewerbs teilweise himmelschreiend waren. Aber wir lebten eben in einem gänzlich anderen System.

Ich bin weit davon entfernt, es nachträglich gutzuheißen. Doch gänzlich verrottet, wie uns jetzt immer wieder eingeredet wird, das war die DDR-Wirtschaft nun wirklich nicht. Sie nahm unter den Industriemächten der Welt einen beachtlichen Platz ein und lag im Verhältnis zu den osteuropäischen Ökonomien an vorderster Stelle. Diese Position resultierte auch aus den Improvisationsmöglichkeiten, den inneren Strukturen der Betriebe und vor allem aus der Qualifizierung ihrer Beschäftigten.

Sicher, unter westlichen Verhältnissen wäre diese Art des Wirtschaftens absurd. Aber genau unsere Art des Herangehens muß man bei der rückblickenden Beurteilung der DDR-Wirtschaft im Hinterkopf haben.

Ich will das erläutern: Wir hatten in den meisten Betrieben eine völlig desolate Bausubstanz, veraltete Maschinen, hatten auch kein Organisationssystem an externen Dienstleistungen und kaum Mittel für Einkäufe von wichtigen Ersatzteilen oder neuen Maschinen. Der Hauptgrund: fehlende Devisen. Also mußten wir immer wieder mit dem Vorhandenen weiterarbeiten. Aus Mangel an Importen waren wir teilweise zur Autarkie gezwungen. Wir stellten Ersatzteile selbst her, sanierten Maschinen, erneuerten die Bausubstanz von innen heraus. Wir veranstalteten im Grunde ein permanentes Katastrophenmanagement.

Die Treuhand gibt ausschließlich der Planwirtschaft die Schuld am Zusammenbruch der DDR-Wirtschaft nach der Wende. Können Sie sich dem anschließen?

Dem muß ich entschieden widersprechen. Wie gesagt, in den meisten Betrieben war die Bausubstanz desolat, die Technologie veraltet, die Organisationsform nicht konkurrenzfähig. Zudem wurde extrem auf Kosten der Umwelt gewirtschaftet. Aber unter den Crash-Bedingungen der Wende, der Tatsache, daß die Preise einbrachen, hatten wir nicht den Hauch einer Chance. Sie wissen, daß der Warenhandel schon vor Einführung der D-Mark einen inoffiziellen Kurs von etwa 1 zu 5 aushalten mußte. Damals konnte allerdings noch viel über den Staatshaushalt umverteilt werden. Plötzlich standen wir dem westlichen Preisgefüge direkt gegenüber. Unter diesen Bedingungen wäre wohl auch jeder Betrieb im Westen in die Knie gegangen. Ich will nichts schönreden: Die DDR-Wirtschaft war desolat, aber sie wurde indiskutabel durch den erzwungenen Verzicht auf einen überlebensnotwendigen Umstrukturierungsprozeß, durch das Wegbrechen der Absatzmärkte vor allem in Osteuropa unter den Bedingungen der schlagartigen Geldumwertung.

Kann man sagen, daß die Treuhand so eine Art Speerspitze ist im Rahmen eines marktwirtschaftlichen Putsches in der ehemaligen DDR?

Keine schlechte Formulierung. Ja, so ist es. Ich kann Ihnen Beispiele nennen. Die Draht- und Schraubenfabrik Finsterwalde wurde an einen Interessenten im Westen verkauft und von dem gegen Null gefahren – nach dem Prinzip der Beseitigung der Konkurrenz. Oder nehmen Sie den Schwermaschinenbau Wildau. Da kamen Interessenten aus den alten Bundesländern, Kenner der Branche. Sie schauten sich den Betrieb an, die Kundenbücher, die Preiskalkulationen, die Produktpalette. Den Kundenstamm übernahmen sie, die Preise unterboten sie. Auf diese Weise fuhren sie den im Grunde durchaus intakten Betrieb herunter, schlachteten ihn aus. Ich könnte zahlreiche Beispiele nennen. Man hätte das Produktivvermögen der Ost-Wirtschaft von Anfang an international ausschreiben müssen. Ein japanisches Unternehmen beispielsweise hätte in Ostdeutschland höchstwahrscheinlich mehr den Produktionsstandort gesehen als den Absatzmarkt. Jetzt aber befinden sich 90 Prozent der privatisierten Ost-Unternehmen in westdeutscher Hand, und es ist aus unternehmerischer Sicht völlig legitim, daß sie zuerst auf den eigenen Vorteil bedacht sind. Wobei es natürlich auch westliche Unternehmer gibt, die ehrlich für den vielzitierten Aufschwung Ost sorgen wollen.

Was halten Sie von dem immer wiederkehrenden Treuhand-Ausspruch, speziell aus dem Mund von Frau Breuel, was nicht privatisierungsfähig ist, ist auch nicht sanierungsfähig?

War die Treuhand bislang ausschließlich der verlängerte Arm des Bundesfinanzministers bei der Privatisierung des Ostens, so scheint sie nach dem Desaster der vergangenen zwei Jahre jetzt neue Akzente setzen zu wollen. Die Treuhand hat damit begonnen Konzepte zu entwickeln, die wir am Anfang gebraucht hätten. Sie scheint begriffen zu haben, daß ihre Politik so nicht weiter gehen kann. Jetzt werden Konzepte wie MBI und MBO, also im Management-buy-in und Management-buy-out für kleinere Betriebe entwickelt, werden Management-KGs zur Beteiligung der Mitarbeiter installiert. Das wilde Privatisieren hat einer gewissen Vorsicht Platz gemacht. Mehr und mehr ist man daran interessiert, die noch existierenden Betriebe im Osten konkurrenzfähig zu machen. Sie, die eben Management benötigen, nicht Käufer. Denn Käufer, die ohne weiteres den Ostmarkt durch eine Steigerung der Produktion in den westdeutschen Primärproduktionsstätten abdecken können, die liquidieren doch lieber den möglichen Konkurrenten als ihm auf die Beine zu helfen. Dies aber schadet langfristig der gesamten Wirtschaft Deutschlands. Management-Transfer in den Osten, die Entwicklung sinnvoller Konzepte für die einzelnen Betriebe im Rahmen einer politischen Gesamtkonzeption – damit hätte der Osten am Markt von Anfang an mehr Chancen gehabt. Das hätte an den Beginn der Wirtschafts-, Währungs- und Sozialunion gehört.

War die Installierung der Treuhandanstalt eine richtige oder falsche Entscheidung?

Die Treuhand in der Form, wie sie nach der Währungsunion eingesetzt worden ist, war eine falsche Entscheidung. Die grundsätzliche Einsetzung eines solchen Verwaltungsapparates war meiner Meinung nach aber notwendig.

Wie sie ursprünglich gedacht war, noch unter der alten DDR-Regierung?

Jedenfalls mit einem klar definierten Sanierungsauftrag, der die Voraussetzungen geschaffen hätte, den Umstrukturierungszeitraum zu überstehen. Die sozialistische Planwirtschaft der sofortigen Konkurrenz unter den härtesten Bedingungen des auslaufenden 20. Jahrhunderts, nicht nur in Europa, sondern in der Welt, auszusetzen – das konnte wirklich nur schiefgehen.

Die Treuhand geht willkürlich und rigoros gegen gewachsene Strukturen in der ehemaligen DDR vor. Dabei bleiben in erster Linie die Menschen auf der Strecke. Können Sie einmal die sozialen Probleme erläutern, nicht zuletzt als Folge der Treuhandpolitik?

Solange die Politik der Treuhand auf Privatisierung abzielt, werden Hunderttausende Menschen arbeitslos. In vielen Branchen tendiert die Beschäftigung schon gegen Null. Wenn ich mir im Land Brandenburg den Cottbuser Textilbereich mit ehemals über 8000 Mitarbeitern anschaue – da gibt es jetzt nur noch 600 Stellen. Oder das Halbleiterwerk in Frankfurt/Oder mit ehemals 8000 Mitarbeitern – von ihnen arbeiten dort gegenwärtig noch etwa 300 Menschen in der Mikroelektronik-Branche. Glücklicherweise existiert auf dem Gelände inzwischen eine Beschäftigungsgesellschaft mit 250 Mitarbeitern. Nehmen wir die Teltower Mikroelektronik, dort arbeiteten früher über 10000 Menschen in drei Betrieben – jetzt haben wir dort noch ganze 150 Beschäftigte, und auch deren Zukunft ist unsicher. Das hat verheerende Folgen für das Land. Nicht nur für einige Schwerpunkte der Regionen, sondern flächendeckend und für alle Branchen. Das ist nicht verkraftbar. So darf es nicht weitergehen.

Kann man der These folgen, daß die Treuhandanstalt als verlängerter Arm der Bundesregierung eine komplette Ostgeneration an Arbeitskräften opfert, um nach ihren Vorstellungen den Osten dem Westen einzugliedern?

Dem kann ich nur zustimmen. Ich will das an Brandenburger Verhältnissen verdeutlichen. Nach unserer letzten Arbeitsmarktanalyse sind in Brandenburg mehr als 50 Prozent der arbeitenden Menschen vom Arbeitsmarkt verdrängt worden. Die Arbeitslosigkeit beträgt zwischen 13 und 15 Prozent, wir haben über 135000 Empfänger von Altersübergangsgeld. Das sind all diejenigen, die mit 55 Jahren und 65 % ihres letzten Einkommens nach Hause geschickt worden sind und jetzt 30 DM in der Woche dazu verdienen dürfen. 120000 Arbeitskräfte nutzen Arbeitsförderungsmaßnahmen – Fortbildungen, Umschulungen, weitere Förderungsmaßnahmen – und fast 40000 arbeiten kurz. Hinzu kommt die ständig wachsende stille Reserve – zumeist Frauen, deren Anspruch auf Arbeitslosengeld ausgelaufen ist und die nun keine Arbeitslosenhilfe mehr beziehen, weil dafür das Familieneinkommen zu hoch ist. Sie fallen somit auch aus der Arbeitslosenstatistik.

Wenn wir uns die Frauenarbeitsquote im Osten anschauen, kann einem schwindelig werden. Früher waren über 90 % der Frauen

berufstätig, jetzt sind es de facto weniger Frauen als im Westen. Weniger als 50% der Frauen sind noch auf Arbeitsplätzen tätig, die anderen finden keine Stelle, obwohl sie arbeiten wollen!
Immer wieder tauchen in der Diskussion Begriffe auf wie »Kolonialisierung« und »Eroberung«. Einer Umfrage in den neuen Bundesländern zufolge fühlen sich zwei Drittel der Bevölkerung durch die Westdeutschen »erobert« bzw. »kolonialisiert«.
Also Eroberung finde ich ja nun köstlich. Ich kann nur darauf hinweisen, daß die Mehrheit der Bevölkerung, die sich jetzt erobert fühlt, ja gewählt hat. Und sie hat diesen Kanzler gewählt.
Unter Vortäuschung falscher Tatsachen.
Er hat ihnen versprochen, daß es keinem schlechter, aber vielen besser gehen werde und die Angleichung an den Westen rasch komme. Das war der fatalste Sachverhalt in der deutschen Vereinigung überhaupt. Jetzt stellen sie fest: Es war Lug und Trug. Und nun sagen sie, sie seien erobert worden. Das ist natürlich abwegig. Es war eine Wahl, und es war eine überwältigende Entscheidung. Deshalb sage ich den Menschen, wenn sie jetzt so ein Theater machen, immer wieder: Erinnert euch, was ihr gewählt habt.
Ich kann doch guten Glaubens jemanden wählen, ins Land lassen und dann entsetzt feststellen, er versucht mich zu drangsalieren, zu kolonialisieren.
Dann ist der Begriff Kolonialisierung auf den Beitritt anzuwenden. Beitritt bedeutet, ich trete irgendwo ein und habe mich nach den dortigen Spielregeln zu richten. Ich kann also nicht beitreten und hinterher sagen, ich habe mir das alles ganz anders vorgestellt und nun berücksichtigt das bitte auch. Die ehemalige DDR hat sich freiwillig kolonialisieren lassen. Ich persönlich wehre mich übrigens vehement gegen den Begriff Beitrittsgebiet, das ist mir wie ein Stich ins Herz. Denn historisch gesehen war es so nicht gemeint, nicht gewollt, nicht gesagt. Dennoch ist es so gekommen.
Da passierte ein Überstülpungsprozeß, der sich mit keinem Ziel der Parteien der damaligen Volkskammer in Übereinstimmung befand. Ich darf daran erinnern, daß die Koalitionspapiere von SPD, CDU und FDP der de-Maizière-Regierung Zielrichtungen enthielten, die weitgehend so nicht realisiert wurden. Nehmen Sie das Gesundheitswesen. Wir wollten kein gegliedertes Kran-

kenversicherungssystem und nicht die damit verbundene Entsolidarisierung wie im Westen, aber es kam dennoch auf der ganzen Linie. Jetzt, zwei Jahre später, wird mit dem Gesundheitsstrukturgesetz versucht, diese Verwerfungen wieder einigermaßen zu relativieren. Ein völlig absurder Sachverhalt. Da wurden – und das im Kolonialstil – die Polikliniken im Osten beseitigt und das Westmodell ambulanter Versorgung durch niedergelassene Ärzte eingeführt, um hinterher zu sagen, daß die Gesundheitsversorgung im Westen zu teuer sei, als daß sie so bleiben könne. Man wolle die stationären und ambulanten Bereiche besser in Einklang bringen, man müsse reformieren. Im Osten aber werden gerade die letzten Verbindungen von stationärer und ambulanter Versorgung zerschlagen.

Die Treuhand als ausführendes Organ der Bundesregierung versucht also gewachsene Strukturen zu zerschlagen und alte Identitäten zu brechen?

De facto ja und vor allem ohne konstruktive Alternative. Es fehlen konzeptionelle Überlegungen auf allen Gebieten. Das zeigt sich auch in der Wirtschaft. Es werden uns westliche Modelle übergestülpt, die hinten und vorne nicht passen. Auch deswegen bricht vieles zusammen. In Ostdeutschland existieren gegenwärtig nur noch 800 000 Industriearbeitsplätze, etwa zwei Millionen müßten es aber nach Schätzung westlicher Experten sein. So weit sind wir also schon.

Je länger und intensiver die Treuhand vor Ort tätig ist, desto stärker merkt sie, daß ihr Auftrag ohne furchtbare Verluste mit Langzeitwirkung nicht realisierbar ist. Wenn sie jedoch versuchte, – das kam ja vor – ihren Auftrag zu modifizieren, dann stieß sie beim Bundesfinanzminister und bei der Bundesregierung auf Widerstand.

Die Bürger der ehemaligen DDR fühlen sich durch diese Politik gedemütigt und gekränkt. Ist dahinter Absicht zu erkennen, vielleicht sogar die Pose des Siegers?

Das geht mir zu weit. Ich glaube nicht, daß eine Politik darauf angelegt ist, die Bevölkerung zu demütigen und zu kränken. Es ist nur so, daß sich viele verantwortliche Politiker zu wenig Gedanken darüber machen, was die Bürger der neuen Bundesländer als Demütigung und Kränkung empfinden müssen.

Ziel der Westdeutschen war es, ihren »Brüdern und Schwestern«

im Osten zu hundert Prozent die westlichen Denkstrukturen zu verpassen.

Ein wenig pauschal formuliert, aber es trifft den Kern des Problems. Dieses Rezept stellte sich bald als völlig unsinnig heraus. Nehmen Sie als Beispiele die eben erwähnte Gesundheitspolitik oder sinnvolle Einrichtungen in den Betrieben, Sozialstationen, Kindergärten.

Ein Privatisierungsbeispiel aus der Wirtschaft: Schwedt und das petrolchemische Kombinat, an dem die Erdölpipeline aus der Sowjetunion endete. Es wurde in den 60er Jahren direkt an der Oder gebaut, dazu weitläufige Wohngebiete zusammen mit einer kompletten sozialen Infrastruktur. Dieser Großbetrieb erstreckte sich über eine Fläche von 13 Quadratkilometern, wovon 12 nicht betriebsnotwendig waren; auf ihnen befand sich eine eigene Poliklinik, die eigene Apotheke, der Kindergarten, die Verkaufsstelle, das Kulturhaus, das eigene Schwimmbad mit ganzjähriger Außenanlage. In der Innenstadt hatte das Kombinat Ausländerunterkünfte errichtet, eine Schule mit drei Wohnheimen, ein Naherholungszentrum und eine große Ruder- und Kanustrecke. Dazu besaß es ein Ferienlager an der Ostsee und eines im Erzgebirge...

Mit der Wirtschafts- und Sozialunion fiel der Hammer über Schwedt. Es wurde gar nicht hingeschaut, welche Strukturen da gewachsen waren. Da wurde ganz anders gedacht: Geben wir erst einmal denjenigen Grund und Boden zurück, denen das früher einmal gehörte. Der Betrieb – so die Überlegung – hat sich ja ohnehin mit staatlicher Rückendeckung alles nur illegal angeeignet. Es wurde auf Teufel komm raus privatisiert. Verkauft wurden das Klubhaus, in dem die Jugend- und die Altenarbeit stattfanden, die Sportstätten als Zentrum aller Sportaktivitäten der ganzen Region, die Poliklinik, der Kindergarten und alles andere. Und die Investoren konnten sich freuen, gleich noch die Ferienheime an der Ostsee und in den Bergen »mitgenommen« zu haben.

Im brandenburgischen Premnitz haben sie sogar die Betriebswohnungen mitverkauft. Da besitzt jetzt ein Schweizer 700 Wohneinheiten, in denen ostdeutsche Menschen wohnen.

Würden Sie von einer zweiten Enteignung der ostdeutschen Bevölkerung sprechen?

Ja, unbedingt! Hier findet eine wirkliche zweite Enteignung statt. Bei Ihnen im Westen ist das Eigentum heilig. Im Osten wurde Eigentum anders definiert. Hier wurde mit Eigentum so umgegangen, daß es für jeden, der es hatte, eine Belastung war. Wer seinerzeit ein Wohnhaus in Berlin besaß, hat mit Mühen versucht, es loszuwerden, manchmal sogar zu verschenken, weil der Aufwand des Unterhalts viel zu hoch war, die Barrieren, die ihm der Staat in den Weg legte, zu gewaltig waren. Keiner wollte es. Manchmal wurde es zu erträglichen Bedingungen in Gemeineigentum überführt, also dem Staat überlassen.
Durch die Modalitäten des Einigungsvertrages ist die zweite Enteignung komplett »gelungen«. Das Volkseigentum, von dem früher soviel die Rede war und an dem wir mittels Anteilscheinen partizipieren wollten, ist zerronnen. Denken wir nur daran, mit welcher Selbstverständlichkeit ehemaliges Gelände der Nationalen Volksarmee samt aller Gebäude von der Bundeswehr übernommen wurde. Und wie die Kommunen jetzt um Wohnraum ringen. Ich bin gespannt auf die wirkliche Größenordnung dieser Enteignung. Sicher wird später einmal objektiv ermittelt, was da an Werten ursprünglich vorhanden war und was den Menschen im Osten weggenommen wurde. Dann werden einigen die Augen übergehen – und niemand wird dafür die Verantwortung tragen wollen.
Sie verwenden in Ihren Reden häufig den Begriff der »Deindustrialisierung«. Ist es übertrieben, von einer »Politik der verbrannten Erde« zu sprechen, wenn man sich die Deindustrialisierung ganzer Regionen in der ehemaligen DDR vor Augen führt?
Ich möchte nicht von einer Politik der verbrannten Erde sprechen, der Begriff ist durch die Geschichte belastet. Doch durch den Zusammenbruch der Textil-, Chemie-, Elektronikindustrie oder der Metallurgie sind bereits weite Gebiete Ostdeutschlands wirtschaftlich verödet. Von ihnen lebten brandenburgische Städte wie Frankfurt/Oder, Cottbus, Teltow, Wittenberge, Rathenau, Premnitz, Lauchhammer und Prenzlau. Dort ist die Dauermassenarbeitslosigkeit auf Jahre programmiert. Oder schauen Sie sich die Landwirtschaft an. Katastrophal! Von den 179000 Beschäftigten in diesem Bereich arbeiten heute nur noch 39000. Die Politik hat völlig versagt.

Gegen diese Trostlosigkeit müssen wir uns wehren. Deshalb plädiere ich auch dafür, Beträge wie die 22 Mrd. DM, die 1992 für die Finanzierung der Arbeitslosigkeit im Osten ausgegeben wurden, in Zukunft für die Finanzierung von Arbeit zu verwenden.

Definiert man die Treuhand als Fehlkonstruktion mit einer unheilvollen Rolle, so stellt sich die Frage nach der Zukunft. Ist da überhaupt noch etwas zu retten?

Wenn nicht umgehend etwas geschieht, ist sowieso alles zu spät. Da wir möglichst viel zu retten versuchen, kommen wir an der Treuhand nicht vorbei. Es nutzt also nichts, immer nur über die »Plattmacherin« zu lamentieren. Der Auftrag der Treuhand muß geändert werden, um aus den jetzt noch vorhandenen Wirtschafts- und Sozialstrukturen wenigstens die Reste zu retten. Dazu ist es oberstes Gebot, für die Treuhand einen wirklichen Sanierungsauftrag zu formulieren. Dazu gehört auch die Erschließung neuer Absatzgebiete. Wir benötigen Konzepte, um den osteuropäischen Markt für unsere Betriebe neu zu erschließen. Denn dorthin sind unsere Produkte ja jahrzehntelang mit großem Erfolg gegangen. Ganze Branchen in der früheren Sowjetunion liegen brach, weil wir aus der ehemaligen DDR keine Ersatzteile für Maschinen mehr liefern. Auf der anderen Seite gehen hier die Betriebe kaputt, weil sie nicht mehr produzieren. Der Bereich Landmaschinen ist ein typisches Beispiel für diese Absurdität. Die Bundesregierung müßte die Hilfsaktionen für Osteuropa mit der Auftragsvergabe für ostdeutsche Betriebe verbinden. Das wäre praktische Hilfe für die Russen und auch für die heimische Wirtschaft.

Aber die Treuhand wird bereits gepriesen als Modell für andere osteuropäische Staaten, speziell für Rußland.

Das hängt vom Auftrag ab. Eine so riesige Planwirtschaft kann nicht ohne zentralistische Strukturen umgestaltet werden. Das Chaos wäre sonst komplett. Der Auftrag muß Sanierung heißen, so daß die Treuhand tatsächlich Management-Transfer organisieren und auf diese Weise die Umgestaltung strukturieren kann.

Was hierzulande völlig schief gegangen ist.

So ist es. Klar ist natürlich auch, daß nicht alles saniert werden kann. Aber selbst dort, wo dies nicht möglich ist, kann man verschiedene Wege beschreiten. Beispielsweise den der stillen

Liquidation, wie das so schön heißt. Stille Liquidation bedeutet, daß ein großer Betrieb zwar aufhört zu existieren, ein Liquidator jedoch versucht, einzelne Betriebsteile über Arbeitsförderung zu sanieren, um sie sekundär zu vermarkten. Da haben wir in Brandenburg einige anschauliche Beispiele vorzuweisen. Besser als nichts. So denkt auch die Treuhand inzwischen; sie ist in der Tat etwas behutsamer geworden. Ich bin also fast glücklich, wenn Betriebe in die stille Liquidation gehen und nicht auf Teufel komm raus privatisiert werden. Dann haben sie Gestaltungsmöglichkeiten. Doch auch das bleibt im Grunde absurd, denn die Gestaltung hätte ja vorher einsetzen müssen.

Da ist das Fliesenwerk Karstedt, im Nordosten von Brandenburg. Ein Fliesenproduzent, der früher Exportfliesen produziert hat. Jeder ostdeutsche Bürger war glücklich, wenn er nach langem Anstehen die dritte Wahl bekommen hat. Dieser Fliesenbetrieb ist jetzt in Konkurs gegangen. Nach einem Jahr Verhandlungen mit einem französischen Investor. Als der schließlich absagte, stand der Betrieb ohnehin schon still. Es folgten Verhandlungen mit einem italienischen Investor. Plötzlich fiel der Kurs der Lira, der Italiener schied wieder aus. Nun ist der Betrieb in Liquidation gegangen.

Doch die Geschichte geht weiter. Wir bauen in Brandenburg jetzt im Rahmen eines Altenpflegeheim-Bauprogramms Heime im Wert von 1,6 Mrd. DM in den nächsten Jahren. Dafür brauchen wir Fliesen, jede Menge, für Neubauten und auch für Sanierungsobjekte. Über die stille Liquidation versuchen wir, dem Fliesenwerk wieder eine Perspektive zu geben. Denn dort stehen neue Fliesenpressen aus Italien. Und dort wartet das Fachpersonal. Jetzt bedarf es nur noch einiger Investitionen und die Produktion kann laufen. Der Markt ist da und der Wille, es zu packen.

Sind die Ostdeutschen die großen Verlierer der Einheit?

Wer denn sonst? Das steht völlig außer Zweifel. Ich sagte ja bereits, 50 % der Menschen sind vom Arbeitsmarkt verdrängt. Besonders trifft es die Frauen, 82 % der Brandenburgerinnen sagen heute, es geht ihnen schlechter als vorher. Wir haben in den neuen Bundesländern fast eine Million Menschen mit 55 Jahren in das Altersübergangsgeld geschickt, das mittlere Altersübergangsgeld liegt derzeit bei ungefähr 900 DM im Monat. Keine rosigen Perspektiven auch für die Rente. Wir werden also ein Volk von Rentnern, das grundsätzlich nur jene Altersversorgung bezieht, die sich aus der Rentenversicherung ergibt. Davon leben in den Alt-Bundesländern 20 Prozent der Senioren. Alle Sonder- und Zusatzversorgungssysteme – zum Beispiel für Ärzte, Professoren und Lehrer –, die allen nach einem Erwerbsleben zugestanden hätten, werden abgeschmolzen, werden beseitigt. Das heißt, es wird für die Rentner, für die Vorruheständler, für die, die jetzt langzeitig arbeitslos werden, innerhalb ihres Lebens unmöglich sein, auch nur andeutungsweise den Lebensstandard der Alt-Bundesländer zu erreichen. Nun erinnern sie diese Menschen mal an das Versprechen des Kanzlers. Natürlich sind durch die Bedingungen der Vereinigung viele Ostbürger materiell auf einen Standard gekommen, von dem sie früher nur geträumt haben. Aber viele sind in dem neuen System, in dem neuen Land, deutlich Menschen zweiter Klasse.

Würde sich die Bevölkerung der ehemaligen DDR heute noch einmal ohne wenn und aber für die Marktwirtschaft entscheiden, oder würde man ein bißchen Plan bevorzugen?

Ja, selbstverständlich hätten sie inzwischen gerne wieder ein wenig mehr Plan. Das heißt ja nicht, die sozialistische Planwirtschaft wiederbeleben zu wollen. Auch die soziale Marktwirtschaft braucht meines Erachtens planerische Komponenten. Sie sind nur im politischen Konsenz aller Parteien und gesellschaftlichen Kräfte durchzusetzen. Ich denke, die Mehrheit der Bevölkerung würde sagen: So wie es jetzt ist, wollen wir es nicht haben.

Die Arbeit war für die Ostbevölkerung eben nicht nur das Geldverdienen, sondern es war gleichzeitig die wesentliche Komponente der sozialen Integration – vom Sport über die Kultur bis zur Kinder-, Jugend- und Seniorenbetreuung. Nun sind viele Menschen raus aus ihrem Lebensentwurf, aus ihrer subjektiven Geborgenheit, nichts paßt mehr zusammen. Daraus resultiert eine grundsätzliche soziale Verunsicherung, die maßgeblich die Stimmung im Land beeinflußt.

Selbst wenn ich heute mit meinem Geld auskommen könnte – das mittlere Arbeitslosengeld in Brandenburg lag im ersten Quartal 1992 im Schnitt bei 739 DM pro Monat –, ist das eben nicht alles, was das Leben ausmacht. Deshalb fördern wir nun so intensiv die Arbeit von Arbeitslosenverbänden, Selbsthilfegruppen, Fraueninitiativen, Vorruhestandstreffs oder Seniorenzentren. Aber unter den finanziellen Bedingungen, denen wir ausgesetzt sind, ist das äußerst schwierig. Wenn nun noch die Arbeitsförderungsmaßnahmen gekürzt werden – 20 Prozent aller diesbezüglichen Unternehmungen sind ja gerade im Sozialbereich angesiedelt – kann man sich die dramatische Situation vorstellen.

Kann eine Sozialministerin bei solchen Zuständen eigentlich nachts noch ruhig schlafen?

Vor Erschöpfung ja, in Anbetracht der Realitäten nein. Aber wir müssen kämpfen, das Beste aus der schlimmen Situation für unsere Region und die Menschen machen. In kleinen Schritten, ganz praktisch, an Ort und Stelle versuchen zu retten, was zu retten ist. Aber im Prinzip könnte man angesichts der großen Politik, die gemacht wird, verzweifeln.

BIRGIT BREUEL

»Der Winter kommt, auch für die Treuhandanstalt«

Eine Bilanz aus erster Hand

Viele Altbundesbürger hatten angenommen, ein Siegeszug der Marktwirtschaft würde das Reich des planwirtschaftlich Bösen hinwegfegen und damit sei es getan. DDR-Bürger waren da skeptischer, weil immun geworden gegen Parolen und Patentrezepte. Die Nachdenklichen im Jahre 1990 wurden sehr schnell stumm. Niemand wollte sich mit seiner Skepsis an dem großen Werk der Einheit versündigen, Probleme wurden eher verdrängt als nüchtern analysiert.
Weil alles so rasend schnell ging und gehen mußte, blieb vieles ungesagt, hoffend, daß es auch nicht gesagt werden müßte. Es blieb ungesagt, daß der Umbau einer ganzen Volkswirtschaft nicht Monate und Jahre, sondern Jahrzehnte dauern würde. Es blieb ungesagt, daß sich die Welt radikal verändert hatte und daß man am Ende einer Epoche stand, die in ihrem wirtschaftlichen Verhalten immer stark von der Kriegsgefahr, vom Weltenbrand bestimmt war. Und vor allem, es blieb ungesagt, daß der Erfahrungshintergrund für alle Beteiligten gleich null war. Niemand wußte so recht, wie es gehen könnte.
Im Grunde genommen gab es nur einen einzigen Konsens: Wir wollen es schaffen, die menschlichen und finanziellen Ressourcen müßten eigentlich ausreichen, zur staatlichen und wirtschaftlichen Einheit gibt es keine Alternative. Diese Haltung war richtig, aber sie reicht heute nicht mehr aus.
In Ostdeutschland hat fast die Hälfte der Menschen ihren bisherigen Arbeitsplatz verloren. Hunderttausende haben sich selbst einen Arbeitsplatz geschaffen und Unternehmen gegründet. Mehr als eine Million Arbeitsplätze sind durch Privatisierung und Sanierung in neuen Unternehmen mit neuen Eigentümern gesichert worden. Die Menschen in Ostdeutschland sind einem Veränderungsprozeß ausgesetzt, der schier unglaublich ist.

Mitten im Frieden vollzieht sich ein Umbruch, der jede Faser der menschlichen Existenz ergreift. Vergangenheit muß neu verstanden werden und Zukunft gleichzeitig gewonnen werden. Die wirklichen Helden dieser deutschen Einheit sind und bleiben die Menschen in den neuen Bundesländern, nicht die Besserwisser, die sich als System-Sieger dünken und glauben, daraus auch das Recht zu Ratschlägen ableiten zu dürfen. Die Treuhandanstalt kann sich nicht zurückziehen auf die Rationalität von Zahlenwerken und schon gar nicht in die scheinbare Sicherheit marktwirtschaftlicher Unternehmenskonzepte. Solche Papiere erweisen sich oft als unbrauchbar und hinderlich, wenn man sich allein auf sie verlassen würde.

Zu Beginn des wirtschaftlichen Umbaus blühte die Spekulation und das Raubrittertum. Zum Symbol dafür wurde kurzerhand die Treuhandanstalt, die das alles kaum verhindern konnte und nur in wenigen, dafür spektakulären Fällen einzugreifen schien. Eine ganze Ladung sowohl gutgemeinter als auch herablassender Kritik ergoß sich im Herbst 1990 über die Treuhandanstalt, ihre Unternehmen und alle handelnden Personen. Das tumbe und blindwütige und undifferenzierte Aufeinandereinschlagen hörte erst mit dem tragischen Tod von Detlev Rohwedder im April 1991 auf. Seine kurz vor seinem Tod vorgenommene Positionsbestimmung – rasch privatisieren, entschlossen sanieren, behutsam stillegen – vermochte einen Konsens zu stiften.

Geblieben ist jedoch die grenzenlose Überforderung der Treuhandanstalt, die für fast alle Lebensbereiche eine neue Perspektive eröffnen sollte. Gegründet wurde die Treuhandanstalt, um für eine Übergangszeit an die Stelle des früheren staatlichen Eigentümers zu treten, gegründet vor allem, um sich selbst wieder abzuschaffen. Die Verantwortung für anfangs vier Millionen Beschäftigte und mehr als achttausend Unternehmen, für die gesamte Energieversorgung ebenso wie für den Einzelhandel soll übergehen auf neue aktive private Eigentümer. Ein unfaßbar weites Spektrum. Nach Meinung des für die Treuhandanstalt zuständigen Bundestagsausschusses soll sie auch noch Lösungen für ihre politisch belasteten Mitarbeiter finden und sich als einzige auch daran halten. Für andere Institutionen gelten solche Forderungen nicht.

Inzwischen ist die Treuhandanstalt so etwas wie ein Säurebad der

deutschen Einheit geworden. Alle Patentrezepte müssen hier hindurch. Gewiß, es gibt eine unendliche Geschichte kleinerer und größerer Ungereimtheiten, kleine und große Gauner gibt es und auch viele umstrittene Entscheidungen dieser Treuhandanstalt. Aber ändert dies etwas an der Tatsache, daß es nach zwei Jahren eine unübersehbare Fülle von richtigen und guten Entscheidungen gibt, von Neuanfängen, neuen Chancen und neuen Hoffnungen? Ändert dies etwas an der Tatsache, daß es richtig war, durch Zehntausende von Einzelentscheidungen neue Anfänge zu ermöglichen, bislang 1,3 Millionen Arbeitsplätze bei neuen privaten Eigentümern zu sichern und insgesamt 150 Milliarden Mark Investitionen auszulösen? Als Brückenkopf im Niemandsland wird manche Investition verlacht, als Kathedrale in der Wüste madig gemacht. Trotzdem ist sie auf Dauer wirksam und unverzichtbar. Es muß eben alles erst wachsen.
Die scheinbare Allgewalt der Treuhandanstalt hat in vielen Köpfen die Vorstellung entstehen lassen, als könnte man damit, wenn man nur wollte und wenn man es nur richtig mache, alles so einrichten, daß widerspruchsfreie Entscheidungen getroffen werden und die Entwicklung einen stetigen und positiven Verlauf nimmt.
Auch die soziale Marktwirtschaft jedoch ist nur eine Ordnungsform, keine praktische Lebenshilfe für Einzelfälle. Sie sagt eher, was man nicht tun sollte, als was man tun muß, um auf jeden Fall Erfolg zu haben. Kein Wunder also, daß gerade bei engagierten Politikern, die sich für Ostdeutschland einsetzen, eine Enttäuschung einsetzte, die in eine umtriebige Suche nach einer Industriepolitik einmündete. Wenn es mit der Ordnung der sozialen Marktwirtschaft nicht schnell und einfach genug geht, vor allem, wenn es weh tut, dann kommt das Heftpflaster einer undefinierten Industriepolitik. Industriepolitik als »Politik für die Industrie« tut auch heute wieder not. Der Begriff wird aber gegenwärtig mehr als Zauberwort benutzt. Deswegen verkaufen die Maschinenbauer aus Chemnitz leider noch keine einzige Maschine mehr in den Westen.
Die Politiker ertragen es selten, den Wählern eingestehen zu müssen, daß man wirtschaftliche Strukturveränderungen nicht beliebig schnell erzwingen kann. Vollends unerträglich scheint es zu sein, daß die Treuhandanstalt sich beharrlich weigert, diese

neuen Überschriften und eine Ersatzpolitik nun selbst zu entwerfen. Zwar hatten sich der Bund und die ostdeutschen Länder im Frühjahr 1991 zu einer klaren Arbeitsteilung verpflichtet und die Schnittstellen zwischen Treuhandauftrag und Länder- beziehungsweise Bundesverantwortung für Regional- und Strukturpolitik festgelegt. Bei jedem Einzelfall bricht aber dieses letztlich ungelöste Problem immer wieder auf.

Die Treuhandanstalt hat in den vergangenen zwei Jahren eine eigene Philosophie ihres Handelns und Wertens entwickeln müssen. Dabei mußten so eherne Wahrheiten wie »Weniger Staat gleich mehr Freiheit und mehr Erfolg« dort gelassen werden, wo sie sich am liebsten aufhalten: in den Aufsätzen der Experten, die weit weg sind vom Geschehen. Die eigene Philosophie hatte sich an der Wirklichkeit der Menschen und Unternehmen zu orientieren.

Durch Sanierung und Privatisierung sollen Arbeitsplätze gesichert und eine neue Wirtschaftsordnung in Ostdeutschland begründet werden. Gerecht soll alles zugehen, schnell soll es gehen, kosten soll es möglichst wenig, möglichst viele Arbeitsplätze sollen erhalten bleiben und und und.

Man sucht heute in Parteien und Verbänden verzweifelt nach Rezepten, die bei Beibehaltung der hohen Ziele des Treuhand-Gesetzes den Weg weniger schmerzlich und die Auswirkungen weniger spürbar machen. Und man setzt wieder bei der Treuhandanstalt an, diesem Fluchtpunkt nicht nur vieler Politiker, auf den alles projiziert wird, was man im eigenen Bereich verdrängt und woran man bei sich selbst leidet.

Trotz allem hat die Treuhandanstalt bislang ihren Weg beharrlich und stetig gehen können. Sie hat sanieren können mit viel Geld, auch wenn die Wettbewerber mehr als zähneknirschend aufgeheult haben. Sie hat privatisieren können, auch wenn dabei die unterlegenen Wettbewerber oft auch vor Diffamierung nicht zurückgeschreckt sind. Die Treuhandanstalt hat auch Stilllegungsentscheidungen treffen müssen, wenn sich überhaupt kein anderer Weg mehr auftat. Aber man hat alles in allem der Treuhandanstalt die Freiheit gelassen, den Weg zu gehen, der die Möglichkeiten des jeweiligen Unternehmens so gut es geht entfaltet, ohne daß dabei eine wie auch immer geartete Strukturpolitik übergestülpt wird.

Dies aber scheint jetzt einigen im Land immer unangenehmer zu werden. Das Treuhand-Gesetz hat aber eine unabhängige, nur Recht und Gesetz unterworfene Einrichtung geschaffen, die auf Zeit mit Verantwortung und auch Macht ausgestattet ist. In diese Institution soll aber eben nicht von außen hineinregiert werden, sie soll eben nicht Teil der staatlichen Verwaltung sein, sondern Treuhänder. Das Treuhandeigentum ist ja nicht historisch gewachsenes Staatseigentum der Bundesrepublik Deutschland, sondern ehemaliges Volkseigentum der Bürger der DDR, mit dem man nicht nach Belieben umspringen kann. Wer Unabhängigkeit im Handeln beansprucht, muß sich gleichwohl kontrollieren lassen. Deshalb hat es die Entwicklung so gefügt, daß im Verwaltungsrat der Treuhandanstalt ein so breites Spektrum Sachverstand vertreten ist, daß die Kontrolle lückenlos sein kann. Alle Ministerpräsidenten Ostdeutschlands sind vertreten, die wichtigsten Gewerkschaften und der DGB, die Wirtschaft, die Bundesregierung.

Dies ist eine Kontrolle aus der Nähe und auf der Grundlage aller Details, die zur Beurteilung und zum Urteil erforderlich sind. Daneben unterliegt die Treuhand der Überwachung durch den Bundesfinanzminister, den Bundeswirtschaftsminister, den Bundesrechnungshof, den zuständigen Bundestagsausschuß und die Europäische Gemeinschaft wie auch ab und an durch das Kartellamt. Man könnte noch viele Institutionen aufzählen, die sich an der Überwachung mit Fleiß beteiligen, Berichte anfordern, Fragen stellen und in der Treuhandanstalt selbst eine immer größer werdende Zahl von Mitarbeitern allein mit diesem Berichtswesen voll auslasten.

Mit der Anspannung der wirtschaftlichen Entwicklung ist der Ruf nach Kontrolle der Treuhandanstalt aus der Ferne, also über die Grenzen des Verwaltungsrats hinaus, immer lauter geworden. Dies ist ebenso verständlich wie gefährlich.

Wir leiden heute schon am Mißtrauen von Investoren, die argwöhnen, daß das Unternehmen Treuhand ein Spielball politischer Interessen sei, wo vertrauliche Wirtschaftsdaten nach Belieben in die Öffentlichkeit gespielt werden. Auch die Erklärungsversuche, warum diese oder jene Privatisierung so und nicht anders erfolgte, leiden daran, daß immer ein Rest vertraulicher Informationen verbleibt, die nicht aufgedeckt werden kön-

nen und die dann dieses Restmißtrauen an der Treuhandanstalt begründen.
Die Treuhandanstalt hat von der alten DDR Altlasten übernommen. Die in Zahlen ausdrückbaren Altlasten sind dabei, obwohl milliardenschwer, noch das kleinste Problem. Viel schwerer wiegen die Altlasten, die sich bleiern über die Unternehmen legen: die weggebrochenen Märkte, die Aufholjagd auf neuen Märkten, die noch nicht voll entfaltete Fähigkeit, sich in der Marktwirtschaft mit ihren eigenen Gesetzen behaupten zu können, die Ungewißheit über die Ostmärkte, die Ungewißheit, ob man es überhaupt schaffen wird. Die Treuhandanstalt ist dabei kein distanzierter Richter über Leben und Tod, sie ist vielmehr existentiell betroffener Teil dieser Unternehmen. Wir leiden mit den Unternehmen und freuen uns über jeden Erfolg. Die Unternehmen sind ein Teil von uns, nichts Fremdes, Außenstehendes. Deshalb kann es auch keine Rechengrößen pauschaler Art geben, mit denen Gerechtigkeit hergestellt werden könnte. Die Treuhandanstalt muß jedem einzelnen Unternehmen gerecht werden, dabei in jedem einzelnen Fall fürsorglich einen Weg suchen. Dies scheint für viele Zeitgenossen unerträglich zu sein, weil individualistisch, zu wenig konkret und mit Willkürverdacht behaftet.
Der Winter kommt und eine weltweite konjunkturelle Krise. In solchen Zeiten geht es um das Überleben, dazu braucht man Handlungsfreiheit. Ostdeutschland und seine Unternehmen, mit ihnen die Treuhandanstalt, haben bislang einen Spielraum gehabt, der den besonderen historischen Bedingungen entsprechen sollte. Dieser Spielraum muß erhalten bleiben, gerade wenn immer deutlicher wird, daß die weitere Entwicklung der Wirtschaft in Ostdeutschland bezahlt werden muß und die Investitionen in die Zukunft alle bislang vorstellbaren Größenordnungen übersteigen.
Wir haben in Deutschland durchaus eine freiheitliche Tradition. Wir sollten auch in schwieriger werdenden Zeiten der Versuchung widerstehen, mit Pro-Kopf-Beträgen, Meßlatten und anderen aus der Statistik abgeleiteten Zahlen eine wirtschaftliche Wirklichkeit gestalten zu wollen, die letztlich allein von der millionenfachen Anstrengung einzelner Menschen in den Unternehmen abhängt. Unternehmen, die eine Chance haben, im

Strukturwandel zu überleben, müssen diese Chance behalten. Der Treuhandanstalt sollte man die Freiheit lassen, das herauszufinden. Noch überhören die Mitarbeiter der Treuhandanstalt die Signale der Politik, die sich mokant über die Unfähigkeit der Treuhandanstalt lustig machen. Es wäre fatal, wenn sich die Treuhandanstalt – obwohl keine Behörde – doch so verhalten würde, wie eine Behörde auch sein kann: verschanzt hinter Vorschriften, vorauseilend im Gehorsam gegenüber der Politik. Noch trägt die Treuhandanstalt die Verantwortung für ein paar hundert Unternehmen des industriellen Kerns und ein paar tausend mittelständische Unternehmen. Es muß möglich sein, auch für diese Unternehmen einen individuell richtigen Weg zu finden – ohne von Meßwerten eingekesselt zu sein, mit denen man die Richtigkeit des Weges aus der Distanz messen will, wo fürsorgliche Nähe allein angebracht ist.
Der Winter kommt, auch für die Treuhandanstalt.

JAN PRIEWE

Die Treuhand und die Bonner Politik

Die größte Holding der Welt hat sich gründlich verkalkuliert

Die Treuhand ist aus den verschiedensten, teilweise konträren Gründen von den unterschiedlichsten Gruppierungen kritisiert worden. Marktradikale Wortführer halten ihr vor, sie praktiziere heimliche strukturkonservierende Industriepolitik. Andere schmähen sie, für sie ist die Treuhand der Sündenbock für allerlei Frustrationen, als Chiffre für einen westdeutschen Neo-Kolonialismus oder als Bestätigung, daß eine irgendwie geartete deutsche Zweitstaatlichkeit eigentlich besser gewesen wäre und die alte DDR doch nicht so schlecht war wie ihr heutiger Ruf. Derartige Kritik vernachlässigt aber die Ausgangsbedingungen und Handlungsspielräume der Einigungspolitik vor und nach der Währungsunion. Vor allem wird nicht in konkreten Alternativen gedacht. Derlei Kritik prallt an der Treuhand ab wie der Regen am Regenmantel. Sie lenkt ab von der präzisen Analyse der wirklichen Schwachpunkte und Defizite der Treuhandanstalt, die zu neuen Weichenstellungen führen könnte. Darum geht es im folgenden.

Ginge es allein nach den marktwirtschaftlichen Regeln des Wettbewerbs, dann war mit der Währungsumstellung vom Juli 1990 das Scheitern der System-Transformation der DDR-Wirtschaft weitgehend vorprogrammiert, so daß eine Deindustrialisierung unvermeidbar erscheint. Die Logik von Mark, Markt und Kapital ist einfach: Die westlichen Konkurrenten, deren Produktionskapazitäten sich an West-Standorten relativ leicht und rasch erhöhen lassen, sind im Wettbewerb weit überlegen; die Standortnachteile der ostdeutschen Produktion sind groß, die Löhne steigen in einem durch starke Ost-West-Mobilität gekennzeichneten Arbeitsmarkt weit schneller als die Produktivität; Zeit für die Anpassung planwirtschaftlicher Angebotsstrukturen an die modernen Wettbewerbsbedingungen ist nicht vorhanden; im Investitionskalkül finanzkräftiger westlicher Unternehmen existieren weit bessere Kapitalanlageoptionen als die riskante Übernahme ostdeutscher Unternehmen; die Ex-RGW-Märkte kollabieren mehr oder minder, der ostdeutsche Binnenmarkt wird von West-Importen überflutet, der Weltmarkt ist besetzt. Selbst wenn die Ost-Firmen in ein, zwei oder drei Jahren modernisiert werden könnten – die alten Märkte, insbesondere der ostdeutsche Binnenmarkt, sind weg. Wer zuerst kommt – und das waren die West-Firmen –, mahlt zuerst, wer zu spät kommt, hat als Außenseiter kaum noch eine Chance. Es sei denn, West-Investoren kommen und bringen Marktanteile mit. Aber warum sollten sie in großem Stil kommen?

Schwindet so die »Exportbasis« der ostdeutschen Länder – jene Sektoren, die aus der Region heraus Güter und Dienstleistungen zu »exportieren« vermögen – und werden gleichzeitig Güter aus anderen Regionen vorrangig nachgefragt, dann verbleibt am Standort Ostdeutschland nur diejenige Produktion, bei der die Wohnortnähe des Standorts erhebliche Vorteile im Wettbewerb garantiert (»lokale Güter«). Diese Produktion wird entweder von eigenständigen ostdeutschen Unternehmen oder von Tochterfirmen westlicher Firmen übernommen. Die Zahl der in diesem Sektor entstehenden Arbeitsplätze reicht für einen hohen Beschäftigungsstand bei weitem nicht aus. Für einen großen Teil der Erwerbsbevölkerung bliebe nur die dauerhafte Alimentierung durch westdeutsche Finanztransfers oder der Weg in die Schuldenfalle – oder aber die passive Sanierung durch Abwanderung gen Westen. So bliebe die Transformation vom Plan zum Markt in einem Niemandsland stecken, in dem es (fast) gar keine Wirtschaft mehr gibt. Die Chancen für eine spätere Re-Industrialisierung sind nach allen Erfahrungen mit Regionalpolitik in westlichen Ländern eher ungünstig und unsicher.[1]

Damit stellt sich die Frage, ob diese gnadenlose Logik des Wettbewerbs bei ungleichen Startchancen durch eine intelligente Wirtschaftspolitik aufhaltbar oder gar umkehrbar ist. Der

[1] Vgl. M. Heine, A. Schikora, Gestaltungsspielräume der Regionalpolitik in den neuen Ländern. in: Arbeitsgruppe ökologische Wirtschaftspolitik, ökologische Probleme regionaler Strukturpolitik, Marburg 1992, S. 71–90.

Treuhandanstalt als entscheidendem Akteur der ehemals volkseigenen Betriebe kommt damit eine herausragende Bedeutung zu.

Die Treuhandanstalt hält sich für äußerst erfolgreich, weil sie vermeintlich schnell und wirksam nach Rohwedders Motto »Privatisierung ist die beste Form der Sanierung« handelte: bis Ende 1992 annähernd 7000 Privatisierungen von Unternehmen (rund 11000 Unternehmen und Betriebsteile) mit vertraglichen Investitionszusagen von etwa 165 Mrd. DM (davon 30 Mrd. DM durch die Elektrizitätswirtschaft) und vertragliche Beschäftigungszusagen der Investoren für etwa 1,3 Millionen Arbeitsplätze. Ende 1992 verwaltet die Treuhandanstalt nur noch etwa 3000 Betriebe – von einst über 12000 – mit nur noch knapp 500000 Beschäftigten; darunter waren Ende 1992 noch etwa 300 Großbetriebe mit mehr als 500 Arbeitsplätzen. Gleichwohl: Die Treuhandanstalt kann sich in der Tat im internationalen Vergleich mit einem atemberaubenden Tempo der Privatisierung brüsten. Aber:

- Im Zuge der Privatisierung wurden etwa 68 % der Arbeitsplätze verloren: Von den einst 4,1 Mio. Arbeitsplätzen im Imperium der Treuhandanstalt Mitte 1990 existieren Ende 1992 in den privatisierten und den Noch-Treuhandbetrieben nicht mehr als etwa 1,3 Mio.[2]
- Die Beschäftigten im verarbeitenden Gewerbe in Ostdeutschland haben sich von 1989 bis Ende 1992 um mehr als 3/4 von über 3,2 Mio. auf etwa 750000 vermindert, Ende 1993 sollen es nur noch 700000 sein.[3] Die Deindustrialisierung ist eingetreten.
- Ein großer Teil der privatisierten Betriebe operiert am Rande des Konkurses, insbesondere Kleinbetriebe und Management-buy-outs (MBO).
- Die Strategie der bedingungslosen Schnell-Privatisierung hatte zur Folge, daß schwer verkäufliche Einheiten auch an windige und unseriöse Investoren verkauft wurden.

[2] Schätzung der Arbeitsplätze in privatisierten Betrieben nach Gruhler, Privatisierungsbilanz der Treuhandanstalt, in: IW-trends, Nr. 3/1992, S. 97–104.

[3] DIW/IfW, Gesamtwirtschaftliche und unternehmerische Anpassungsprozesse in Ostdeutschland, in: DIW-Wochenbericht 52/1992 vom 23. 12. 1992, S. 722.

- Infolge der Strategie der schnellen Privatisierung wurden in zahlreichen Fällen vorhandene Chancen zur Schaffung eigenständiger wettbewerbsfähiger Ost-Unternehmen nicht genutzt; statt dessen wurden diese Firmen ohne Not an die westliche Konkurrenz verkauft. Dabei blieb bis heute undurchsichtig, inwieweit derartige Entscheidungen durch die Personalstruktur der Treuhand und ihrer Berater beeinflußt wurden: Viele Treuhand-Manager, Berater, von der Treuhandanstalt eingesetzte Aufsichtsräte oder Geschäftsführer stammen aus westdeutschen Konkurrenzbetrieben und befinden sich in der Rolle von »Doppelagenten«, die sich für Ost-Betriebe engagieren sollen, aber der West-Konkurrenz verbunden sind.
- Die Beschäftigungs- und Investitionszusagen sowie die vertraglich vereinbarten Pönalen von 1000 bis 70000 DM je zugesagten, aber nicht realisierten Arbeitsplatz stehen nur auf dem Papier. Die Treuhand will Fall für Fall nachverhandeln, gesteht jedoch ein, daß weder die Pönalen noch die Arbeitsplätze effektiv eingefordert werden können.[4]
- Der Anteil eigenständiger ostdeutscher Unternehmen ist äußerst gering. Ostdeutsche Bürger werden faktisch von der Bildung von Produktivvermögen ausgeschlossen, sieht man von bis Ende 1992 geschaffenen knapp 1900 MBO – meist Klein- und Kleinstbetrieben – einmal ab.
- Die Verkaufserlöse der Treuhandanstalt sind extrem niedrig, zumal Abschläge für vertragliche Arbeitsplatz- und Investitionszusagen gemacht wurden: bis Ende 1992 wurden Bruttoerlöse von nur 20 Mrd. DM erzielt, Nettoerlöse – nach Abzug der »Zugaben« – nur etwa 10 Mrd. DM.[5] Ein großer Teil der Privatisierungen sind faktisch Schenkungen mit finanzieller »Mitgift«, ohne daß die Vertragszusagen einhaltbar sind. Die Investitionsbereitschaft westlicher Firmen wurde weit überschätzt. Rohwedder hatte 1990 Verkaufserlöse von 600 Mrd. DM erwartet.
- Die Gesamtschulden der Treuhandanstalt werden sich bis Ende 1994 auf mindestens 250 Mrd. DM belaufen, rund ein

4 So Treuhand-Vizepräsident Hero Brahms vor dem Wirtschaftsausschuß des deutschen Bundestages am 9.11.1992.

5 Treuhandanstalt, Jahresplan 1993 (Entwurf) vom 9.9.1992, Berlin 1992.

Viertel des Zuwachses der erwarteten Staatsverschuldung 1990–94. Die Schulden müssen ab 1995 von Bund und Ländern bedient und abgetragen werden, wozu die Bundesregierung ab 1995 eine Ergänzungsabgabe zur Einkommensteuer (»Erblastabgabe«) vorsieht. Zudem ist die Treuhandanstalt indirekt Mit-Verursacherin der hohen Ausgabenzuwächse bei der Bundesanstalt für Arbeit, bei den staatlichen West-Ost-Transferausgaben sowie bei der ostdeutschen Wirtschaftsförderung. Die volkswirtschaftlichen Kosten der Treuhandanstalt, einschließlich der langfristigen Folgekosten, sind also noch viel höher als das erwartete Defizit 1994. Damit ist die Treuhandanstalt auf längere Sicht ein gesamtwirtschaftlicher Risikofaktor.

Natürlich kann diese Negativbilanz nicht vollständig der Treuhand angelastet werden. Aber sie dürfte doch maßgeblichen Anteil daran haben.

Die Treuhandanstalt behauptet, sie würde – entsprechend der Rohwedder-Forderung – ihre von ihr verwalteten Betriebe »entschlossen sanieren« und sie dabei finanziell aktiv »begleiten«. 1991 hätten die Treuhandfirmen angeblich 15 Mrd. DM investiert.[6] Das Hallenser Institut für Wirtschaftsforschung ermittelte indessen durch repräsentative Befragungen bei Treuhand- und Ex-Treuhandfirmen (nur verarbeitendes Gewerbe) ganz andere Werte: Demnach investierten die privaten bzw. privatisierten ostdeutschen Unternehmen drei- bis fünfmal so viel je Arbeitsplatz wie die Treuhandunternehmen.[7] Von entschlossener Sanierung kann demnach bei den Treuhandfirmen wahrlich nicht die Rede sein. 10% der Treuhandunternehmen des verarbeitenden Gewerbes investierten 1991 und 1992 überhaupt nicht.[8]

Dies ist angesichts der Strategie der hastigen Privatisierung auch konsequent, denn die zukünftigen Erwerber sind es, die das

[6] Treuhandanstalt, Information 12, April 1992, S. 2.

[7] Institut für Wirtschaftsforschung Halle, Herbstgutachten 1992, Halle 1992, S. 49. Ähnliche Ergebnisse ermittelte auch das DIW: vgl. DIW/IfW, Gesamtwirtschaftliche und unternehmerische Anpassungsprozesse in Ostdeutschland (Anm. 3), S. 718.

[8] Ebenda.

Unternehmenskonzept bestimmen und die Investitionen durchführen sollen. Solange noch keine DM-Eröffnungsbilanzen festgestellt sind, solange Restitutionsansprüche auf den Betrieben oder den Grundstücken liegen oder die Eigenkapitaldecke zu knapp ist, solange werden auch die Banken keine Investitionskredite bewilligen, ohne daß die Treuhand bürgt und ausdrücklich grünes Licht signalisiert. So werden die Treuhandfirmen in den Attentismus hineingezwungen: Der absolute Privatisierungsvorrang wird zur Sanierungsbremse. Die Treuhand hält ihre Unternehmen an, in der Regel nur »käuferneutrale« Investitionen zu tätigen.
Dies hat fatale Folgen: Das Management wird demotiviert – so ist ein Teil der vielbeklagten Management-Knappheit »hausgemacht«, viele Mitarbeiter haben den Eindruck, die Treuhandanstalt entscheide zentralistisch und willkürlich wie eh und je. Gutes Management ist nicht nur schwer zu finden, sondern auch schwer für eine solche Aufgabe zu gewinnen. Ist es erfolgreich, dann wird der Betrieb von der Treuhandanstalt veräußert. Da der Investor meist seine eigene Geschäftsführung mitbringt, verliert der Sanierer seine Tätigkeit um so schneller, je erfolgreicher er ist. Scheinbar bestätigt die Treuhandanstalt damit die weitverbreitete neoliberale Auffassung, der Staat sei ein miserabler Unternehmer – in Wirklichkeit will die Treuhandanstalt gar nicht aktiv unternehmerisch tätig werden bzw. die Fachaufsicht gestattet es ihr nicht. Der Investitionsattentismus kommt die Betriebe, die Treuhand und letztlich den Steuerzahler sehr teuer zu stehen, denn je länger die Restrukturierung der Betriebe hinausgezögert wird, desto länger die Periode, in der hohe laufende Verluste anfallen, die durch teure Liquiditätskredite gedeckt werden müssen, welche von der Treuhandanstalt verbürgt werden. Die Liquiditätskredite, die die Betriebe lediglich über Wasser halten, führen geradewegs in die Schuldenfalle und erschweren damit die spätere Sanierung.
Schließlich beeinträchtigt der Attentismus auch die ohnehin prekären Absatzchancen; die Klagen potentieller Kunden häufen sich, daß diese angesichts großer Ungewißheit über die Zukunft der Treuhandfirmen, über die dauerhafte Lieferfähigkeit, über Service-, Reparatur- und Ersatzteil-Leistungen lieber

zur Konkurrenz abwandern. Wer kauft schon gerne bei einer Firma, die von der Treuhandanstalt mit dem Stigma einer schlechten Bewertungsnote behaftet ist und vielleicht kurz vor dem Konkurs steht? Zudem können die Treuhandfirmen, die zu wenig investieren, kaum ihre Kosten senken und immer weniger die steigenden Löhne finanzieren; ihnen bleibt als Geschäftsstrategie nur: passiv »sanieren«, Personal entlassen, Kapazitäten abbauen, Kosten für Forschung und Entwicklung einsparen usw.

Die Treuhand behauptet, sie würde viel Geld für »Sanierung« ausgeben.[9] Der Irrtum liegt darin begründet, daß sie fast alle ihre Ausgaben als Sanierungsausgaben definiert. In Wirklichkeit muß die Treuhand seit 1992 mindestens ein Drittel ihres Budgets für den Schuldendienst für betriebsfremde Ausgaben verwenden, die ihr durch den Einigungsvertrag und den Gesetzgeber aufgebürdet wurden (1993 müssen sogar 38 % der Treuhandanstalt-Ausgaben für Zinszahlungen aufgebracht werden). Die finanzielle »Sanierungsbegleitung« der Treuhandanstalt konzentriert sich im wesentlichen auf die Übernahme der Zinsleistungen für die Altkredite, auf die Übernahme der Altschulden bzw. deren Umwandlung in Eigenkapital sowie auf Bürgschaften für Liquiditätskredite. Die Treuhandanstalt konzentriert sich damit auf die Schaffung von Voraussetzungen für die spätere Sanierung; man könnte von »bilanzieller Sanierung« in dem Sinne sprechen, daß die Unternehmen, soweit sie als überlebensfähig eingestuft werden, vor Überschuldung und Illiquidität bewahrt, also gerade eben über Wasser gehalten werden.

Ein weiteres Indiz für die schwachen Sanierungsaktivitäten der Treuhandfirmen ist der Sachverhalt, daß zwei Drittel des früheren Industrieforschungspersonals abgebaut wurden.[10] Offenbar ließen sich hier kurzfristig Kosten einsparen, allerdings zu Lasten der längerfristigen Fähigkeit zu Produkt- und Verfahrensinnovationen. Auch in den privatisierten Betrieben wird diese Praxis beibehalten, wodurch die These der »verlängerten Werkbänke« gestützt wird.[11]

Gewisse Korrekturen am einseitigen Privatisierungskurs im Ver-

[9] Vgl. Treuhandanstalt, Entschlossen sanieren, Berlin, April 1992.
[10] Institut für Wirtschaftsforschung Halle, Konjunkturbericht 1/1992, S. 9.
[11] Ebenda.

lauf des ersten Halbjahres 1992 resultierten in der Gründung von zunächst zwei Management-KGs, in denen sanierungsfähige, aber bislang nicht privatisierbare Betriebe in Form einer Art Joint Venture von Treuhandanstalt und einer von einem Manager gegründeten GmbH zusammengefaßt und »ansaniert« werden. Darüber hinaus zeigte sich die Treuhandanstalt bei einzelnen als sanierungsfähig eingestuften Unternehmen bereit, mit der aktiven Restrukturierung trotz hoher laufender Verluste zu beginnen. Aber diese Fälle sind eher die Ausnahme als die Regel.[12] Gegen Ende des Jahres 1992 bekundete die Bundesregierung, daß verbliebene »industrielle Kerne« erhalten und noch vor der späteren Privatisierung saniert werden müßten. Die Treuhandanstalt erklärte sich bereit, mehr Finanzen für die Sanierung von Großbetrieben bereitzustellen.[13] Möglicherweise führt diese späte Einsicht zu ersten Ansätzen einer Industriepolitik.

Viele Beobachter haben den Eindruck, die Treuhand laviert und taktiert mehr schlecht als recht ohne klare Strategie und eindeutige Entscheidungsregeln: Sie beschränkt sich auf das »Durchwursteln«.[14] Gewissermaßen ist die Zeit auf ihrer Seite: Siechen ihre Betriebe zu Tode, so erledigt sich die Aufgabe der Treuhandanstalt von selbst. Die Rechnung für die Folgekosten müssen ja andere begleichen.

Von vielen Beobachtern, besonders aus dem Unternehmerlager und seitens neoklassisch ausgerichteter Ökonomen, werden die hohen Lohnsteigerungsraten in Ostdeutschland als zentrale Gründe für die geringe Investitionsbereitschaft westlicher Unternehmen sowie für die defizitäre Lage der meisten Treuhandfirmen angesehen. Die Löhne würden wesentlich schneller als

[12] Vgl. J. Priewe, Entschlossen sanieren! Erste Versuche sind noch kein Kurswechsel, in: Memo-Forum 19, Bremen 1992, S. 26ff.

[13] Vgl. Frankfurter Rundschau vom 22.12.1992 und Der Spiegel Nr. 51, 1992, S. 18ff.

[14] Vgl. etwa H. Kern, Ch. F. Sabel, Zwischen Baum und Borke. Zur Unsicherheit der Treuhand, was sie als nächstes sagen sollte, in: SOFI Mitteilungen, Nr. 19, Januar 1992, S. 70ff. Siehe auch: J. Priewe, Auftrag, Funktion, Handlungsoptionen und -grenzen der Treuhandanstalt als wichtigem Akteur im Transformationsprozeß, in: Arbeitskreis Sozialwissenschaftliche Arbeitsmarktforschung (SAMF), Arbeitspapier 2/1992, Gelsenkirchen 1992, S. 103ff.

die Produktivität steigen. Für manche Neoklassiker ist dies sogar – neben den ungelösten Eigentumsfragen – die zentrale Ursache der ostdeutschen Krise.[15]

Wenn die ostdeutschen Betriebe durch niedrige Löhne in stärkerem Maße wettbewerbsfähig gemacht werden sollen, obgleich die Güterpreise sich in einem einheitlichen Wirtschaftsgebiet angleichen, so hätten sich extrem niedrige Reallöhne ergeben, die sozialpolitisch nicht zumutbar wären. Ferner wäre ungewiß, ob im Fall sehr niedriger Löhne der kostenseitige Druck zur Restrukturierung der Produktion hinreichend groß gewesen wäre, von der Abwanderungsgefahr, namentlich für qualifizierte Kräfte, ganz abgesehen. Überdies hätten sich enorme Verzerrungen der Lohnstruktur zwischen wettbewerbsfähigen und schwachen Betrieben und Branchen, zwischen privatisierten, neugegründeten und Treuhandbetrieben sowie regionale Verzerrungen zugunsten der Löhne in den Randgebieten zu den alten Bundesländern ergeben. Es gab letztlich keine Alternative zu rasch steigenden Löhnen, die nicht an die betriebliche Produktivitätsentwicklung gekoppelt werden konnten. Aus dem lohnpolitischen Dilemma hätten wohl nur Lohnkostensubventionen herausgeführt, die von unterschiedlicher Seite vorgeschlagen wurden.[16] Jedoch haben sich weder die Gewerkschaften noch die Arbeitgeber, weder die Treuhand noch die Bundesregierung dafür stark gemacht. So mangelte es an einer klugen, gesamtwirtschaftlich ausgerichteten Einkommenspolitik in Ostdeutschland.

Für die Privatisierungsaktivitäten der Treuhand war dies freilich kein allzu gravierender Hemmschuh. Die Investoren kalkulieren ohnehin mittelfristig mit einem einheitlichen Tariflohnniveau in Deutschland, das auf moderne Technologie gegründet ist. Ra-

[15] Vgl. G. und H.-W. Sinn, Kaltstart. Volkswirtschaftliche Aspekte der deutschen Vereinigung, Tübingen 1991, S. 143 ff.

[16] Vgl. G. A. Akerlof u.a., East Germany in from the Cold: The Economic Aftermath of Currency Union, in: Brookings Papers on Economic Activity, No. 1, S. 1 ff.; D. Ipsen, Vom politischen Handlungszwang zur wirtschaftspolitischen Gestaltung der Systemtransformation in der Ex-DDR; sowie: Th. Lenk, Lohnsubventionen: Pro und Contra. Beide in: D. Ipsen, E. Nickel (Hg.), Ökonomische und rechtliche Konsequenzen der deutschen Vereinigung, Marburg 1992, S. 213 ff. und S. 237 ff. – Vgl. auch den Vorschlag von R. Hickel, J. Priewe, Lohnsubventionen für den Osten, in: die tageszeitung, 17.11.1992.

sche Lohnsteigerungen in Ostdeutschland bewirkten Kaufpreisabschläge, die zu einer faktischen indirekten Arbeitsplatzsubventionierung durch die Treuhandanstalt zugunsten der Erwerber führten. Die Treuhandanstalt mußte freilich mit niedrigeren Verkaufserlösen vorlieb nehmen, so daß ihr angesichts ihres ohnehin extrem prekären Budgets auch weniger Mittel zur Sanierung verblieben. Die noch nicht privatisierten Treuhandbetriebe hingegen geraten durch die Lohnsteigerungen häufig in Finanzierungsengpässe, aus denen ihnen die Treuhandanstalt nur durch Bürgschaften für Liquiditätskredite heraushilft. Damit werden diese Betriebe gegenüber den privatisierten schlechter gestellt. Verstärkt wird das Problem durch die bereits geschilderten gebremsten Sanierungsaktivitäten, so daß in diesem Sektor die Produktivitätssteigerungen schwach bleiben.

Nicht eine Niedriglohnstrategie, wohl aber ein langsameres Tempo der Lohnanpassung und/oder Lohnsubventionen hätten den Transformationsprozeß erleichtern können. Natürlich können noch so niedrige Löhne die durch wegbrechende Absatzmärkte gefährdeten Arbeitsplätze nicht retten, aber ein geringerer Kostenauftrieb mindert die extreme Wettbewerbsintensität, reduziert den Finanzierungsaufwand der Betriebe und der Treuhand und hilft gewissermaßen, Anpassungszeit »zu kaufen«. Es hätte eine neuartige einkommenspolitische Strategie gewählt werden müssen, die in ein umfassendes und langfristig ausgerichtetes Konzept einer Aufbaustrategie integriert ist – wofür es keinerlei historische Vorbilder gibt.

Die Sanierungschancen und die Investitionsbereitschaft der Unternehmen hängen nicht nur davon ab, ob ein technisch und preislich wettbewerbsfähiges Angebot produziert werden kann, sondern, in immer stärkerem Maße, ob Absatzchancen und potentielle Nachfrage gegeben sind. Die Binnennachfrage in den neuen Ländern wurde 1992 zu etwa 60 % durch »Importgüter«, vor allem aus Westdeutschland, gedeckt. Bei den restlichen 40 % handelt es sich überwiegend um Güter und Dienstleistungen, die vorteilhafter an einem Standort in der Nähe der Endkonsumenten produziert werden können. Die »Exporte« aus den neuen Bundesländern sind mit etwa 72 Mrd. DM 1992 gegenüber den

»Importen« von 257 Mrd. DM sehr gering.[17] Die Ost-Märkte kollabierten geradezu, was von der Treuhand und ihren Firmen erst viel zu spät begriffen wurde, und auf dem westdeutschen und den übrigen Weltmärkten sind die Markteintrittsbarrieren für eigenständige Ost-Firmen groß, zudem schrumpfen diese Märkte rezessionsbedingt. So kam es, daß 1992 in Ostdeutschland nur gut halb so viel produziert wie nachgefragt wurde. Ein großer Teil der ostdeutschen Nachfrage entsteht durch staatliche Finanztransfers. Die Kehrseite der Medaille ist, daß westdeutsche Firmen in den neuen Bundesländern innerhalb von zwei Jahren einen riesigen neuen Absatzmarkt gefunden haben: Knapp 23% aller regionalen »Exporte« aus den alten Bundesländern gingen 1992 nach Ostdeutschland.

Im Prinzip mangelt es also nicht an Nachfrage für ostdeutsche Anbieter, denn die ostdeutsche Binnennachfrage ist, wie gesagt, doppelt so hoch wie das ostdeutsche Angebot. Dagegen mangelt es an Marktanteilen, die von den überlegenen West-Firmen bzw. von der Produktion in den Stammhäusern der westlichen Muttergesellschaften besetzt sind. Insofern scheint es nahezuliegen, von einem ostdeutschen Angebotsproblem zu sprechen, weil die Ost-Firmen nicht oder noch nicht hinreichend wettbewerbsfähig sind in preislicher, technologischer und qualitativer Hinsicht. Aber selbst wenn diese Angebotsprobleme relativ rasch lösbar wären, dann bliebe immer noch das Wettbewerbsproblem, und dies ist im Grunde der Kern aller Treuhandprobleme: Eigenständige modernisierte ostdeutsche Firmen haben es als Außenseiter sehr schwer, in festgefügte obligatorisch strukturierte Märkte einzudringen, denn ihnen fehlt die Finanzkraft, um die Durststrecke durchzustehen; ostdeutsche Ableger westdeutscher Mutterfirmen dagegen sind an der Eroberung von Marktanteilen auf Kosten der Stammfirmen in aller Regel nicht interessiert. Bloße Verlagerung von bestehenden Produktionskapazitäten von West nach Ost kommt für die meisten nicht in Frage und wäre auch volkswirtschaftlich nicht sonderlich sinnvoll; dies käme allen-

[17] Berechnet nach: Herbstgutachten der Wirtschaftsforschungsinstitute 1992, in: DIW-Wochenbericht 44/92 vom 29.10.1992.

falls für Ersatzinvestitionen in Frage, wenn die westdeutschen Produktionskapazitäten bereits abgeschrieben sind.
So bleiben den Ost-Unternehmen bei unveränderten Rahmenbedingungen nur Marktnischen, Zusatzproduktion, die an West-Standorten wegen Kapazitätsengpässen nicht produziert werden kann, evtl. Kapazitätserweiterungen auf expandierenden Märkten wegen Subventionsvorteilen sowie die Produktion der bereits erwähnten »lokalen Güter«. All dies reicht nicht, um Deindustrialisierung zu verhindern.
Folglich müssen die eigenständigen ostdeutschen Unternehmen, die nicht Satelliten von West-Firmen sind, gegenüber dem übermächtigen Wettbewerb vorübergehend protektioniert werden, denn sie sind »infant industries«, die nur unter staatlichem Schutz markt- und wettbewerbsreif gemacht werden können. Und genau dazu wäre eine gezielte Industriepolitik notwendig, zu der die Treuhand keinen gesetzlichen Auftrag hat und die die Bundesregierung bislang strikt von sich wies.

Die Investitionstätigkeit – bezogen auf die Anlageninvestitionen insgesamt – in den neuen Bundesländern ist, gemessen an den Erfordernissen einer Re-Industrialisierungsstrategie, viel zu schwach, auch wenn sie seit 1990 deutlich gestiegen ist: 1991 wurden je Einwohner nur etwa 50 % des westdeutschen Wertes investiert, 1992 waren es bereits 73 % und 1993 werden 92 % erwartet.[18] Obwohl der ostdeutsche Investitionsbedarf weit größer als der westdeutsche ist, nimmt der Vorsprung des Westens weiter zu. Auch im verarbeitenden Gewerbe wurde je Einwohner 1992 in Ostdeutschland nur etwa 87 % des westdeutschen Niveaus erreicht. 1991 wurden im verarbeitenden Gewerbe in den neuen Bundesländern nur 13 Mrd. DM investiert (zum Vergleich: in Westdeutschland 96 Mrd. DM), 1992 19 Mrd. DM[19]; 1991 kamen davon 8 Mrd. DM von westdeutschen Unternehmen, 1992 16,5 Mrd. DM.[20] Mithin wird deutlich, wie gering

[18] Berechnet nach Institut für Wirtschaftsforschung Halle, Herbstgutachten 1992 (Anm. 7), und Herbstgutachten der Wirtschaftsforschungsinstitute 1992, (Anm. 17)
[19] DIW/IfW, Gesamtwirtschaftliche und unternehmerische Anpassungsprozesse in Ostdeutschland, (Anm. 3), S. 717.
[20] Nach Info-Angaben, siehe Handelsblatt vom 20.1.1993, S. 5.

die Investitionen der Treuhandunternehmen waren. Für 1993 wird nur ein geringfügiger Anstieg erwartet.
Ohne eine massive Steigerung der Investitionstätigkeit in Ostdeutschland läßt sich eine Re-Industrialisierung nicht erreichen. Überträgt man den westdeutschen Industrieabsatz (Arbeitsplätze im verarbeitenden Gewerbe je Einwohner) auf Ostdeutschland, dann existiert ein Bedarf an 2,2 Mio. Industriearbeitsplätzen – die Lücke läge bei 1,5 Millionen. Die dazu erforderlichen Investitionen müßten sowohl von westdeutschen und ausländischen privaten Investoren kommen als auch von den bei der Treuhand verbliebenen Firmen und den eigenständigen ostdeutschen Unternehmen.
Selbst wenn die vielfältigen angebotsseitigen Probleme rasch vermindert werden könnten, bestünde weiterhin ein entscheidendes Investitionshemmnis: die unzulänglichen mittelfristigen Absatzerwartungen. Die ostdeutsche Binnennachfrage von Konsumenten, Gebietskörperschaften und privaten Investoren wird nur dann weiter kräftig expandieren, wenn die Umsatzerlöse aus Lieferungen nach Westdeutschland und ins Ausland steigen. Eine massive Rückeroberung jener Marktanteile, die westdeutsche Produzenten errungen haben, durch ostdeutsche Firmen ist kaum zu erwarten. Der osteuropäische Absatzmarkt dürfte ebenfalls mittelfristig kaum zurückgewonnen werden können. Mithin bleiben drei strategische Ansatzpunkte: 1) Sowohl die bei der Treuhand verbliebenen Industrieunternehmen als auch die eigenständigen privaten Ost-Unternehmen müssen bei direkter und indirekter staatlicher Protektion Schritt für Schritt saniert und wettbewerbsfähig gemacht werden, um langsam einen höheren Marktanteil gegenüber der westlichen Konkurrenz zu erringen. Hierzu sind Subventionen, Förderung von Forschung und Entwicklung, Absatzhilfen, Präferenzregeln bei der Vermarktung und viele andere Instrumente notwendig. 2) Von westdeutschen Firmen an westdeutschen Standorten geplante Erweiterungsinvestitionen müssen zu einem möglichst großen Teil nach Ostdeutschland verlagert werden. Hierzu sind nicht nur positive »incentives« via Subventionen erforderlich, sondern auch negative für diejenigen Firmen, die bislang nicht in Ostdeutschland investiert haben (Investitionsabgaben). 3) Voraussetzung für Erweiterungsinvestitionen ist die Überwindung

der internationalen Konjunkturschwäche. Hierzu sind international koordinierte Maßnahmen notwendig, insbesondere aber auch eine andere Geldpolitik der Bundesbank. In der Folge dieser Re-Industrialisierungsstrategie würde das ostdeutsche Einkommensniveau auf breiterer Front steigen und damit auch die Nachfrage nach »lokalen Gütern« (und Dienstleistungen). Komplementär müssen Infrastruktur und Wohnungsbau von Ländern und Gemeinden saniert und ausgebaut werden, und die Arbeitsmarktpolitik muß mehrjährige Überbrückungshilfen gewähren. Zudem könnten kräftige Arbeitszeitverkürzungen ohne vollen Lohnausgleich die Unterbeschäftigung erheblich mindern.

Zwar sind die industriepolitischen Versäumnisse der Treuhand irreversibel, jedoch verwaltet die Treuhandanstalt zu Beginn des Jahres 1993 immer noch gut die Hälfte der ostdeutschen Betriebe des verarbeitenden Gewerbes (gemessen am Beschäftigungsanteil). Der größte Teil dieser Unternehmen dürfte kurzfristig kaum privatisierbar sein, es sei denn, man nähme äußerst schlechte Konditionen in Kauf. Daher sollten diese Bereiche in enger Kooperation mit den Landesregierungen ansaniert und erst später, nach einigen Jahren durchgreifender Restrukturierung, privatisiert werden. Die daraus resultierenden Kosten sind geringer als die volkswirtschaftlichen Kosten andauernder Massenarbeitslosigkeit. Und politisch würde endlich ein Signal der Hoffnung und der Stabilisierung gesetzt.

RUDOLF HICKEL

Neues Deutschland

Die Folgen der Gebietserweiterung des real existierenden Kapitalismus

Die entscheidende Ursache des Zusammenbruchs der DDR ist am Ende nicht nur in der Unfähigkeit zu sehen, die politischen Strukturen zu reformieren, sie für eine wirksame Demokratisierung zu öffnen. Vor allem die ökonomische Entwicklung zum Kollaps, der der politisch herrschenden Klasse nicht verborgen geblieben sein konnte, hatte das Ende dieser real existierenden Sozialismus-Variante bewirkt. Nach dem Abriß der Grenzbefestigungen, die vier Jahrzehnte eine abgeschottete Entwicklung erzwangen, wurde ein liquidatorisches Einigungsmanagement vollzogen, das rückblickend nur als tragisch bezeichnet werden kann. Die im Unterschied zur gepflegten DDR-Ideologie allerdings ökonomisch starke und weltweit präsente Ökonomie Westdeutschlands wurde gleichsam über Nacht zum hoffnungsvollen Fluchtpunkt des ökonomischen Umbaus Ostdeutschlands aufgebaut. Der Wechsel der Parolen auf den Montagsdemonstrationen in Leipzig geriet zum Sinnbild dieses erwartungsvollen Gesinnungswandels: Nicht mehr die Demokratisierung der DDR, sondern der Ruf nach der D-Mark als Monetisierung westdeutschen Wirtschaftserfolgs geriet in das Zentrum der Forderungen. Dem naiven Aufschrei nach den Segnungen der wundersamen Westwirtschaft wurde schließlich mit der Drohung Nachdruck verliehen: »Kommt die D-Mark nicht zu uns, dann wandern wir zu ihr!« Trotz der jahrzehntelangen DDR-Agitation gegen den »faulenden Imperialismus« in Westdeutschland, der Ausbeutung, die Spaltung zwischen Arm und Reich und Arbeitslosigkeit produziere, – die schnelle Ausbreitung westdeutscher Grundsätze des Wirtschaftens bewegte die große Mehrheit der Sozialismusfrustrierten. Die Schar derer, die frühzeitig auf die dieser ideologisch-versöhnlich umschriebenen Sozialen Marktwirtschaft innewohnenden Entwicklungsprobleme hinwiesen, war klein und hatte kaum eine Chance, ernsthaft gehört zu werden. Vergessen gemacht wurde die trotz des Zusammenbruchs der DDR weiterhin unstrittige Erfahrung, daß sich mit dem westdeutschen Kapitalismus die Regeln einer profitdominierten »Wolfsgesellschaft« Geltung verschaffen werden. Allerdings, nicht verschwiegen werden darf, daß in dieser existenzbedrohenden Phase des Zusammenbruchs unverantwortliche Erwartungen auf eine schnelle Wende zum ökonomisch Besseren von Westdeutschland aus geschürt wurden. Der Bundeskanzler versprach in seiner Eröffnungsrede zum »neuen Deutschland« anläßlich der Einführung der D-Mark zum 1. Juli 1990 den Ostdeutschen ein bald »blühendes Land« und den Westdeutschen eine dadurch in keiner Weise beeinträchtigte Mehrung ihres Wohlstands. Was wenige Kritiker damals aussprachen, hat sich mittlerweile in vollem Umfang bestätigt: Mit wahnwitzigen Versprechungen hat der Bundeskanzler die West- und Ostdeutschen erstmals geeint, – eine beide Seiten treffende Lüge.

In dem tragischen Gemisch von Frustrationen aus DDR-Zeiten und einem sich verbreitenden kapitalistischen Hochmut, angestiftet durch die alte Bundesrepublik, war es kaum möglich, hörbar die entscheidenden Fragen zu stellen: Wie lauten die Wahrheiten über die entwicklungsbestimmenden Grundlagen, über die Widersprüche und Bedrohungen des real existierenden Kapitalismus westdeutscher Prägung? Und welche Konsequenzen werden, einem ehernen Gesetz vergleichbar, durch die Ausweitung dieses westdeutschen Systems auf das Gebiet Ostdeutschlands bewirkt? Freilich, diese Fragen wurden einerseits interessenbestimmt mit der Primitivverdächtigung verdrängt, sie würden in ein Plädoyer für die Rückkehr zu den DDR-Produktionsverhältnissen münden. Andererseits hatte – gleichsam als letzte Rache des DDR-Systems – das Ausmaß der politisch-ökonomischen Katastrophe, das sich mit dessen Zusammenbruch offenbarte, die Chancen für eine rationale Diskussion über einen eigenständigen Weg, der auch Einfluß auf die Gestaltung des westdeutschen Kapitalismus hätte gewinnen können, zugeschüttet. Erst die real ökonomische Katastrophenentwicklung in Ostdeutschland unter dem Ziel der Imitation westdeutscher Verhältnisse hat schrittweise den hohen Preis dieses Einigungspfads offengelegt.

Heute ist es strittig, ob es zu der Strategie der Ausweitung des real existierenden Kapitalismus in Westdeutschland auf das Gebiet der neuen Bundesländer eine Alternative gegeben hätte. Stufenkonzepte zur deutschen Einigung wurden unter dem Druck der Flucht von Ost nach West gerade auch von ihren Protagonisten kaum auf ihre Voraussetzungen und Durchführbarkeit hin untersucht. Übrigens, an ihrem Ende hätte auch das lediglich zeitlich langsamer durchgesetzte Modell Westdeutschland gestanden. Sicherlich war der politische Druck in Richtung einer Imitation westdeutscher Verhältnisse geradezu übermächtig. Die katastrophalen Auswirkungen des eingeschlagenen Einigungsmanagements haben jedoch wichtigen Nachholbedarf offengelegt: Aufklärung über die Widersprüche und Grenzen kapitalistischer Entwicklung ist erforderlich, um die Chancen noch möglicher Kurskorrekturen für Ost- und damit auch Westdeutschland auszuloten.

Die entscheidende Weichenstellung der ökonomischen Einigung erfolgte mit dem Import der D-Mark zum 1. Juli 1990 in das Gebiet der DDR. Ausgelöst wurde dadurch ein doppelter Knall: Diese Ausbreitung der westdeutschen Währung hatte zum einen endgültig den letzten Hauch an Chancen auf eine abweichende Gestaltung der Produktionsverhältnisse in Ostdeutschland zunichte gemacht. Der auch die letzten Faserungen der Gesellschafts- und Lebensverhältnisse durchdringende Mechanismus der ökonomischen Konkurrenz auf der Basis der individuellen Eigennutzmaximierung wurde zum 1. Juli 1990 dem neu hinzugewonnenen Gebiet durch die Übernahme der D-Mark eingepflanzt. Dieser Einstieg über den Währungsimport bildete die unerschütterliche Grundlage für die Kopie westdeutscher Produktionsverhältnisse. Die Wahl dieses monetären Einstiegs war daher auch nicht zufällig oder das Ergebnis eines taktischen Räsonnements. Denn mit einem Stufenkonzept, an dessen Ende die Währungsunion gestanden hätte, wäre immer noch ein Restrisiko einer alternativen, die Katastrophenentwicklung korrigierenden Gestaltung der wirtschaftlichen Einigung, mit Rückwirkungen auf Westdeutschland, erhalten geblieben. Die Vermeidung dieses Restrisikos predigte schließlich auch die herrschende, weniger beratende als affirmativ mitziehende Wirtschaftswissenschaft. Zuerst wurde zwar vor der Währungsunion wegen der Sorge, die dadurch ausgelösten ökonomischen Erwartungen der ostdeutschen Bevölkerung bezüglich einer schnellen Angleichung könnten nicht erfüllt werden, massiv gewarnt. Als aber die politische Entscheidung für den D-Mark-Import gefallen war, da gab es nur noch die Forderung, jetzt auch einen streng marktwirtschaftlichen Kurs – eine vornehme Verniedlichung realer Konkurrenzverhältnisse unter der Dominanz von Großunternehmen – zu halten. Daß die westdeutschen Bedingungen internationaler Konkurrenzfähigkeit in den ostdeutschen Betrieben überhaupt erst hergestellt werden müssen, entging den kapitalismus-optimistischen Systemeiferern. Mit dem D-Mark-Import wurde der real existierende Kapitalismus Westdeutschlands zum fixen Muster der Angleichung.

Zum anderen mußte die Ausdehnung der D-Mark-Währung einem monetären Urknall vergleichbar zu einem schnellen Zusammenbruch der DDR-Wirtschaft führen. So einfach die Gründe dafür sind, sie wurden regierungsoffiziell nicht gesehen, zum Teil auch bewußt unterdrückt: Die D-Mark ist der währungspolitische Ausdruck einer durch Krisen hindurch für die internationale Konkurrenz gehärteten Wirtschaft. Wird diese Währung auf ein Wirtschaftssystem übertragen, das sich gegenüber der profitwirtschaftlichen Weltmarktkonkurrenz über Jahrzehnte abgeschottet hatte, dann mußten über Nacht die völlig unterschiedlichen Entwicklungsbedingungen offensichtlich werden. Die Folge war klar: Die Produktion schrumpfte in wichtigen Industriesektoren um fast zwei Drittel. Binnenwirtschaftliche und nach der Aufhebung des Transferrubelsystems auch die traditionell außenwirtschaftlichen Nachfrageverflechtungen mit den RGW-Ländern brachen in sich zusammen. Arbeitsplätze gingen massenhaft verloren. Nur durch arbeitsmarktpolitische Maßnahmen wurde anfangs die explodierende Arbeitslosigkeit verdeckt. Auch vorwärtsweisende Ansätze der DDR im Sozial- und Gesundheitsbereich haben mittlerweile die Mechanismen der Konkurrenz unter sich begraben.

Erst infolge der Ausbreitung und Vertiefung des ökonomischen Zusammenbruchs wurde allmählich der Urskandal der Ideologie und Praxis der deutschen Einigung auch für deren Akteure sichtbar: Die Strategie, die Transformation der ostdeutschen

Wirtschaft mit einer Mischung aus knapp gehaltener D-Mark und kapitalistisch-marktbezogenen Instrumenten bewältigen zu wollen, hat den Preis der Einheit nach oben getrieben, die sozialen Lasten erhöht. Ein explosives Gemisch aus Problemverdrängung und kapitalistischer Hybris trägt die Schuld dafür, daß eine eigenständige, sozial orientierte Transformationsstrategie nicht von Anfang konzipiert und realisiert wurde. Hier rächt sich die Unfähigkeit zur alternativen Wirtschaftsgestaltung bitter. Schließlich hat dieses als alternativlos dargestellte Insistieren f eine Erneuerung der ostdeutschen Wirtschaft mit den Instrumenten des hochentwickelten Kapitalismus auch verhindert, die westdeutschen Verhältnisse zu reformieren.

Die mittlerweile weitverbreitete Kritik an der Politik der Treuhand übersieht immer wieder den Grundprozeß, in den sie ehern eingebunden war und immer noch ist. Das Muster ihrer Praxis läßt sich nur dann adäquat vermessen, wenn die mit dem D-Mark-Import fixierte Grundlinie des kapitalistischen Umbaus der DDR-Wirtschaft thematisiert wird. Der ihre Arbeit bestimmende Auftrag, Unternehmen zu privatisieren, ist unter dem Ziel, die kapitalistische Logik in Ostdeutschland freizusetzen, konsequent. Privatisieren heißt dann allerdings, schnell Käufer für die (lukrativen) DDR-Unternehmen zu finden und ansonsten deren Liquidierung zu exekutieren. Dieser Verkauf ist ein schwieriges Geschäft. Schon allein deshalb handelt es sich nicht um einen Ausverkauf. Vielmehr bettet diese Politik Ostdeutschland in die Interessen westdeutschen Kapitals ein. Da kann eben auch eine gezielte Stillegung von Betrieben gewollt sein. Vorrangig bestimmen politisch unkontrolliert die Interessen der westdeutschen und auch der in Frage kommenden ausländischen Unternehmen den ökonomischen Umbau Ostdeutschlands. Aus dieser Dominanzposition des wettbewerbsfähigen Kapitals resultieren unterschiedliche Weisen des Umgangs mit ostdeutschen Unternehmen: Sieht ein westdeutsches Unternehmen etwa eine Möglichkeit, einen ostdeutschen Betriebsteil operativ zu nutzen, dann wird er gekauft, wenn es geht zum Nulltarif oder Minuspreis, d. h. der Käufer bekommt noch Unterstützung von der Treuhand. Dies schließt möglicherweise auch die Zusicherung ein, den Betriebsteil nur zeitlich befristet als ausgelagerte Werkbank einsetzen zu müssen. Könnte sich ein ostdeutsches Unternehmen allerdings künftig zum Konkurrenten entwickeln, so ist dessen Kauf mit dem Ziel einer späteren Liquidierung durchaus im Bereich des Möglichen. Die Treuhandanstalt bewegt sich mit ihrem Auftrag zur Privatisierung innerhalb eines Abhängigkeitsverhältnisses gegenüber den konkurrenzfähigen Unternehmen. Um überhaupt Verkäufe zu ermöglichen, bietet diese öffentlichrechtliche Körperschaft auch weit unter Preis ostdeutsche Unternehmen an bzw. übernimmt entsprechende Kosten der Fortführung des Unternehmens. Dem Bund entgehen somit Einkünfte aus Vermögensveräußerungen, und entstehende Kosten beim Verkauf werden über den Bundeshaushalt auf die Steuerzahler überwälzt. Wie gezeigt, im Entscheidungsprozeß dieser Anstalt reproduzieren sich großteils die Konkurrenzverhältnisse von Unternehmen in Branchen und zwischen diesen. Selbst bis hin zu den eingesetzten Beratungsfirmen, die über die Entwicklung der Unternehmen Bewertungen vorzunehmen haben, offenbaren sich immer wieder die Interessen kapitalstarker Unternehmen aus dem Westen. Im Zusammenwirken von Konkurrenz bei mangelnder Mitbestimmung und Demokratisierung der Entscheidungen ist es auch nicht verwunderlich, wenn es gelegentlich zu Geschäften am Rande der Legalität kommt. Hier läßt sich die Meldung einbetten, derzufolge der ehemalige Ministerpräsident von Niedersachsen, Ernst Albrecht, außer dem Eisenhüttenwerk Thale zum symbolischen Preis von einer D-Mark auch noch das zehn Hektar große Kinder- und Erholungszentrum Güntersberge im Harz erhalten hat. Dabei handelt es sich um Grundstücke mit hohem Wert. Die teilweise erpresserische Abhängigkeit von kaum kontrollierbaren, profitwirtschaftlich agierenden Unternehmen überspielt diese Anstalt in geradezu peinlicher Weise mit dem Hinweis, durch die bisherige Privatisierung von über 10400 Unternehmen bzw. Unternehmensteilen seien mehr als 1,33 Mio. Arbeitsplätze und Investitionszusagen von über 157 Mrd. DM gesichert worden. Die marktwirtschaftliche Grundordnung mit dem Fetisch Unternehmensautonomie bietet allerdings für die endgültige Einhaltung dieser Zusagen keine Gewähr. Schließlich mehren sich die Beispiele von bereits privatisierten und subventionierten Betrieben, die geschlossen werden müssen, weil sie die Sanierung aus eigener Kraft nicht bewältigen können.

Die Treuhandanstalt war von Anfang an eine Fehlkonstruktion in der Schnittstelle von Staat und kapitalistischer Konkurrenz. Die Zuspitzung ihrer Funktion auf eine Verkaufs- und Liquidierungsagentur hat eine branchen- und regionalbezogene Sanierung der ostdeutschen Wirtschaft verbaut. Mangelnde demokratische Kontrolle einerseits, die Reproduktion der konkurrierenden Unternehmensinteressen innerhalb ihrer Entscheidungsfindung andererseits sowie schließlich die von den Finanzen und dem Management her unzureichende Ausrichtung auf strukturpolitische Ziele im Rahmen des Aufbaus einer tragfähigen Wirtschaft machen deutlich: Diese teuere und untaugliche Anstalt muß umgehend durch Institutionen, die den Sanierungsprozeß abzusichern vermögen, abgelöst werden. Es geht um den »Kauf von Zeit«, d. h. finanziell muß über den Staat eine Phase des Umbaus der Unternehmen in Richtung ökologisch und sozial moderner Grundlagen und Konkurrenzfähigkeit ermöglicht werden. Dazu erforderlich sind landesspezifische und branchenbezogene Industrieholdings, in denen freilich die Mitbestimmung und Einbindung in eine regional-demokratische Wirtschaftspolitik zu gewährleisten sind. Um einen künftig überlebensfähigen industriellen Kern zu schaffen und damit Ostdeutschland aus der Rolle des Armenhauses der Republik zu befreien, muß die Politik die Rahmenbedingungen zur Schaffung und Eroberung neuer Märkte gestalten. Dies natürlich nicht ohne Konkurrenz zu den westdeutschen Unternehmen.

Der sich vollziehende Prozeß der Angleichung der ostdeutschen Wirtschaft an den real existierenden Kapitalismus in Westdeutschland macht eine doppelte Aufgabe sichtbar: Zum einen läßt sich die Sanierungsphase der ostdeutschen Wirtschaft nicht erfolgreich mit den ordnungs- und wirtschaftspolitischen Instrumenten Westdeutschlands bewerkstelligen. Zu sichern ist eine Phase des Schutzes gegenüber der Konkurrenzdynamik der westdeutschen und ausländischen Unternehmen, um den Umbau zu überstehen. Nur unter einem politisch gewährleisteten Protektionismus – auch durch Schaffung von Präferenzen für den Produktionsstandort Ostdeutschland – läßt sich die viel beschworene Sanierung erfolgreich durchführen. Nicht nur über den langwierigen Prozeß der Angleichung wird jedoch sichtbar, daß das ökonomische Bezugssystem Westdeutschland selbst reformiert werden muß. Denn hier produziert die durch Großunternehmen dominierte Konkurrenz soziale Spaltungsprozesse und ökologische Belastungen. Im Kern heißt das Zurückdrängung des einzelwirtschaftlichen Profitmotivs, das immer wieder gesamtwirtschaftliche Irrationalität produziert. Larmoyanz über die verpaßten Möglichkeiten eines alternativen Weges nach dem Zusammenbruch der DDR helfen nicht weiter. Wenn auch mit völlig unterschiedlichen Aufgabengebieten, die ökonomische Bewegung Ost- wie Westdeutschlands wird mittlerweile durch ein und dasselbe Grundgesetz der kapitalistischen Entwicklungsdynamik geprägt. Die politische Bändigung der Kapitalkräfte unter den Zielen der sozialen und ökologischen Gestaltung sollten daher im Zentrum einer künftigen Alternativpolitik im »neuen Deutschland« stehen. Denn mit dem Zusammenbruch der DDR und der osteuropäischen Staaten ist kein Problem der kapitalistischen Länder gelöst worden – im Gegenteil. Gegenüber diesen Herausforderungen wächst allerdings die Gefahr kapitalistischer Siegerarroganz, mit der systemspezifische Fehlentwicklungen verdrängt werden sollen. So paradox es klingen mag, trotz ihrer im gesamten Ausmaß erst jetzt bekannt gewordenen ökonomischen Entwicklungsschwäche haben diese Spielarten des real existierenden Sozialismus durchaus nicht nur Westdeutschland zur Reform angespornt. Was jetzt noch stärker gebraucht wird, sind sozial-ökologische Bewegungen und starke Gewerkschaften, die aus den Erfahrungen der krisenhaft kapitalistischen Entwicklung Reformen zugunsten von Menschen und Natur in Ost- wie in Westdeutschland durchsetzen.

JOHANNES LUDWIG

Die doppelte Moral der Reprivatisierung

Das jüdische Eigentum zwischen zweiter und dritter Enteignung

Die Stichworte »Rückübertragung«, »Entschädigung« und »Reprivatisierung« sind mehr als nur politische Vorgaben oder juristische Anspruchsgrundlagen – sie stehen auch für eine der größten Vermögensumschichtungen, die es je auf der Welt gegeben hat. Das Ausmaß des Transfers ist – würde man es in Mark und Pfennig kalkulieren – gigantisch. Es ist – auf deutschem Boden – die zweite große Umverteilungswelle.

Die erste nahm ihren Anfang 1933: Als Folge der »Arisierung« und »Entjudung« von Wirtschaft und Gesellschaft wechselten Milliardenwerte ihre Besitzer.

Die beiden Begriffe entstammen dem amtlichen Sprachgebrauch. Auch im NS-Staat ging alles nur nach »Recht« und »Ordnung«: Der offiziellen Sprachregelung kam daher die Aufgabe zu, die brutalen Enteignungen politisch zu »legitimieren«, die einem der größten Beutezüge der Geschichte gleichkamen, an dem sich letztlich alle beteiligt hatten.

Mit dem Boykott der jüdischen Geschäfte und der Kaufhäuser begann es – für die »Ariseure« war es dann ein leichtes, die wirtschaftlich angeschlagenen oder kurz vor dem finanziellen Ruin stehenden Firmen zum Schleuderpreis oder auch zum Nulltarif zu übernehmen. Nicht anders bei den »arischen« Rechtsanwälten: Sie wurden auf einen Schlag ihre jüdischen Konkurrenten los, kassierten zusätzliche Mandate und Beratungsgelder. In den Gerichten hatten die Gesetzeshüter ebenfalls nichts gegen eine »Entjudung« einzuwenden – sie bescherte ihnen bessere und schnellere Aufstiegsmöglichkeiten und damit auch mehr Einkommen. Für Unternehmen und Fabriken, deren Inhaber nicht »christlichen«, sondern jüdischen Glaubens waren, und die noch länger durchgehalten hatten, kam das »Aus« spätestens 1938: Drei Tage nach der sogenannten Reichskristallnacht wurde auf einer Art von »Vor-Wannsee-Konferenz« in Görings Luftfahrtministerium (heute residiert dort die Treuhand) die »Ausschaltung der Juden aus dem Wirtschaftsleben« endgültig beschlossen.[1] Was mit Boykott begann, endete im Massenmord.

Nach 1945 interessierte man sich für »Arisierungen« nicht (mehr) – es war kein Thema. Weder für die Wissenschaft, die Medien oder gar die Öffentlichkeit. Und auch die sogenannte Wiedergutmachung, die das Geschehene finanziell wieder »gut« machen wollte, hatte sich »Jahrzehnte in einer Art von politischem und publizistischem Ghetto abgespielt«.[2]

Heute ist das etwas anders. Wofür bisher weder Interesse noch finanzielle Mittel vorhanden waren, etwa zur historischen Rekonstruktion der »Umverteilung« seit 1933, werden derzeit Kosten und Gelder nicht gescheut: Ganze Suchtrupps aus Rechtsanwälten, Rechercheuren, Vermögensrechtsdetektiven und Maklern fallen wie die Spürhunde in Archive, Handelsregister und Grundbuchämter ein, versuchen Historischem auf den Grund zu gehen. Die Erklärung ist simpel: Es winken Millionen, für manchen Anspruchsberechtigten sogar Milliarden. Die »Wiedergutmachung« im Westen nach 1945 war, finanziell betrachtet, demgegenüber vergleichsweise uninteressant: Vermögensrechtliche Ansprüche wurden durch die Währungsreform von 1948 im Wert auf ein Zehntel reduziert. 1990 haben Währungsunion und Wiedervereinigung aus verrotteten Fabriken und bisher wertlosen Immobilien eine Goldader gemacht. Ein ganzes (Ex-)Land, inklusive einer halben Hauptstadt, sucht seine (neuen) Eigentümer. »Restitution« heißt die politische Formel, die der Duden mit »Wiedererstattung«, »Wiedereinsetzung« (in den früheren Zustand) übersetzt. Dazu zählt – grundsätzlich – auch das Vermögen in ehemals jüdischem Besitz.

[1] Ausführlich rekonstruiert bei J. Ludwig, Boykott – Enteignung – Mord. Die Entjudung der Deutschen Wirtschaft, 12. Kapitel, München 1992.

[2] Walter Schwarz, Schlußbetrachtung, in: Die Wiedergutmachung nationalsozialistischen Unrechts durch die BRD, Beilage zu Bd. VI, S. 25 f., München 1985. Schwarz konnte rechtzeitig vor der Reichskristallnacht nach Palästina entkommen, kehrte 1951 nach Deutschland zurück und arbeitete in West-Berlin als Rechtsanwalt u. a. in Wiedergutmachungsangelegenheiten. Er galt als einer der treibenden Kräfte in dieser Sache, gab die Zeitschrift »Rechtsprechung zum Wiedergutmachungsrecht« (RzW) heraus und initiierte auch das bisher sechsbändige, Sammelwerk, hg. vom Bundesminister der Finanzen.

Wiedererstattung indes knüpft an Voraussetzungen an: Nur, was (noch) vorhanden ist, kann rückerstattet werden. Dies natürlich nur, wenn sich die Rechtmäßigkeit des Anspruches belegen, in diesem konkreten Fall das erlittene Unrecht auch nachweisen läßt. Überhaupt funktioniert das nur, so Überlebende oder Nachfahren bzw. Erben vorhanden sind, die solche Ansprüche geltend machen können. Dazu gehört wiederum, daß man davon – rechtzeitig und vor Ablauf gesetzter Ausschlußfristen – Kenntnis erhält. Rückübertragen bzw. alternativ entschädigt werden im Zuge der deutschen Wiedervereinigung ohnehin nur finanziell faßbare Vermögenswerte wie Grund und Boden, Fabriken und Geld.
Wer hingegen zu nationalsozialistischen Zeiten seinen Job verloren hatte, seine Heimat aufgeben mußte oder nur als »U-Boot«[3] bei Nässe und Kälte in zerbombten Ruinen überleben konnte, für den galten im Rahmen der »Wiedergutmachung« damals wie heute ohnehin andere Regeln, mit denen die Erniedrigung und das erfahrene Leid wieder »gut« gemacht werden sollte – wenn so etwas überhaupt vorgesehen war.[4] Für jene, die ausgerottet irgendwo unter der Erde liegen, konnte es Wiedergutmachung gar nicht geben. »Restitution« betrifft daher vor allem jene, die Glück im Unglück hatten und schon damals, vor 1933, zu den Bessersituierten zählten.

Als »Erster Arbeiter- und Bauernstaat auf deutschem Boden«, in dem sich das gesamte Produktionsvermögen angeblich »im Eigentum des Volkes« befand, sah die DDR – zunächst – keinen Grund, sich mit dem Geschehenen oder gar mit Wiedergutmachung jüdischer Ansprüche auseinanderzusetzen. Zwar verstand man sich als »antifaschistischer« Staat, die Aufarbeitung mit dem Thema Nationalsozialismus indes fungierte lediglich als Instrument zur inneren Festigung des eigenen Staats- und Machtapparates. Lediglich »antifaschistische Kämpfer« erhielten eine Art

3 Als »U-Boote« bezeichnet man jene, die es nach der sog. Fabrikation (letzte große Juden-Razzien im Februar/März 1943) geschafft haben, zwei weitere Jahre im Untergrund zu überleben.

4 Vgl. dazu das Standardwerk: Wiedergutmachung in der Bundesrepublik Deutschland, hg. v. Ludolf Herbst u. Constantin Goschler, München 1989.

von Ehrensold.[5] Im übrigen gab die sowjetische Besatzungsmacht die politische Marschlinie vor: Demokratisierung bedeutete Sozialisierung des Eigentums, vor allem des an Produktionsmitteln.
Anspruchsbegehren »kapitalistischer« Art wie etwa jene der in die USA entkommenen Familie Garbaty auf Rückgabe oder Entschädigung ihrer 1938 arisierten Zigarettenfabrik in Berlin-Pankow inklusive zweier Rittergüter nebst Schloß in Alt-Döbern (Lausitz) wurden erst gar nicht zur Kenntnis genommen. Aber auch moralischen Verpflichtungen stellte sich der DDR-Staat nicht. Auf die erste Note der israelischen Regierung vom 12. März 1951 an die vier Alliierten, in dem der neu entstandene Staat Israel erstmals einen kollektiven Schadensausgleichsantrag an Deutschland reklamierte, reagierten weder die UdSSR noch das inzwischen »souveräne Bruderland« DDR.
In diesem Schreiben waren drei Dinge gelistet: 1) eine erste »Bilanz« des Holocaust, 2) die Vermögenswegnahmen durch die Nazis, 3) die Kosten für den Staat Israel, die durch die Eingliederung und Rehabilitierung der aus Deutschland entkommenen jüdischen Flüchtlinge entstanden waren. Für die (damals) aufgewendeten 1,5 Mrd. US-Dollar sollten die Bundesrepublik zu zwei und die DDR zu einem Drittel aufkommen. Da sich die DDR nicht als Rechtsnachfolger des Deutschen Reiches sah und diesen Part der BRD überließ, gelang es ihr, sich auch dieser moralischen Verantwortung zu entziehen.
Aus der Sicht der unterschiedlichen wirtschaftlichen Leistungsfähigkeit beider deutscher Staaten war dies noch halbwegs nachvollziehbar. Nicht mehr indes die mangelnde Kooperationsbereitschaft der DDR-Behörden, wenn es um die Suche von überlebenden Juden nach »Beweisen« über erlittenes Unrecht ging: Bei Wiedergutmachungsverfahren vor westlichen Wiedergutmachungsämtern oder Gerichten fehlten häufig Zeugen oder Unterlagen, die sich im Osten befanden. Viele Wiedergutmachungsansprüche wurden dadurch unmöglich. Mit dem Kalten Krieg allein läßt sich dies schwerlich rechtfertigen.

5 Allerdings mußte die DDR durch umfangreiche Demontagen seitens des sozialistischen »Bruderlandes« UdSSR wirtschaftliche Buße leiden, während zur gleichen Zeit die Bundesrepublik durch das amerikanische Wiederaufbauprogramm rasch wieder finanziellen Boden unter die eigenen Füße bekam.

Die grundsätzliche Bereitschaft, sich auf diese Art von Vergangenheitsbewältigung einzulassen, änderte sich erst 1974: Die USA und die DDR nahmen diplomatische Beziehungen auf. Neun Verhandlungsrunden bis zum Jahre 1989 blieben ohne konkretes Ergebnis. Für die Entschädigungsansprüche von rund 2000 Überlebenden in den USA konnte man sich zum Schluß nur auf einen Grundbetrag von 78 Mio. Dollar zuzüglich 250 bis 300 Mio. als Zinsausgleich für knapp vier Jahrzehnte einigen. Geld floß keines. Offizielle DDR-Begründung: Man benötige zur finanziellen Wiedergutmachung erst zusätzliche Dollars aus dem Handel mit den USA. Zur gleichen Zeit hatte, wie man heute weiß, das »KoKo«-Imperium des Alexander Schalck-Golodkowski über die eigenen Tochterfirmen im Westen Devisenvorräte in Schweizer Banktresoren gebunkert: Dollars in zweistelliger Milliardenhöhe.
Nicht anders verliefen die Gespräche mit der »Conference on Jewish Material Claims against Germany« (abgekürzt »Claims Conference«), die außerhalb Israels Entschädigungen für die rund um den gesamten Erdball verstreuten Juden geltend machte. Hinsichtlich finanzieller Entschädigungen für jüdische NS-Opfer konnte man sich auf eine Größenordnung von 100 Mio. Dollar einigen, nicht aber über konkrete Zahlungen. Die fragliche Summe hätte für jeden DDR-Bürger einer finanziellen Belastung von einmalig 45 DDR-Mark entsprochen.
Eine konkretere Bereitschaft zu »humanitärer Hilfe«, zumindest gegenüber den Juden in den USA, ließ Erich Honecker erst in den späten 80er Jahren erkennen. Auf dem diplomatischen Parkett der westlichen Welt – nicht zuletzt durch seinen Besuch in der Bundesrepublik – international hoffähig geworden, gedachte der DDR-Führer seine staatsmännische Laufbahn mit einem offiziellen Staatsbesuch bei der westlichen Supermacht USA zu krönen. Im Weg stand die unerledigte Wiedergutmachungsfrage. Indes, ohne die Juden in den USA – allein in New York gibt es mehr jüdische Einwohner als in ganz Israel – funktionieren derlei Reisepläne nicht. Was noch im Herbst 1988 als nicht mehr völlig ausgeschlossen galt, wurde knapp ein Jahr später aus anderen Gründen obsolet: Die DDR hatte aufgehört zu existieren.

Anders in der Bundesrepublik. Bis zum Jahre 2000 werden – in heutigen Preisen und Werten gerechnet – etwa 200 Mrd. DM an Wiedergutmachungsgeldern geflossen sein.[6] In etwa entspricht diese Summe der Hälfte des Bundeshaushalts im Jahre 1992. Oder anders gerechnet: Der westliche Teil Deutschlands wird etwa 250mal soviel in Mark und Pfennig sühnen, wie die DDR eigentlich zahlen sollte (bzw. wollte). Ist die Bundesrepublik damit der »bessere«, sprich moralisch aufrichtigere Staat, der finanziell Abbitte leistet?

In der ersten Antrittsrede von Konrad Adenauer am 20. September 1949 vor dem ersten demokratisch gewählten Parlament in Bonn war von deutschen Untaten oder gar »Wiedergutmachung« nicht in einem Wort die Rede. Wohl aber von den Pflichten gegenüber den deutschen Kriegsopfern, etwa den Vertriebenen und Ausgebombten zu helfen. »Von der Regierungserklärung des ersten deutschen Staatschefs nach Adolf Hitler hatte man mit Recht mehr diplomatisches Fingerspitzengefühl erwartet«, bemerkt der Münchner Historiker Ludolf Herbst dazu.[7]

Die bundesdeutsche Wiedergutmachungspolitik im Nachkriegsdeutschland ist alliierter Import. 1943, als die deutsche Wehrmacht auf ihrem Rückzug in Südrußland wütete und in den Vernichtungslagern der Massenmord industriell perfektioniert wurde, arbeiteten in New York emigrierte jüdische Rechtsanwälte und ehemalige Richter die ersten Konzepte zur Wiedergutmachung aus. Sie wurden 1947, zwei Jahre nach der Kapitulation, Besatzungsrecht. Als sich der demokratisch legitimierte Staat Bundesrepublik anschickte, in die internationale Staatengemeinschaft aufgenommen zu werden, verbanden die westlichen Alliierten die Anerkennung der Souveränität mit der Verpflichtung, die Rückerstattung »beschleunigt durchzuführen« und Entschädigungsregelungen zu installieren und dabei »alle Personen, die wegen ihrer politischen Überzeugung, aus Gründen der Rasse, des Glaubens oder der Weltanschauung verfolgt wurden,

[6] Exakte Zahlen gibt es nicht. Die offiziellen Schätzungen der Bundesregierung belaufen sich auf ca. 110 Mrd. DM bis zum Jahr 2000. Rechnet man die geleisteten Summen in realen Werten, sprich heutige Preise um (Inflationsraten!), kommt man auf einen Betrag von etwa 200 Mrd. DM im Jahre 1993.

[7] In seiner Einleitung zu: Wiedergutmachung in der Bundesrepublik Deutschland (Anm. 4).

gleich zu behandeln sowie für andauernde Körperschäden solcher Personen, die aus Gründen der Nationalität unter Mißachtung der Menschenrechte verfolgt wurden und politische Flüchtlinge waren, eine angemessene Entschädigung zu gewähren«.[8] Gerade letzteres geschah bekanntlich nur ansatzweise. Von den auf 20 Millionen geschätzten Verfolgten kamen nur rund eine Million in den Genuß solcher Entschädigungszahlungen, vor allem »Deutsche« – ausländische Zwangsarbeiter aus dem Osten zum Beispiel blieben bis 1992 außen vor, seelisch Geschädigte mit Langzeitfolgen erhalten bis heute keine Wiedergutmachung, und viele Gruppen von Verfolgten wurden erst nach und nach mit einbezogen.[9] Diese Politik bis in die neunziger Jahre, »nur dann Zugeständnisse zu machen, wenn der internationale Druck so stark wurde, daß die Gefahr einer politischen Isolierung der Bundesrepublik entstand, verweist auf die politische Haltung, die die Wiedergutmachung vor allem als Instrument der internationalen Reputationsgewinnung begreift«, so der Historiker Ulrich Herbert.[10]

Aber auch die Herausgabe des geraubten jüdischen Vermögens geschah nur auf Druck, vor allem der USA. Und selbst als Adenauer soweit war, die moralische Verpflichtung zur offiziellen Politik zu erklären, mußte er sie gegen die Opposition aus den eigenen Reihen und vor allem gegen seinen Finanzminister durchpauken.[11] »Bis in die Mitte der fünfziger Jahre... sind die Länderparlamente und der Bundestag Schauplatz der unrühmlichen Versuche von FDP, Bayernpartei, CDU/CSU gewesen, ihrer Klientel das den Juden abgepreßte und abgejagte Gut zu erhalten«, kommentierte die »Zeit« 1984: »Das Ressentiment richtete sich vor allem gegen die jüdischen Nachfolgeorganisa-

[8] Bericht der Bundesregierung über Wiedergutmachung und Entschädigung für nationalsozialistisches Unrecht sowie über die Lage der Sinti, Roma und verwandter Gruppen vom 31.10.1986. BT-Drucksache 10/6278: 8.

[9] Zu Beispielen siehe: Wiedergutmachung (Anm. 4).

[10] Ulrich Herbert, Nicht entschädigungsfähig? Die Wiedergutmachungsansprüche der Ausländer, in: Wiedergutmachung (Anm. 4).

[11] In der Abstimmung im Deutschen Bundestag über das Bundesentschädigungsgesetz von 1953 kamen z.B. von der SPD-Opposition wesentlich mehr Ja-Stimmen als von der bürgerlichen Regierungskoalition. Die Kämpfe der Widersacher in der eigenen Regierung hat Michael Wolffsohn rekonstruiert: Globalentschädigung für die Juden? Adenauer und die Opposition in der Bundesregierung, in: Wiedergutmachung (Anm. 4).

tionen, die in die erblosen Ansprüche eintraten, und gegen die emigrierten Juden, ›die da draußen‹, die ›rechtzeitig aus Deutschland verschwunden sind‹«.[12]

Die allerersten Regelungen betrafen die Rückerstattung von Unternehmen und allen feststellbaren Vermögenswerten an die ursprünglichen Eigentümer – nicht selten gegen den Widerstand der »Ariseure«. Verhindern konnten sie es nicht. Allerdings sahen sich die neuen Herren, die nach 1945 oft dieselben waren wie nach 1933, imstande, Restitutionsverfahren zu verzögern oder die Ergebnisse – etwa durch Vorenthalten von Dokumenten – in ihrem Sinne zu beeinflussen. 1969 konnten sie sich sogar in das Reparationsschädengesetz einschleichen: »Gesetz zur Abgeltung von Reparations-, Restitutions-, Zerstörungs- und Rückerstattungsschäden«.[13]
Zwischen der Nachkriegssituation, seinem alliierten Wiedergutmachungsrecht und dem heutigen Vorhaben, ein ganzes (Ex-) Land zu reprivatisieren, gibt es Unterschiede:
- Das sogenannte Tausendjährige Reich währte ganze dreizehn Jahre. Was an Häusern oder Fabriken den Krieg überlebte, konnte verhältnismäßig einfach zurückübertragen werden. Was im alliierten Bombenhagel untergegangen war, ließ sich hinterher zumindest als bebaubarer Grund und Boden wieder verwerten. Die Zeitspanne zwischen Enteignung und Rückübertragung war vergleichsweise kurz.
- Die DDR hielt dreimal so lange durch. Vieles, was zerstört war, wurde in Volkseigentum überführt und ohne Rücksicht auf ehemals existente Grundstücksgrenzen oder Eigentumsverhältnisse neu beplant. »Auferstanden aus Ruinen und der Zukunft zugewandt« – dieses Motto der Nationalhymne des »Arbeiter- und Bauernstaates« prägte Land und Menschen vier ganze Jahrzehnte lang. Entsprechend schwierig kann die Rückgängigmachung eines fast halben Jahrhunderts, konkret eine »Rückübertragung« heute ausfallen: Grundstücke sind mit »Komplexem Wohnungsbau« zugestellt, Fabriken und Maschinen hoffnungslos verrottet oder gar nicht mehr exi-

[12] Die Zeit, Wiedergutgemacht, 5.10.1984.
[13] Reparationsschädengesetz v. 12.2.1969; vgl. BGBl I 1969: 105ff.

stent, Einfamilienhäuser von Menschen zu DDR-Zeiten »redlich« erworben, instandgehalten und zum häuslichen Lebensmittelpunkt geworden. Dem gegenüber stehen die »Wiedergutmachungs«-Ansprüche. Die ehemals »Arisierten« sind nicht mehr am Leben. Anspruchssteller sind die Nachfahren, die als Folge einer weltpolitisch nicht vorhersehbaren Wende das Erbe ihrer Väter und Mütter antreten möchten. Wollte man das blockieren, liefe es – rein vermögensrechtlich gesehen – auf eine dritte Enteignung hinaus: die erste zu Zeiten von Wirtschaftsboykott und Gaskammermord, die zweite im »real existierenden Sozialismus«, die dritte in einem Land mit freiheitlichen Grundrechten und starken Eigentumsgarantien.

Vor diesem historischen Hintergrund vollzieht sich nun die Restitution früheren jüdischen Eigentums. Zwei weitere Besonderheiten machen das hehre Vorhaben zum nicht kalkulierbaren Glücksspiel mit ungewissem Ausgang:

- Zunächst die wirtschaftliche Seite: 1945 waren infolge totaler Kriegszerstörung und Währungsschnitt (10:1) rückübertragbare Vermögensgegenstände und Entschädigungsgelder dort, wo sich die Überlebenden hinretten konnten, im Ausland also, wenig »wert«. Heute werden Fabriken, Firmenwerte oder Immobilien in einer der begehrtesten und stabilsten Währungen gehandelt. Geld aber, dies lehrt die unendliche Geschichte menschlichen Zusammenlebens, macht begehrlich – auf Seiten der früheren »Ariseure« wie bei ehemals »Arisierten«. Wer dabei gewinnt, hängt – angesichts des wirtschaftspolitischen Zieles, den »Aufbau Ost« möglichst schnell zu installieren – nicht zuletzt von der Schnelligkeit ab, Ansprüche zu sichern, durchzusetzen oder rechtzeitig Fakten zu schaffen: Wer genügend Geld hat, teure ausgefuchste Anwälte für sich zu gewinnen, der hat die besseren Karten.
- Rechtlich ist noch vieles völlig ungeklärt – die deutsch-deutschen Ver(einigungs)händler haben die Rückübertragung jüdischen Vermögens schlecht vorbereitet: Einigungsvertrag versus sowjetische Enteignungsbeschlüsse, Vermögensgesetz versus Enthemmungsgesetz, zweites Vermögensgesetz versus Investitionsvorrang und vieles überlagert durch Gerichtsentscheidungen unterschiedlicher Instanzen. Die langsamen

Mühlen der sich erst neu formierenden Behörden und die Treuhand-Politik bewirken ein übriges.

Beispiel Kaufhaus Hertie:

Hertie steht heute für ehemals »Hermann Tietz & Co«, die Kaufhauskette aus Berlin. In Köln saß die »Leonhard Tietz AG« (heute »Kaufhof«). Beide Gründer waren verwandt, und sie hatten frühzeitig ihre Märkte abgesteckt: Die »Leonhard Tietz« hatte ihre Warenhäuser mehr im Westen, die »Hermann Tietz« mehr im Osten aufgebaut.

Am Tag des landesweit organisierten Großboykotts, am 1. April 1933, stehen die von den Nazis und den »deutschen« Einzelhandelsgeschäften verpönten Warenhäuser im Mittelpunkt der »Kampfmaßnahmen«. Der Sohn von Leonhard Tietz in Köln und seine Familie retten sich Hals-über-Kopf ins sichere Ausland: Aus »Leonhard Tietz AG« wird »Kaufhof AG«, diskret gemanagt von Commerzbank, Deutscher Bank und Dresdner Bank.[14]

Die beiden Warenhausunternehmer in Berlin, die Neffen von Hermann Tietz, bleiben: Ihr Kaufhaus ist rechtlich als Familienbetrieb organisiert, und die Banken hatten wenig Einfluß. Das ändert sich nur drei Monate später: Weil die schweigende Mehrheit der »Deutschen« nicht mehr ins Kaufhaus geht, ist die »Hermann Tietz & Co« im Juni 1933 pleite. Die »politisch motivierte Kreditverweigerung der Banken« (Hertie) bewirkt ein übriges.

Hitlers neuer Wirtschaftsminister, bisher Chef der Allianz-Versicherung, organisiert, abgesegnet vom »Führer«, einen Millionenkredit für das jüdische Kaufhausunternehmen – die »christlichen« Zulieferbetriebe fürchten um ihre Existenz und 14000 Arbeitsplätze. Mit dem Großkredit kommen auch die Banken »ins Geschäft« – nachdem die Juden draußen sind, kaufen dort wieder auch die »Deutschen« ein: Aus der nunmehr arisierten »Hermann Tietz« wird »Hertie«.

Nach dem Krieg kommen die »Hermann Tietz«-Erben nach

[14] Ausführlich rekonstruiert in: J. Ludwig, Boykott, 3. Kapitel (Anm. 1).

Deutschland zurück. In einem »Vergleich« erhalten sie drei »Hertie«-Filialen rückübereignet: München, Stuttgart und Karlsruhe. Die »östlichen« Filialen stehen nicht zur Disposition: Sie wurden 1946 – zum zweiten Mal – enteignet und in Volkseigentum überführt. 1967 lassen die DDR-Behörden das »unbefristete und unentgeltliche Nutzungsrecht« auf die »Konsum«-Genossenschaft übergehen, auf die nunmehr ein Drittel des gesamten Einzelhandelsumsatzes entfällt.
Nach der Wende verabredet »Hertie« mit »Konsum« ein Joint Venture: Alle »Konsument«-Läden und -Einkaufsstätten sollen fortan wie »Hertie«-Filialen »behandelt« werden. Darunter auch die ehemaligen »Hermann-Tietz«-Kaufhäuser. Die Tietzschen Erben ziehen vor Gericht. Sie unterliegen. Das Berliner Kammergericht sieht bereits die Anspruchsberechtigung als »fraglich« an: Eigentümer waren nicht die Tietz'schen Familienmitglieder, sondern rechtlich selbständige Firmen. Die Familienmitglieder fungierten nur als Gesellschafter. Ungeachtet dessen spiele die Eigentumsfrage aber gar keine Rolle: Die Enteignung basiere auf sowjetischem Besatzungsrecht, das sich – so auch im Einigungsvertrag geregelt – nicht mehr rückgängig machen lasse.[15]
Als letzte Instanz rufen die Tietzschen Erben das Bundesverfassungsgericht an: Ihre Verfassungsbeschwerde wird zurückgewiesen. Kaufhaus Hertie – ein Fall von dritter Enteignung?

Das Wiedergutmachungsproblem »Hertie« ist, wie viele gleichgelagerte Fälle auch, noch lange nicht ausgestanden. Es konkurrieren nämlich zwei Vorschriften im Gesetz zur Regelung offener Vermögensfragen von 1990 (Vermögensgesetz), die sich gegenseitig ausschließen – trotz Änderung eben dieser Konkurrenz im zweiten Vermögensgesetz von 1992. Juristisch umstritten: Die Enteignungen zwischen 1945 und 1949 durch die sowjetische Militäradministration aufgrund der SMAD-Befehle.
Im ersten Gesetz von 1990 war das so geregelt: 1) Ehemals

[15] Vgl. die Gemeinsame Erklärung der Regierungen der BRD und der DDR zur Regelung offener Vermögensfragen v. 15.6.1990, Nr. 2. Sie wurde durch Art. 41 I im Einigungsvertrag selbst zu dessen Bestandteil. Zum KG-Urteil v. 18.10.91, Az: 9 U 3930/91, siehe: Zeitschrift für Vermögens- und Investitionsrecht (VIZ) 2/1992, S. 65 ff.

enteignetes Eigentum muß zurückgegeben werden. 2) Dies gilt aber nicht für jenes enteignete Eigentum, das nach 1945 durch die Sowjets erneut enteignet wurde.[16] Bedeutet im konkreten Fall: Bei ehemals »arisiertem« Eigentum hat der »Arisierte« auf sein früheres Vermögen keinen Anspruch (mehr).

Dieses sogenannte Vermögensgesetz ist ein DDR-Gesetz, obwohl es zuvor von einer deutsch-deutschen Verhandlungskommission ausgearbeitet wurde. Die Kollision, NS-Unrecht und die Unmöglichkeit einer Wiedergutmachung, sah man zunächst nicht. Als das Problem ins Bewußtsein der Unterhändler drang, konnte man sich darüber politisch nicht mehr rechtzeitig einigen: Zwei Wochen vor der Wiedervereinigung wurde das Gesetz von der ersten frei gewählten und zugleich letzten Volkskammer beschlossen – ohne das heikle Problem noch einmal aufzugreifen. Mit dem Einigungsvertrag wurde das Ex-DDR-Gesetz nicht nur Bundesgesetz, sondern das darin Festgeschriebene erhielt sogar Verfassungsrang, wie Juristen meinen.[17]

Die Tietzschen Erben sind die ersten, die das Urteil des Kammergerichts den Karlsruher Verfassungshütern vorlegen. Nach der Abweisung ihrer Verfassungsbeschwerde bleibt es bei den Enteignungen durch die Sowjets. In Bonn reagierte man darauf mit gesetzlichen Veränderungen. Seit 22. Juli 1992 existiert das Vermögensgesetz in einer zweiten Fassung: »Arisiertes« Vermögen etwa soll von den sowjetischen Enteignungsbeschlüssen ausgenommen sein.[18]

Eben diese Regelung ist nunmehr umstritten. Der Berliner Rechtsgelehrte Uwe Wesel hält sie für »eine politisch einleuchtende und befriedigende Lösung«, die aber »juristisch keinen Bestand« haben könne: Sie kollidiere mit dem Grundgesetz.[19] Andere Autoren halten dagegen: Sie betonen die von der Bun-

[16] Vgl. § 1 VI und VIII Buchst. a VermG.

[17] So z. B. der Berliner Rechtsgelehrte Uwe Wesel. Er hat dieses Problem detailliert beschrieben und auch die politische und juristische Entstehungsgeschichte nachgezeichnet in seinem Aufsatz: Wiedergutmachung für NS-Unrecht und Enteignungen auf der Grundlage sowjetischer Besatzungshoheit, in: VIZ 9/1992, S. 337 ff.

[18] Dazu wurde im § 1 VIII Buchst. a ein zweiter Satz eingeschoben (»Ansprüche nach Absatz 6 und 7 bleiben unberührt«), der die ursprüngliche Ausnahmeregelung in diesem Absatz, keine Rückgabe bei sowjet. Enteignung, etwa im Falle von Arisierungen (erläutert im Absatz 6) wieder aufhebt.

[19] Siehe Anm. 17.

desrepublik eingegangenen Verpflichtungen zur Wiedergutmachung.[20] Das letzte Wort werden wohl (wieder) die Karlsruher Verfassungshüter haben.

Beispiel Hertie-Tochter »Kaufhaus Wertheim«:

In Karlsruhe (ver)suchen nicht nur die Tietzschen Erben ihr Glück, sondern auch der Hertie-Konzern – diesesmal in Sachen Tochterkaufhaus »Wertheim«.
In Berlin, direkt am Leipziger und nur wenige Meter vom belebten Potsdamer Platz entfernt gelegen, gilt das Kaufhaus Wertheim in den zwanziger und dreißiger Jahren – architektonisch und vom Angebotssortiment her – als eines der attraktivsten Warenhäuser. Auch das »Wertheim« gerät unter Druck – diesesmal sind es die »feinen Leute« aus Zehlendorf und Dahlem, die das Traditionsgeschäft boykottieren. Aber auch die »Ministerialen« aus der Wilhelmstraße gleich um die Ecke meiden die monumentale Einkaufsstätte. 1935 sieht der Inhaber, Georg Wertheim, keinen anderen Ausweg mehr und überschreibt das Unternehmen seiner »arischen« Ehefrau. Die Lösung ist von kurzer Dauer: Zwei Jahre später muß er auch aus der Geschäftsführung ausscheiden. Am 15. Juli 1937 meldet die »Frankfurter Zeitung«, daß nunmehr »der Wertheimkonzern als nichtjüdisches Unternehmen gilt«.
Nach dem totalen Zusammenbruch des »Tausendjährigen Reichs« kauft Hertie 1952 die Mehrheitsanteile an »Wertheim« auf: Der Traditionsname existiert am Kurfürstendamm in Berlin und in Hamburg als »Alsterhaus« weiter. Das ursprüngliche Firmengrundstück am Leipziger Platz jedoch liegt auf DDR-Gebiet, direkt hinter der Mauer: Todesstreifen.
Mit dem Fall der Mauer wird der Leipziger Platz, mitten in der neuen City und vis à vis des geplanten Hochhauskomplexes von Daimler Benz (Investitionssumme 3 Mrd. DM) sowie der Europazentrale von Sony am Potsdamer Platz zur potentiellen Goldgrube. Einigungsvertrag und Vermögensgesetz indes schließen

[20] So z. B. A. Rübsam in seiner Anmerkung zum KG-Urteil, in: VIZ 2/1992, S. 69f. Siehe auch M. Uechtritz, Die Neuregelung für NS-Verfolgte im 2. Vermögensrechtsänderungsgesetz, in: VIZ 10/1992, S. 377ff.

die Restitution aus: Hertie wurde – wie beispielsweise auch die »IG Farben« oder andere Großkonzerne, die das Nazi-System wirtschaftlich am Leben hielten – von den Sowjets entschädigungslos enteignet. Chancen haben, wenn jüdisches Vermögen nicht zum dritten Mal enteignet werden soll, nur die »Arisierten«, nicht die »Ariseure«.

Indes, so klar ist unser Rechtssystem nicht. Der Job teuer eingekaufter Juristen besteht auch darin, Tücken und Lücken in den Rechtsvorschriften aufzuspüren, in diesem Fall die »Liste 3«. Mit ihr hat es eine besondere Bewandtnis. Die entschädigungslose Überführung des Eigentums von »Nazi- und Kriegsverbrechern« in »Volksvermögen« durch die Sowjets trat durch namentliche Bekanntgabe in vier »Listen« in Kraft. Listen 1, 2 und 4 wurden zu Zeiten sowjetischer Besatzungshoheit verkündet, die Liste 3 erst kurz nach Gründung der DDR. Sind damit die Enteignungen der »Liste 3« im Gegensatz zu allen anderen restitutionsfähiges »Teilungsunrecht«?

Nein, sagt der Berliner Senat in einem Rechtsgutachten; ja, sagen die damit beauftragten Rechtsanwälte. Hertie klagt. Wenn es sein muß, durch alle Instanzen. Seit 1952 ist Wertheim im Mehrheitsbesitz von Hertie, und wenn der Kaufhauskonzern vor den Gerichten Glück hat und die Tietzschen Erben Pech, erhält Hertie das millionenschwere Wertheimgrundstück zurück, die »arisierten« Erben nur eine Entschädigung.

Glück hat Hertie bereits gehabt. Mehrere der ehemaligen Wertheimgrundstücke liegen auf dem Lennedreieck, das lange Jahre spitzwinklig in den Westteil Berlins hineinragte – der Arbeiter- und Bauernstaat hatte sich an dieser Stelle die Ausgaben für Stacheldraht und Todesstreifen gespart. Im Rahmen eines Gebietsaustausches zwischen DDR und Berliner Senat wurde die ungenutzte Fläche für 76 Mio. DM »Westen«. Hertie machte sofort seine Ansprüche geltend und reklamierte die Wertheimgrundstücke, die rund die Hälfte des gesamten Lennedreiecks ausmachen, als Eigentum: zum Nulltarif. Eine anteilige Kostenerstattung an den Berliner Landeshaushalt, aus dem das Lennedreieck bezahlt wurde, konnte der Hertie-Konzern vor dem Berliner Kammergericht letztinstanzlich abwehren.

Beispiel Weinhaus Lutter & Wegner:

Das alte Haus in der Französischen Straße 47 in Berlin-Mitte, schräg gegenüber des Französischen Doms, birgt heute noch Historisches: Die Adresse 46, Ecke Charlottenstraße, stand für das berühmte Weinhaus Lutter & Wegner, gegründet 1811, bekannt auch aus Offenbachs Erzählungen; die Nummern 47 und 48 beherbergten die nicht minder berühmte Weinhandlung F. W. Borchardt. Beide Häuser hatten ein- und denselben Inhaber, den jüdischen Kaufmann Max Böhm.
Sohn Hermann kann rechtzeitig in die USA emigrieren, der Vater wird nach Theresienstadt verschleppt. Dort stirbt er jämmerlich. Haus- und Grundbesitz »arisiert« zuvor »Vater Staat«. Aller sonstigen Geld- und Vermögenswerte bemächtigt sich der Oberfinanzpräsident – auch die Finanzämter und die vielen kleinen Beamten sind gewissenhafte Vollstreckungsbürokraten des Holocaust.
1945 geht das einzige Haus, das noch steht, die Nummer 47, in das Eigentum des Volkes über, nach der Wende 1989 gehört es der »Wohnungsbaugesellschaft Mitte GmbH«, wie die frühere Kommunale Wohnungsverwaltung jetzt heißt. Monopoly und Spekulation sind angesagt – die seit Kriegsende nicht mehr bebauten Grundstücke in diesem Block – zwischen Charlotten- und der legendären Friedrichstraße wahre Juwelen – reizen jeden Großinvestor, so auch den texanischen Baupotentaten Gerald D. Hines.
Um Immobilienvorhaben schnell umzusetzen, sprich Grund und Boden rechtzeitig günstig einzukaufen, um dann wiederum umso höhere Wertsteigerungen realisieren zu können, bedarf es raschen Handelns. Wiedergutmachung und Restitutionsverfahren können da nur stören: »Investitionshemmnisse« nennt man so etwas nach außen. Anwälte, die für derlei Probleme Lösungen parat und außerdem die richtigen Kontakte haben, sind gefragte Spezialisten.
In Berlin gibt es dafür die »Lex Knauthe«, benannt nach dem Berliner Anwalt Karlheinz Knauthe. Wie der »Spiegel« seinerzeit berichtete, hatte Berlins Regierender Bürgermeister den Vorschlag des einflußreichen Investorenlobbyisten Knauthe

wortwörtlich in seiner Senatsvorlage übernommen.[21] Die besagt seither: Wer konkrete Investitionspläne hat, genießt, wenn mehrere Ansprüche um ein Grundstück konkurrieren, immer Vorfahrt, selbst vor Wiedergutmachungsansprüchen. Da der Job des »cleveren Anwalts« (Spiegel) u. a. darin besteht, Investoren und zahlungskräftige Interessenten, gegebenenfalls auch Alteigentümerinteressen zu bündeln, kommt vor allem immer jener zum Zug, der sich von Anwalt Knauthe beraten, noch besser gleich vertreten läßt.[22]

Hermann Böhm, Jahrgang 1910 und Sohn des in Theresienstadt umgekommenen Alteigentümers Max Böhm, macht das nicht. Er hat andere Pläne. Das Angebot einer »angemessenen Entschädigung« (Rechtsanwalt Knauthe) des texanischen Investors, der dort ein Fünf-Sterne-Luxushotel errichten will, lehnt Böhm ab – er fühlt sich »über den Tisch gezogen«. Trotzdem: »Klammheimlich« (Berliner Morgenpost) und ohne den dafür zuständigen Vermögensausschuß des Berliner Abgeordnetenhauses zu informieren, verkauft der Berliner Senat das gesamte Areal an den Baumagnaten. Mit einer Klage vor dem Verwaltungsgericht blitzt Hermann Böhm ab. Bis eine Verfassungsbeschwerde »durch« ist, sind durch Baubeginn längst Fakten geschaffen: Eine Rückübertragung wird unmöglich. Familie Böhm, soweit sie noch am Leben ist: zum dritten Mal enteignet.

Der sogenannte Investitionsvorrang wird mit der Notwendigkeit eines raschen Wiederaufbaus begründet. Im obigen Beispiel läuft das fehl: Hermann Böhm hatte ebenso ein Investitionskonzept. Allerdings stieß es bei den Behörden auf geringere Gegenliebe. Anders gesagt, es genoß weniger »politische« Priorität.

Das Prinzip der Restitution zu durchbrechen, bedeutet automatisch ein weiteres Mal Enteignung und/oder finanzielle Ungleichbehandlung:

- Wer ein zu Zeiten der DDR überbautes oder zu öffentlichen Zwecken genutztes Grundstück reklamiert, bekommt sein

[21] Der drückt alles durch, in: Der Spiegel, 32/1991, S. 26ff.

[22] Aktivitäten ganz anderer Art, mit denen der Anwalt ebenfalls reüssiert, sind beschrieben bei J. Ludwig: Wirtschaftskriminalität – Schleichwege zum großen Geld, Frankfurt 1992. In diesem Buch, das ›legale‹ Betrugstechniken rekonstruiert, taucht der Name des Rechtsanwalts in mehreren Kapiteln auf.

früheres Eigentum nicht zurück, sondern nur eine Entschädigung. Höchstsumme: 300 000 DM.
- Wer beim Investitionsvorrang für ein unbebautes Grundstück unterliegt, erhält zumindest den vom Konkurrenten bezahlten Kaufpreis für die Immobilie. An allen weiteren Wertsteigerungen und Verwertungserlösen nimmt der Alteigentümer nicht mehr teil.

Wem es also als Erbe nicht gelingt, sich selbst zum Investor aufzuschwingen, gehört zu den Verlierern. Um Einwände gegen ein Konkurrenzvorhaben vorzutragen, hat der Alteigentümer ganze zwei Wochen Zeit. Um eigene, alternative Pläne »entscheidungsreif« vorzulegen, die dann »besser« sein müssen, gestattet ihm das Gesetz vier Wochen. Hermann Böhm nutzten die (kurzen) Ausschlußfristen nichts: Wegen »unkooperativen Verhaltens« der Berliner Senatsbehörden und ihrer Weigerung, ihm »rechtzeitig« Einblick in die Planungsunterlagen des Baumagnaten zu gewähren.

Bedeutet: Der rechtliche Rahmen der wirtschaftlich ungleich geregelten Interessenberücksichtigung läßt die Wiedergutmachung zum Roulettspiel zwischen Behördenentscheidungen, Lobbyistenaktivitäten und Interessenskoalitionen hinter der (politischen) Bühne werden.

Beispiel Schuhhaus Tack:

»Tack« ist nur ein Beispiel für das nicht kalkulierbare Restitutionsroulett. Ort des Geschehens ist das Städtchen Burg bei Magdeburg. Restitutionsobjekt: Die Schuhfabrik. Undurchsichtiger Entscheidungsträger: die Treuhand.

1933 firmiert die Fabrik unter dem noch heute gängigen Markennamen »Tack«. Sie ist das Herzstück des gleichnamigen Schuhkonzerns, der mit 140 Verkaufsfilialen in ganz Deutschland zu den Großen zählt: Die eigene Fabrik im Konzernverbund erspart die Großhandelsstufe. Doch trotz dieses Preisvorteils: Dem Unternehmen geht es nicht besonders gut – die vielen Arbeitslosen kaufen immer seltener Schuhe.

Die landesweite Boykottaktion, die Gründung einer nationalsozialistischen Betriebszelle am Firmensitz in Berlin, die Verhaftung seines Freundes durch die Gestapo, des früheren Polizeivizepräsidenten von Berlin, den die Goebbels-Presse als »Isidor« Weiß schmähte, all das zermürbt die Nerven des Firmenchefs und Mehrheitsaktionärs Hermann Krojanker. Er selbst wird, wie alle jüdischen Richter, als ehrenamtlicher Handelsrichter aus dem Amt gejagt. Krojanker gibt auf und verkauft: an seinen Lederlieferanten, die Firma Freudenberg in Weinheim. Den Verkaufspreis läßt er sich, sicherheitshalber, in Paris auszahlen. Kurz darauf fährt er nach Berlin zurück und tauscht das Geld in Reichsmark um. Warum, weiß niemand mehr. Wenig später nimmt er sich das Leben – aus Gram um den Verlust seiner väterlichen Firma.[23]

Mit der Wiedervereinigung erhebt die Firma Freudenberg ihre Ansprüche auf die Burger Schuhfabrik »VEB Roter Stern«, die zuletzt 2700 Beschäftigten Lohn und Brot bot. Der letzte Betriebsleiter Bruno Gellert, dessen Wandlung vom Plankommunisten zum marktwirtschaftlich gewendeten Geschäftsführer von allen Medien euphorisch begleitet wird, hat andere Pläne: Er will den Betrieb mit einem neuen Produkt- und Marketingkonzept weiterführen. Die Krojankerschen Erben in den USA, die ebenfalls ihren Anspruch geltend machen, sind einverstanden und bieten Gellert Rat, Tat und auch Startgeld an.

Die Treuhandanstalt spricht die Fabrik dem Freudenbergschen Unternehmen zu: Im Nachkriegsvergleich seien auch die Vermögensteile im Osten abgegolten worden. Die Firma selbst, Hersteller u. a. der »Vileda«-Produkte, hat keine Verwendung für die Produktionskapazitäten: Freudenberg will die Fabrik, die u. a. »Exportware« für Salamander produzierte, schließen. Die Treuhand akzeptiert diesen Privatisierungswunsch. Offizielle Begründung nach außen: wegen »Sanierungsunwürdigkeit«.

Geschäftsführer Gellert ist inzwischen gefeuert. Sein »Vorgesetzter« zu DDR- und Nach-DDR-Zeiten, der ehemalige stellvertretende Minister für Leichtindustrie, zuständig für die Bereiche »Textil, Bekleidung, Leder«, und nachfolgender Treuhand-Direktor in Berlin, wurde inzwischen als sogenannte Altlast in die Pension »entsorgt«. Der ehemalige Magdeburger Treuhand-

[23] Ausführlich rekonstruiert bei J. Ludwig, Boykott, 4. Kapitel (Anm. 1).

Chef, der als erster Vermögenswerte der Burger Schuhfabrik verscherbelt hatte, wird steckbrieflich gesucht.[24]
In Burg sind nun 2700 Arbeitsplätze verloren, das Konzept, die Fabrikation weiterzuführen, gestorben. Wie letztendlich alles ausgehen wird, ist ungewiß: 1992 kämpften die Erben immer noch um ihre Rechte, einen lebensfähigen Betrieb am Leben zu erhalten.

Der Fall Jakob Michael: Wiedergutmachung oder Spekulation?

Über 120 Grundstücke, davon 70 in Berlin-Mitte, mehrere in der Friedrichstraße – das ist die Anspruchsliste der Michaelschen Erben in den USA: ein potentieller Wert von mehreren Milliarden DM. 30 Mio. in bar erhielten die Erben vorab und zur Sicherheit treten sie gleich als »Investoren« auf. Ihr Rechtsvertreter: Der Berliner Anwalt Knauthe.[25]
»Als Machtfaktor ersten Ranges« bezeichnet ihn 1925 der Schriftsteller Ernst Neckarsulmer in seinem Buch »Der alte und der neue Reichtum«. Michael gilt als der reichste Mann Deutschlands, weil er zu Zeiten der Hyper-Inflation auf die Deflation spekuliert: Er ist der einzige, der über stabile Goldmarkbestände verfügt – er gründet seine erste Bank. »Jakob Michael ist ein Aktienhändler, aber kein Wirtschaftsführer. Im In- und Ausland ist er wegen seiner Geschäfte mit Aktienpaketen bekannt und verhaßt«, so die Zeitschrift »Der Einzelhandel« am 15. August 1929. Inzwischen spekuliert Michael mit allem, egal ob Rohstoffe oder Chemikalien, Hypothekenbanken, Versicherungsgesellschaften – als »Finanzspekulanten« tituliert ihn 1932 der Publizist Stefan Großmann.
1925 flieht Michael zum ersten Mal: Einer Vorladung der Staatsanwaltschaft zieht er den sicheren Standort Paris vor, wo Michael ebenfalls Firmen unterhält – die Justiz ist einer Betrugsaffäre auf der Spur. Michael hat damit nur ganz am Rande zu tun. Kaum ist die Luft wieder rein, taucht der »reichste Mann«

[24] Vgl.: Der Tagesspiegel, 14.12.1992.
[25] Vgl. die Serie »Das Milliardending« von Peter Schubert in: Berliner Morgenpost, 26. bis 30.10.1992.

wieder in der Heimat auf: Diesesmal kauft er die sogenannten Beamtenkaufhäuser auf, u. a. die Firma Emil Köster AG. Deren wichtigste Adresse in Berlin: die Rosentaler Straße 40–42, bekannt auch unter der Bezeichnung »Hackesche Höfe«.
Michaels Konzernzentrale sitzt in Berlin. Finanziell gemanagt wird die Köster AG, wie andere Firmen inzwischen auch, aus Amsterdam: Holland gilt als »Steueroase«.[26]
Ende 1931 verschwindet Michael erneut aus Deutschland, diesesmal für immer. Fluchtpunkt: Den Haag, wohin auch sein Schwiegervater enteilt. Die genauen Gründe und Motive sind nicht bekannt. Fest steht nur, daß zeitgleich per 4. Notverordnung des Kabinetts Brüning vom 8. Dezember 1931, eine »Reichsfluchtsteuer gegen die Kapital- und Steuerflucht« eingeführt wird. Ebenso Tatsachen: Michaels Immobilien finden keine Mieter mehr und stehen leer – über das Haus Friedrichstraße 204 wurde bereits im Oktober 1931 die Zwangsverwaltung verfügt; seine Köster-Aktien sind an die Kaufhauskette Leonhard Tietz AG in Köln (nach Arisierung: Kaufhof AG) verpfändet, mit der ihn eine Einkaufsgemeinschaft verbindet – Köster hat nur (noch) geringe Eigensubstanz, weil die Gewinne in Holland anfallen; seine »Industrie- und Privatbank AG« meldet Konkurs an ebenso wie seine Immobilienholding »Terra«.
Michael lenkt seine Geschäfte erst aus Holland, später aus den USA und über einen »Strohmann« auch die Emil Köster AG, die wieder gesundet und im »Tausendjährigen Reich« 21 Kaufhäuser unter dem Namen Defaka (Deutsches Familienkaufhaus) betreibt. Alle anderen Firmen läßt Michael »pleite gehen«. Nach dem Krieg, 1954, verkauft Jakob Michael seine Köster-Aktien an Helmut Horten, der den Grundstein für seinen Warenhauskonzern 1936 mit zwei »Arisierungen« in Duisburg und in Wattenscheid gelegt hatte.[27] Für Michael ist das kein Problem und das Thema »Deutschland« für ihn damit auch erledigt – Entschädigungsansprüche für seine 1931 und später verlustig gegangenen

[26] So der Syndikus der Hamburger »Detaillistenkammer«, Carl Asbeck, in seinem Buch: Die Beamtenkaufhäuser, S. 25, Hamburg 1930. Dort heißt es z. B. über die Köster AG, »daß die holländischen Finanzierungsinstitute (Michael-Firmen, Anm. d. A.) ihr zwecks Niedrighaltung der Steuern (in Deutschland, Anm. d. A.) künstlich hohe Zinsen und Provisionen in Rechnung stellen.«
[27] Ausführlich rekonstruiert in J. Ludwig, Boykott; 5. Kapitel (Anm. 1).

Immobilien im Osten hat er nie gestellt. Das machen 1991 – Michael ist bereits verstorben – seine Kinder und deren Anwalt Knauthe: Es winken Milliarden, und selbst wenn sich nur ein kleiner Teil der Ansprüche wegen »Verfolgung« realisieren läßt, springen dabei immer noch neunstellige Werte heraus, die jedwedes Engagement lohnenswert machen. Mit auf der Anspruchsliste: die Rathausstraße 11–14 a/Ecke Spandauer Straße 16, gegenüber vom »Roten Rathaus«. Es ist die Adresse des früheren Kaufhauses »N. Israel«, das 1939 enteignet wurde. »Ariseur«: die Emil Köster AG des »Juden« Jakob Michael.

In einem Wirtschafts- und Gesellschaftssystem, in dem Besitz, Vermögen und Geld zu den wichtigsten Kategorien des »gesellschaftlichen« Lebens zählen, entspricht der Verteilungspoker um eben diese »Werte« nur der ökonomischen Logik. Steht ein ganzes Land zur Disposition, entrücken solche Mechanismen schnell in ungeahnte Dimensionen. Bei der Reprivatisierung 1990, konkret der Wiedergutmachung, ist das nicht anders. Alle mischen mit – Arisierte, Ariseure und der Staat: Jeder hat viel zu verlieren, aber auch zu gewinnen. Daß dabei der ursprüngliche Anlaß dieser neuerlichen Umverteilung völlig aus dem Blickfeld gerät, ist eine nicht minder logische Konsequenz – in einem sogenannten Wohlstandsland kommt es nicht auf die Herkunft von Geld und Vermögenswerten an als vielmehr auf deren Besitz.

Soweit Besitztümer den wenigen rechtmäßigen Erben zurückgegeben werden (können), die schon vor 1933 Vermögenswerte besaßen, ist das politisch in Ordnung und eine befriedigende Lösung. Sie ändert nichts an dem Umstand, daß viele leer ausgehen werden und noch mehr Menschen gar nicht mehr existieren, denen man eine »Wiedergutmachung« zugute kommen lassen könnte. Oft erinnert nicht einmal ein Überbleibsel an die Opfer und den Holocaust, dem die Bessersituierten – dank ihres Vermögensstatus' – in der Regel rechtzeitig entkommen konnten. Für jene, die wenig oder nichts besaßen, galt schon damals die uralte Menschheitsregel: Das Leben eines Menschen ist immer nur soviel wert, wie das, was er besitzt.

Auch die große Umverteilungsära der 90er Jahre, die unter

»Reprivatisierung« und »Restitution« läuft, hält sich – trotz aller Perversionen – streng an diese Regel. »Doppelte Moral«?

Der »antifaschistische« Staat DDR gab jüdisches Eigentum genausowenig zurück wie anderes auch – Demokratisierung wurde mit Sozialismus gleichgesetzt. Insoweit war die zweite Enteignung nur konsequent. Die »doppelte Moral« wird von einer anderen Ebene aus definiert: von dem uneingelösten Anspruch, daß der Mensch im Mittelpunkt des Systems stehe.

Und in der BRD? Wie es sich für das »leistungsfähigere« System gehört, wurde restituiert. Entschädigt wurde nur zum Teil, und dann vor allem »Deutsche«, egal ob »Arisierte« oder »Ariseure«. Kriterium: der ehemalige Vermögensstatus. Für einen Staat, der sich auf Eigentumsrechten konstituiert, ebenfalls nur konsequent. Allerdings: Das »menschenwürdigere« System für sich zu reklamieren, bei der »Wiedergutmachung« aber nicht den Menschen, sprich menschliches Leid, etwa auch das von »Ausländern«, zum Mittelpunkt zu machen, ist nicht minder »doppelte« Moral.

ROLF HOCHHUTH

»Wer so etwas tut wie Rohwedder ...«

Die Treuhand-Kritik des Dramatikers

Ein Gespräch mit dem »manager magazin«

Herr Hochhuth, Sie konstatieren in Ihrem Stück »Wessis in Weimar« die Ausplünderung der DDR-Deutschen durch die Treuhand und beschreiben die Behörde als kriminelle Vereinigung. Dies bereitet den Weg für den zweiten Anschlag auf Detlev Rohwedder. Eine Schlüsselszene Ihres Stücks liefert die Legitimation dafür nach, warum es zumindest verständlich, wenn nicht sogar berechtigt war, diesen Menschen zu liquidieren.

Berechtigt war das überhaupt nicht – berechtigt kann ein Meuchelmord gar nicht sein. Aber verständlich: Jetzt müssen wir ganz vorsichtig sein. Ich habe nicht die Legitimation dafür nachgereicht, sondern ich habe Rohwedders Besucherin mit Argumenten ausgestattet, die ihm die Ermordung als zwangsläufig ankündigt. Ich legitimiere nicht seine Ermordung, ich versuche nur zu erklären, warum es Menschen gibt, die auf ihn geschossen haben.

In unseren Augen legitimieren Sie den Mord. Sie zitieren in diesem Zusammenhang zur moralischen Absicherung den Schweizer Historiker Jacob Burckhardt: »Man wird Richter in eigener Sache bei Abwesenheit aller legalen Rechtsmittel.«

Ja, das ist eine Chance, die viele Völker jahrzehntelang vergessen. Der ganze Ostblock zum Beispiel. In vier Jahrzehnten ist kein einziger Häuptling des Ostblocks ermordet worden. Das ist auch – in gewissem Sinn – eine Rehabilitierung der Nazi-Deutschen, die immerhin in nur fünf Jahren zweimal Männer hervorbrachten, Elser und Stauffenberg, die zu Füßen Hitlers Bomben zündeten, die ein halbes Dutzend Mitbanditen umbrachten, während 70 Jahre lang kein Russe, 40 Jahre lang kein Ostblockler einen durch Attentat aus der Welt geschafft hat: schmachvoll.

Ich habe Jacob Burckhardt zitiert, weil es eben keine abstruse Idee von mir ist, ein solcher Gewaltakt sei zu erwarten gewesen. Kein Ossi hat irgendein legales Rechtsmittel, die Ausplünderung seiner Heimat durch uns Wessis bekämpfen zu können. Daher bleibt ein Meuchelmord zwar ethisch unhaltbar, aber er mußte vorausgesehen werden von jedem, der Geschichte kennt. Wer so etwas wie Rohwedder tut, der mußte wissen, was auf ihn zukommen könnte.

Soweit Sie sich auf das reale Attentat beziehen, verwischen Sie die Tatsachen. »Richter in eigener Sache« könnten nur Ostdeutsche gewesen sein, während sich im Fall Rohwedder eindeutig die RAF zu dem Mord bekannt hat.

Wenn Sie hören, daß die Terroristen der Bundesrepublik weitestgehend von der DDR ausgebildet oder versteckt worden sind, dann gibt es ja für die eine Grenze zwischen West und Ost nicht.

Aber diese Terroristen haben nicht als enttäuschte Ossis, sondern als RAF-Mitglieder aus dem Westen geschossen.

Ich habe das bewußt offengelassen. Ich finde, daß hier vom Stückeschreiber ein bißchen viel verlangt wird: Wie soll ich, wie wollen Sie wissen, wer der Mörder war?

Man verlangt das gerade von Ihnen, und zwar aus Gründen der historischen Wahrhaftigkeit. In unseren Augen sind Sie mit diesem Stück ein Brandstifter, der wider besseres Wissen aus einer nicht ausrecherchierten Situation ein Theaterstück gebaut hat, mit dem er sensationell in den Vordergrund treten kann – unter Ausnutzung vorhandener Emotionen.

Ein Stück soll schon Brandstiftung sein, im Sinne der so wegweisenden wie schrecklichen Maxime Lessings: »Heute ein Dichter – morgen ein Königsmörder«. Ich wehre mich aber entschieden gegen Ihre Bemerkung »wider besseres Wissen«. Wir wissen es alle nicht, wie Rohwedder zu Tode kam. Vielleicht waren es einfach westliche Killer, die gar keine Beziehung zur DDR hatten. Aber Sie werden zugeben, meine Version ist die dramatisch radikalste, daher auch künstlerisch bestgeeignete Exposition, um einen Zustand zu veranschaulichen, der bestimmt vielen Ossis als Gewaltakt erscheinen muß. Was man gegenüber den Bürgern der DDR in Anwendung bringt, ist eine ungeheuerliche wirtschaftliche Gewalt.

Ihr Vorgehen hat aber doch Methode. Sie plazieren, soweit wir das Material kennen, in jedem Akt eine »verständliche« Gewalttat.
Sie kennen nur drei Szenen von zwölf. Gewalt, zugegeben, ist auch, was einen Ossi, wie ich zeige, zum Selbstmord treibt, aus Verzweiflung über unseren Wirtschaftsdarwinismus.
Ihr Stück ist ohne Frage auch ein Aufruf zur Gewalt.
Das ist nicht nur legitim, sondern nötig: Bereits 1972 hat die hessische CDU mich anläßlich meiner Komödie »Die Hebamme« wegen »Volksverhetzung« angezeigt. Der Baseler Gerichtspräsident hat diese Anzeige wegen Lächerlichkeit in den Papierkorb geworfen. Sollte nach Ihrer Meinung – nach meiner nicht – mein neues Stück Gewaltanwendung predigen, so ist es doch geschrieben in der vollen Einsicht, daß die nicht kommt, auch gar nicht möglich wäre. Sie wäre auch ziemlich sinnlos.
Das steht aber nicht im Stück. Sie schildern einerseits, wie es die DDR-Bevölkerung nach zwei Diktaturen nicht geschafft hat, sich zu wehren. Gleichzeitig vermitteln Sie aber den Zuschauern die Botschaft: Erhebt euch, steckt die Häuser an, wehrt euch, und selbst politischer Mord ist vielleicht nicht das Beste, aber er ist doch begründbar. In der ehemaligen DDR werden Sie ein Publikum dafür finden.
Nein, nein. Ich muß eindeutig darauf hinweisen, meine Hildegard propagiert nicht den politischen Mord. Sie sagt, und in der Realität gebe ich ihr recht: Wer so etwas tut wie Rohwedder, gegen eine wehrlose Bevölkerung, die im Einigungsverfahren niemals zu dieser Frage gehört worden ist, soll sich nicht wundern, wenn er erschossen wird.
Die frei gewählten Volksvertreter der Noch-DDR haben den Einigungsvertrag ausgehandelt.
Die repräsentierten doch nicht den Willen des Volkes …
… immerhin verstehen wir so die Demokratie.
Natürlich brauchten wir in so einem Fall die im Grundgesetz nicht vorgesehene Volksabstimmung. Wo es die nicht gibt, da kommt es notwendigerweise zu den bei uns üblichen Abstimmungen gegen das Volk.
Ihr Stück fußt auf der absurden These, daß die Treuhand einen wertvollen Schatz verwaltet, den sie ungerechterweise westlichen Unternehmern in den Rachen wirft und damit die Ostdeutschen

nach 40 Jahren Sozialismus noch einmal expropriiert. Die ökonomische Realität sieht ganz anders aus. Nach Ihrer Vorstellung müßte diese Treuhand ja ein wunderbares Geschäft sein. De facto wird sie uns einige hundert Milliarden Mark kosten. Weswegen wir im Moment – Sie auch – einen 7,5prozentigen Aufschlag auf unsere Steuern zahlen und unsere Staatsverschuldung drastisch wächst.

Sie sind sicher vorzüglich informiert. Aber dazu wenigstens eine Frage: Ist denn nicht deshalb unterm Strich, nach westlicher Auffassung, so wenig übriggeblieben, weil man zum Beispiel durch die andere, durch unsere Währung, vielleicht auch durch die übereilte Zerschlagung von Betrieben, die noch gearbeitet und exportiert haben, dieses Land exportunfähig gemacht hat? Ist es denn etwa nicht wahr, daß es das siebt- oder neuntgrößte Exportland der ganzen Welt gewesen ist?

Ja, in einem geschlossenen System mit ganz eigenen Spielregeln. Jeder der RGW-Staaten hatte bestimmte Dinge zu produzieren und damit den ganzen Verbund zu beliefern. Mit normalem Export hatte das wenig zu tun. Wenn Sie in Ihrem Prolog unterstellen, daß die schnelle DM-Einführung vom Westen gesteuert, gewollt und forciert wurde, verdrehen Sie die Geschichte. Es waren DDR-Bürger, die mit Transparenten die D-Mark forderten.

Warum hat die Bundesregierung es dann getan? Oder sah sie – das ist meine Überzeugung – die Folgen nicht?

Weil es nicht mehr aufzuschieben war. Weil die Leute aus der DDR zu Hunderttausenden einfach 100 Kilometer weiter nach Westen gefahren wären, wo die Westmark zu verdienen war. In Leipzig haben die Demonstranten doch gedroht: »Kommt die D-Mark, bleiben wir. Kommt sie nicht, geh'n wir zu ihr.«

Nun habe ich aber nicht zuletzt in meinem Gespräch mit der Treuhand gemerkt, daß gar keine andere Möglichkeit erwogen worden ist. Tatsache ist, diesen Einheimischen geschieht eklatant Unrecht.

Schon Ihre Grundthese ist falsch, daß der Westen schuld sei an der Verelendung von Menschen in den neuen Bundesländern. Das ist durch keinen Fakt zu belegen.

Ich spreche nicht von der Verelendung, sondern von der zweiten und diesmal endgültigen Enteignung der dort Wohnenden.

Es gibt nichts mehr zu enteignen, im Sozialismus hat dem einzelnen so gut wie nichts gehört.
Nun, es gibt Häuser und Boden. Und da der Kommunismus die den Einheimischen gestohlen hat, mußte der Westen sie den Einheimischen zurückgeben. Die Ossi-Funktionäre waren die Diebe – die Wessi-Funktionäre sind die Hehler: Das gab es nie in der Weltgeschichte, daß die aus rein geographischen Gründen aus dem Hitlerkrieg gut weggekommenen Reichen die wiederum nur aus geographischen Gründen unter russischer Besatzung schlecht Weggekommenen derart ausplündern: das eigene Volk!
Häuser und Grundstücke werden doch den früheren Eignern zurückgegeben.
Nur die, die nicht bis Ende 1949 enteignet wurden.
Also die allermeisten, und die anderen haben wir Westler uns ja keinesfalls zugeschanzt...
Die Sanktionierung aller Diebstähle vor 1950 ist geradezu gangsterhaft. Selbst Dieter Hildebrandt würde den Hohn nicht so auf die Spitze treiben, die BRD als Rechtsstaat zu bezeichnen.
Die Rückgabebeschränkung war der Preis für die Einheit, von den Sowjets für ihre Zustimmung erpreßt. Aber noch einmal: Es gab nichts mehr zu enteignen.
Nichts? Verzeihung, ich finde dieses Gespräch ziemlich albern. Wollen Sie den Wert des DDR-Vermögens mit Null ansetzen und – ein Beispiel – allein karitative Beweggründe unterstellen, wenn die Klingbeil-Gruppe für 2,8 Milliarden Mark 28 von 31 Interhotels gekauft hat? Und 50 Prozent dieser Investition abschreiben darf?
Der Wert des DDR-Vermögens ist in der Tat negativ. Und was Klingbeil angeht: Es bleibt ein hoher Einstandspreis. Auch Ostmanager und Belegschaften übernehmen übrigens Unternehmen, und gar nicht einmal so wenige.
Wollen Sie leugnen, daß kein einziger Ossi auch nur einen Quadratmeter Innenstadt-Geschäftslage erwerben kann? Und das in einem Land, in dem er geboren und 40 Jahre wie seine Eltern von Kommunisten brutal ausgebeutet wurde? Das finden Sie erträglich? Es ist ein Verbrechen, das notwendigerweise Verbrechen provoziert.
Noch einmal: Im Osten gibt es nichts zu expropriieren. Sie können sich nicht dahinter verschanzen, daß Sie kein Volkswirt

sind. Ihre Argumentation zielt nun mal auf die Abwicklungsinstitution. Wenn Sie die Treuhand im Kern falsch beurteilen, sinkt doch alles in sich zusammen.
Ich antworte in Bildern und dramatischen Szenen, daß auch der Weg hätte versucht werden müssen, den jetzt Havel für die ČSFR angeordnet hat, indem er Volksaktien ausgibt...
...deren Erfolg fraglich ist...
...ein Weg, den auch Thierse von der SPD gehen wollte. Wenn schon 8,5 Millionen Tschechen und Slowaken Volksaktien erworben haben, wie sie einst bei uns der CDU-Minister Schmükker gegen den Willen der eigentumsfeindlichen SPD und Gewerkschaften vom Volkswagenwerk ausgab, dann kann das ja nicht so unmöglich sein.
Der Dichter in den Niederungen der Vermögensbildung?
Vermögensbildung ist keine Niederung, sondern die einzige Voraussetzung für Freiheit.
Wie kommmt es, daß nur Sie Stoffe aufgreifen und dramatisieren, die andere links liegenlassen?
Das liegt an einem höheren Interesse an der Realität. Und an meiner – mich täglich beschämenden – Ohnmacht als Zeitungsleser oder Fernsehzuschauer. Zu totaler Passivität verurteilt zu sein, das ist so eine Art von verletztem Stolz oder verletzter Eitelkeit, weil man vielleicht gern mitreden würde. Man merkt aber, man würde gar nicht gehört. Also versucht man, sich als Mitbürger, der keine Stimme in der Polis hat – bis auf den Wahlzettel, was doch trostlos wenig ist –, mit einem Drama Gehör zu schaffen.
So großes Leid, weil auch ein Herr Hochhuth die verdrehte Welt nicht zurechtrücken kann?
Die Welt zurechtrücken, so vermessen will ich nicht sein.
Jedenfalls legen Sie es in Ihren Stücken ja immer wieder auf eine Provokation an.
Ich lege es nicht darauf an, provozierend sind die Realitäten, die ich in meinen Stücken aufgreife. Pólemos heißt Krieg. Und die Form des Polemikers ist deshalb das Drama, weil er – wie ich – unfähig ist, einen Roman zu schreiben. Am Anfang steht immer ein Ärgernis, ein Empörtsein. Und dann setzt ein Prozeß ein, der den Autor selbst dauernd überrascht. Ich halte es da ohne jede Anmaßung mit meinem unerreichbaren Lehrherrn Thomas

Mann, der sagte: Besser, ein Kunstwerk unbrauchbar machen und weltunmöglich, als nicht an jedem Punkte bis zum Äußersten gehen.

Kommt Empörung in unserer Gesellschaft zu kurz?

In der literarischen Welt sicherlich. Was für einen trostlosen Anblick bietet unsere so völlig ungefährliche, weil ungefährdete bundesdeutsche Geistigkeit, die so polemiklos ist. Es fehlen einfach die großen Kontroversen.

Der Polemiker Hochhuth ist politisch schwer einzuordnen: Für die alten Linken sind Sie ein liberaler Scheißer, für die alten und neuen Rechten sind Sie ein linker Wühler. Wie sehen Sie sich selbst?

Ich bin ein liberaler Scheißer. Und war das immer. Eigentlich war ich sogar, obwohl man das heute wegen der falschen Anklänge an die Vergangenheit nicht mehr sagen darf, ein mehr oder weniger verkrachter Deutschnationaler, und zwar aus dem Protest des 14jährigen heraus – am 1. April 1945 wurde ich 14.

Und was hat Sie dann national geprägt?

Die Teilung Deutschlands habe ich als Zonenrandler sehr bewußt erlebt. Gefühlsmäßig war das für mich furchtbar.

Sie sind wie kaum ein anderer Autor angegriffen worden: von Erhards »Pinscher« bis zu Strauß' »Ratten und Schmeißfliegen«. Wie gehen Sie damit um?

Man wird härter im Nehmen, aber leider auch milder im Austeilen.

Herr Hochhuth, angesichts Ihres neuen Stücks stellt sich die alte Frage: Was kann, was soll Ihre Literatur bewirken? Bei Ihnen lugt Schillers Theater als moralische Anstalt durch, also: Belehrung, womöglich Läuterung der Öffentlichkeit, und danach wird alles besser.

Ich habe mich immer sehr gegen dieses Etikett gewehrt, denn Moralisieren ist das Peinlichste, was der Mensch machen kann. Letztendlich ist es sehr wenig, was Literatur wirklich im öffentlichen Leben positiv oder negativ anrichten kann.

Was wünschten Sie sich?

Zum Beispiel, daß »Wessis in Weimar« dazu beiträgt, die Frage der Vermögensbildung bei den Ostdeutschen, die im Gegensatz zu uns allein den Rußlandfeldzug abbezahlt haben, neu zu erörtern. Es geht doch wirklich nicht, daß den dort Geborenen und dort Arbeitenden an Produktionsmitteln und wertvollem Boden nichts bleibt als das Grab. Darüber habe ich einmal das Gedicht »*Sein* Grundbesitz« gemacht. Hier ist es, drucken Sie es ab, auch wenn es Ihren Abonnenten nicht gefällt:

So wollten das die Schwarzen stets in Bonn.
Die Roten dulden das dort auch – »Genossen«:
Wer schuftet, dem bleibt nichts davon!
Gleich einem Gottesurteil ward beschlossen.

Arbeit, die Hände und Gesicht beschmutzt,
bringt keinem Eigentum: Haus, Aktien, Boden.
Als Mittel nur im Berg, am Bau vernutzt,
am Fließband auch – wird im Regierungszoten

der Proletarier verhöhnt: Daß ihm Konsum –
Kleid, Essen, Hausrat – »Werte« gab!
Gewiß, auch *er* kriegt Land – posthum:
auf zwanzig Jahre Grundbesitz: Sein Grab.

Als Motto hatte ich diesem Gedicht die Zeile von Kant vorangestellt: »Kein Mensch darf nur als Mittel benutzt werden.« Ein Mensch, der vom 16. bis 64. Jahr Maurer war, selbst aber keinen Bau oder Boden besitzt, ist nur als Mittel benutzt worden – heute nicht anders als vor 3000 Jahren. Das ist eine Schande unserer Gesellschaft. Dagegen muß der Stückeschreiber als »Brandstifter«, wie Sie das nennen, vorgehen.

Wären Sie fähig, Gewalt auszuüben, wenn Sie das Ventil des Schreibens nicht hätten?

Das klingt sehr arrogant, aber es ist die Wahrheit: Ich kann mir mein Leben nicht vorstellen ohne Schreiben.

Trotzdem: Wären Sie fähig zur Gewalt?

Ich habe niemals im Leben eine Pistole auch nur berührt, ich war ja auch kein Soldat – weißer Jahrgang. Aber ich kenne Familien, deren Kindern das ganze Leben versaut wurde, weil sie nicht zur höheren Schule durften. Das ist schon ein Grund, denke ich, einen Funktionär totzuschießen.

Rolf Hochhuth

»Wessis in Weimar«

Die umstrittene Textpassage

Präsident: Wieso »beraube« ich einen Staat, indem ich seine Wirtschaft deshalb auf kapitalistischen Kurs bringe, weil der sozialistische total bankerott gemacht hat?

Hildegard: Nicht den Staat berauben Sie, den gibt's ja gar nicht mehr; und der hatte selber auch nichts, was er nicht seinen Bürgern erst gestohlen hatte. Sie berauben *die*, die Bürger; die werden nun zum zweitenmal beraubt: vor 40 Jahren, bei Kriegsende durch deutsche Kommunisten im Solde des Kremls – jetzt durch Ihre Treuhand, deren Beamte den Einheimischen gnädigst gestatten, eine Vorortkneipe an der Ausfallstraße Rixdorf-Ost zu erwerben – nie aber die Ecke Friedrichstraße/Unter den Linden! Und was den Staatsbankerott betrifft, der angeblich die Treuhand zwingt, das Wertvolle allein den Wessis zu verhökern: dieser Bankerott der DDR war nicht zuletzt das Resultat jener Maßnahmen, die den Untertanen der Kommunisten die Vollbeschäftigung garantiert hat, während Ihr Treuhänder bis Weihnachten jeden vierten Ossi arbeitslos macht! Und an Landfremde sämtliche sogenannte Filetstücke an Boden und Bauten verscheuert, ohne daß Einheimische mitbieten können beim Ausverkauf des Vermögens *ihres* Landes! Ein totales Novum in der gesamten Weltgeschichte, eine Variante des Kolonialismus, wie er nirgendwo gegen Menschen des eigenen Kontinents, geschweige denn des eigenen Volkes je praktiziert wurde! Herr Präsident, Sie unterscheiden sich von jenen Einwanderern, die in Amerika den Rothäuten die Herden und Länder raubten, weil Sie *Ihre* »Indianer« nicht auch noch ermorden ...

Präsident: Auf Kosten ihrer Wirtschaft garantierte die DDR Vollbeschäftigung. Und um sich damit vollends zu ruinieren. Logisch, wenn jede Pförtnerstube dreifach überbesetzt ist.

Hildegard: Vielleicht ist man lieber einer von *drei* Pförtnern als gar kein Pförtner mehr, sondern nur noch Stempler. Daß die Wirtschaft für die Menschen da ist, statt umgekehrt: die Menschen für die Wirtschaft, dieser Gedanke kam Ihnen nie?

Präsident: Wir haben doch nur Tee getrunken, wieso reden Sie wie besoffen von ... »Vollbeschäftigung«? Ja, hätten wir Wessis den Ossis weiterhin ihre Volkspolizisten zur Knebelung des Volkes und ihre abertausend Grenzpolizisten zur Erschießung derer, die reisen wollen, wohin sie mögen, lassen sollen?
Hildegard: Diese Regime-Gangster machten nicht ein Viertel der Erwerbsfähigen aus, die jetzt Ihre Treuhand arbeitslos macht ... man kann sich totlachen, wie korrupt die Wirtschaft da drüben war – so korrupt wie jede, auch unsere. Wirtschaft ist immer das Synonym für Korruption. Wie marode, wie unrentabel, diese Wirtschaft der DDR, wie bankerott, wie überbesetzt an jedem Arbeitstisch, auf jeder Behörde – *lachen* kann man! *Leugnen* aber nicht, daß es keine Arbeitslosen gab, wo jetzt Sie jeden vierten dazu machen ... Erstaunlich: so intelligent Sie sind samt allen Ihren Mitläufern, nie kam Ihnen offenbar die Idee, daß die Maßstäbe unserer westlichen Industriegesellschaft auf die des Ostens nur übertragen werden dürfen, wenn das *Volk im Osten* den Nutzen davon hat – nicht aber *unsre* Wirtschaftshaie! Ich lebe doch lieber vollbeschäftigt in einer miesen – als arbeitslos in einer vorbildlichen Wirtschaft!
Man wird Sie töten, weil *Sie es sind* – wer fragt nach den Gründen, nicht Honecker war es, der diesem Lande die Massenarbeitslosigkeit beschert!
Präsident: Gegen Arbeitslosigkeit helfen allein Investitionen: wie sollten Einheimische die erbringen, womit?
Hildegard: Mit Krediten, die jede Bank ihnen gäbe – raubten nicht Sie den Einheimischen, was allein sie kreditfähig macht: ihren Boden, ihre Bauten ... das gab es nie in der Geschichte: Sie treten als Okkupant auf in der DDR, obgleich doch Deutscher auch Sie sind. Sie enteignen diesen Deutschen *ihren* Boden, gestatten ihnen aber huldvoll, ihn neu zu kaufen – im Wettbewerb mit ausländischen Haifischen und deutschen, die deshalb – allein schon deshalb – das Tausendfache bieten können, weil die nicht erstens den Rußlandfeldzug abzahlen mußten. Und zweitens obendrein den Marshallplan bekamen! Sie führen, Herr Rohwedder, damit einen Raubkrieg gegen total Wehrlose, der Ihnen das Leben kosten wird.

Antworten kann er nicht mehr, denn ein Schuß in den Hinterkopf hat den Mann, der vor ihr stand, auf den Teppich geworfen, ohne daß ihm auch nur ein Schrei noch von den Lippen gekommen wäre – der Schrei, ein langer Aufschrei, der in Weinen und Wimmern übergeht, kommt von ihr.

Vorhang.

ELMAR FABER

Die Vergangenheit verträgt am wenigsten, was aus ihr geworden ist

Kultur unter dem Hammer der Marktwirtschaft

Ich erinnere mich noch genau: Als ich Anfang 1991 in Berlin den Aufbau Taschenbuch Verlag gründete, löste dieser Schritt vielstimmige Kommentare aus. Vom liebevollen Zuspruch bis zur Häme und Verteufelung hat es an nichts gefehlt, was diesen Entschluß begleitete. Die Stimmungsbilder kamen aus den Vertriebsetagen vornehmlich der altrepublikanischen Verlage, aus dem Buchhandel in Ost und West und aus den Feuilletonstuben der großen Zeitungen, und sie beschworen die beklemmende Situation des Markts, den Überfluß an Büchern, kurz: den Tatbestand, daß die Welt aufgeteilt sei und ein neues Taschenbuchunternehmen keinen Platz mehr habe.

Dieser mephistophelische Brauch, einem den Schatten schon wegzunehmen, bevor man ihn geworfen hatte, wurde zwar dadurch ein wenig geläutert, daß ein kenntnisreicher und literaturbesessener Leserkreis frühzeitig auch ermutigenden Zuspruch lieferte, den Mangel an Bereitschaft, den neuen Konkurrenten zu ästimieren, konnte es aber nicht tilgen.

Tatsächlich war eins der Motive für die Gründung des Aufbau Taschenbuch Verlags, in einer notwendig krisenhaften Situation, die die ostdeutsche Verlagsregion damals beherrschte, etwas in Aussicht zu stellen. Die Gründung des Aufbau Taschenbuch Verlags war ein Gegenbild zum Augenblick. Nicht Kahlschlag oder Niedergang einer traditionsreichen Verlagslandschaft durfte zugelassen werden, sondern Positionierung und Transport hiesiger Verlagserfahrung – als belebendes Element – ins gesamtdeutsche Buchgeschäft mußte erfolgen. Ich bin mir ziemlich sicher, daß diese Philosophie eine Vielzahl von Verlagsgründern beherrscht hat, die seit 1990 in den neuen Bundesländern ihre Zelte aufgeschlagen haben. Immerhin sind zu den eingesessenen

Verlagen seither – so man der Statistik vertrauen darf – etwa 150 Neugründungen hinzugekommen.
Vom Hellerau Verlag in Dresden bis zur Anhaltischen Verlagsgesellschaft in Dessau, vom Strombus Naturverlag in Kamenz bis zu Konrad Reich in Rostock sind nun fast alle Winkel der ostdeutschen Länder mit kleinen Verlagshäusern besetzt. Das thematische Angebot – so umfangmäßig begrenzt es auch sein muß – läßt an Buntheit nichts zu wünschen übrig. Jeder Kleinverleger schleppt an neuen Drucken und Büchern das heran, was er als das große Defizit auf dem überfüllten Buchmarkt ausmacht, und es sind genug originäre und originelle Schöpfungen darunter. Vornehmlich die Regionalliteratur feiert fröhliche Urständ, aber auch das bibliophile Büchermachen bekommt laufend Nachschlag, und man staunt und freut sich darüber, welch vergessene und zerstreute Traditionen für die Programmkonzepte reklamiert werden. Ob es die Besinnung auf die barocken Gelehrtengesellschaften oder auf Jacob Hegners Dresdner Zeit betrifft, vielerorts wird – mitten in einer immer noch turbulenten Umbruchzeit – eine erstaunliche Korrespondenz zu den geistigen Grundlagen des Verlegergeschäfts offenbar. Ich neige dazu, dies als symptomatischen Charakterzug der jungen ostdeutschen Verlagsszene zu empfinden. Der Begriff »Ware« für das Buch steht erst an zweiter Stelle, und der hat noch nicht den herabwürdigenden und alles nivellierenden Duktus, den ihm die Konsumgesellschaft aufgedrückt hat. Leider läuft das – der Verleger als Individualist – der gegenwärtigen Neigung des Buchmarkts entgegen, und so verdoppelt sich für die jungen Unternehmen zeitweise die Gefahr, sich nicht etablieren zu können. Die Ausgangsbasis für die Neugründungen ist ohnehin nicht ermunternd. Schwacher wirtschaftlicher Untergrund, ein destabiler ostdeutscher und osteuropäischer Büchermarkt und mangelnde Präsenz im westdeutschen Buchhandel sind erschwerende Begleitumstände für einen Neubeginn.
Doppelte und dreifache Erschwernis stellt es dar, daß diese Umstände von anhaltender, mindestens von länger anhaltender Natur sind. Es ist keine Gründerzeit, wie es die Statistik glauben machen möchte. Im Buchgeschäft, wie in anderen Wirtschaftsbranchen auch, ist der deutsche Markt besetzt. Er wird von den marktwirtschaftlich eingespielten Strukturen beherrscht, und

die ostdeutschen Neuankömmlinge wirken wie graue Lumpen in der feinen kapitalistischen Gesellschaft. Und solange kein ökonomisches und geistiges Krisenmanagement betrieben, behaupte ich, und dem Markt die Selbstreinigung – durch laufende und kommende Pleiten – überlassen wird, wird es auch in der deutschen Verlagslandschaft diese eigentümliche West-Ost-Trift von reich zu arm geben und den Trotz der Zuspätgekommenen, der freilich – wie später zu zeigen sein wird – etwas unheimlich Produktives enthält.
Von der Situation der neuen Verlage in den neuen Bundesländern sind die eingesessenen Verlagshäuser nur in wenigem entfernt. Das wenige ist allerdings von gravierendem Ausmaß: Die jungen Verlage bauen Produktion und Personal langsam auf, die alten bauen beides mit großem Tempo ab. Es ist ein Irrtum, der sich in die Verlautbarungen des Börsenvereins immer wieder einschleicht, etwas für die mittelständische Struktur im Buchgewerbe der neuen Bundesländer getan zu haben. Alles läuft im Moment vielmehr auf Manufakturgrößen hinaus, in denen schlechtbezahlte Heimarbeit – wie im Frühbürgertum – an der Tagesordnung ist.
Es ist schon ein überraschendes Resultat der Privatisierung, daß auch nicht einer der großen Verlage ein großer geblieben ist, egal welchem Privatisierungsmuster er anheimfiel. Bei den Verlagen, die den Freundschafts- oder Teufelspakt mit den sogenannten Schwesterunternehmen in den alten Bundesländern eingehen mußten, war es ohnehin klar. Es handelte sich um eine tödliche Umarmung. Mir steht auch nicht ein Beispiel zur Verfügung, wo das frühe Ende nicht schon eingetreten oder das gesicherte Dahinsiechen nicht garantiert wäre, ob im Fachbuchbereich oder in der Belletristik mit den großen deutschen Verlagsnamen, von denen man dachte, daß sie ihre heimgekehrten ostdeutschen Buchmuseen besser behüteten. Von Teubner bis zur Insel die gleichen Betretenheiten. Vielleicht entwirft wenigstens das Bibliographische Institut Mannheim und Leipzig ein moderates Bild des Zusammengehens, das dem weltmännischen und verläßlichen Stil des Hauses seit Joseph Meyer entspricht. Die ostdeutschen Verlage, die sich mit westdeutschen, nicht namensgleichen, zusammentaten, traf kaum ein besseres Schicksal. Man darf sich getrost umsehen, um Transpress, Tourist, Morgen-

buch, Union, Kinderbuchverlag vor allem oder wie die ranghohen Ostunternehmen sonst hießen, auf der Liste der Marktführer zu entdecken. Nichts dergleichen, Schrumpfungsmodelle überall. Sobald die thematischen Schubläden ausgeräumt und die Kundenkarteien geknackt waren, sank meist das Interesse an den von der Treuhand zusammengeramschten Berliner und Leipziger Buchfabriken rapide. Bleibt eine dritte Gruppe von Verlagen, die in branchenfremde Hände ging. Vom Münchner Industriellenerben Dornier (E. A. Seemann Verlag, Edition Leipzig und andere) und vom Frankfurter Immobilienhändler Bernd F. Lunkewitz (Aufbau-Verlag) verspricht oder versprach man sich die eigentlichen Verheißungen. Inzwischen weiß man, daß das Mäzenatentum des ausgehenden Jahrhunderts auch nicht mehr dasselbe ist wie jenes, das die forschen Gründerjahre seines Beginns begleitet hat. Die hektischen Bewegungen des Kapitals, die schreckhaften Momente in seiner Existenz, die es weltweit erleben muß, deformieren auch die heimischen Verwerter zu ungeduldigen Kuponschneidern, was für ein geistig anspruchsvolles Verlagsgeschäft das blanke Elend ist.
Die Quadriga der alten östlichen Verlagsexistenzen wird vollspännig, wenn noch ein Wort zu den Häusern gesagt ist, die noch immer unter Treuhandverwaltung stehen. Hier herrscht entweder Konkursstimmung (wie bei Henschel) oder aber lebhafte Blockade der Mittel und Möglichkeiten (Neues Leben etc.), weil sogenanntes Parteivermögen gesichert werden soll.
Wahrlich, eine abstruse Situation.
Nach allem könnte man jetzt denken, daß die Verlagslandschaft in der ehemaligen DDR ein Bild der Trostlosigkeit abgibt und daß das historisch bedingte Mißgeschick, das sie umklammert hält, vielen nicht einmal mißfällt. Und tatsächlich könnte man bitterböse Geschichten über Leute erzählen, die jahrzehntelang vom Verlagswesen der DDR zum Billigtarif (valutaarmes Land!) den Rahm abgeschöpft haben und es jetzt haargenau wissen, warum die Verlage nicht so recht auf die Beine kommen. Man müßte mehr verkaufen und weniger produzieren, lauten die einfachen und gewitzten Zurufe, die man in den Zeitungen liest, und man denkt, aus einer Stadt, wo das Kabarett Die Schmiere zu Hause ist, kommt doch immer wieder genug Unterhaltung. Und dann fallen einem sowieso die großen Vereinfacher ein, die

in den zurückliegenden zwei Jahren, also im Privatisierungszeitraum, als Treuhand- oder selbstbestellte Berater den ökonomisch schrägliegenden Verlagen beträchtliche Summen an Beratergebühren aus der Tasche gezogen haben, es aber trotzdem nicht fertigbrachten, die Unternehmen an den Mann zu bringen oder, falls das geschehen war, die versprochene Weisheit hervorzuzaubern, wie in fünf Minuten ein jahrzehntelang staatlich subventioniertes Unternehmen in einen marktwirtschaftlich funktionierenden Musterbetrieb umzuwandeln ist. »Kasse machen« auch in angespannter Zeit, hieß die Devise für bekannte Banken und private Ratgeber, die sich in der Beraterlobby häuslich eingenistet hatten und denen – Ausnahmen bestätigen die Regel – jeder gesamtnationale Aspekt einer Literaturgesellschaft fremd war.

Trostlos allerdings – um den Gedanken wieder aufzugreifen – ist die ostdeutsche Verlagsprovinz nicht. Wer so viele tragikomische Stücke gesehen und überstanden hat wie das Verlagswesen der alten DDR in Vor- und in Nachwende-Zeiten, der bleibt auf den Brettern, die auch in unserem Falle die Welt bedeuten. [...] Ich darf zur Selbstermunterung einmal festhalten, daß in den Büchern ostdeutscher Verlage wie in den Verlagshäusern selbst auch Tugenden zu entdecken waren und sind, die es lohnte, sie für die gesamte deutsche Buchbranche zu reklamieren. In erster Linie denke ich an die ausgewogene Editionsarbeit, die in vielen Verlagen zum Alltagsgeschäft gehört. Der Lektor als Anstifter, Entdecker und Redakteur in einem – ein Stück vergangenes Jahrhundert von Verlagsarbeit, das man bewahrt zu sehen wünschte – hat hier eine neue Modernität erfahren. Resultat davon sind meist eine verläßliche Textqualität, eine vielfache fundierte Kommentierung und ein akribisch gefertigter Apparat, die sich in den Büchern einfinden. Die pedantische Editionsarbeit ließ manche Verlage auf manchen Verlagsgebieten zu gepriesenen Vorbildern im deutschsprachigen Raum werden. Von den Klassikereditionen, von Werkausgaben in- und ausländischer Autoren, von Kunstmonografien etc. aus ostdeutschen Verlagen profitieren Lizenznehmer aller Art. Sprichwörtlich ist die Übersetzungskunst, die durch ostdeutsche Verlagshäuser initiiert und befördert wurde und die ihren vorzüglichen Leumund vor allem dem Umstand verdankt, daß die Übersetzer nicht durch Zeitmaschinen angetrieben wurden. Man ließ ihnen Geld und Muße, jeweils ein eigenes reproduktives Kunstwerk zu schaffen. Von Berliner und Leipziger Verlagen übersetzte Autoren bevölkern die Verlagsprogramme in Ost und West und schlagen stabile Brücken vornehmlich zu den osteuropäischen Kulturen, die von der Rezeption in Deutschland immer noch arg vernachlässigt werden. Auf der Habenseite ostdeutscher Verleger sind auch vielfältige Bemühungen um die Buchkunst zu buchen. Daß erst Gehalt und Gestalt der Bücher das vollkommene Kunstwerk ergeben, daß erst Text und Typografie den Zauber von Literatur und Kunst einlösen, hat sich als Weisheit deutscher Verlagsgeschichte fortgepflanzt, und mir scheinen in einer Reihe ostdeutscher Unternehmen die Traditionen deutscher Buchkunst – vornehmlich unseres Jahrhunderts – viel artiger bewahrt als anderswo. Ganz aufschlußreich ist ein Blick auf die Illustration literarischer Texte. Ich glaube, dort haben die Verlage von Rostock bis Rudolstadt eine Spitzenposition. Literarische Debüts werden vielfach mit gleicher Liebe illustriert wie Werke der Weltliteratur. Es gehört offenbar zur Geschäftsordnung der literarischen Verlage, der Liaison von Kunst und Literatur das Wort zu reden und die bildenden Künstler anzuhalten, sich den Bildern der Poeten mit neuen Bildern anzuverwandeln. Kurz und gut: Bei einigermaßen freundlicher Annäherung stellt man fest, daß sich die Verlage in den neuen Bundesländern nicht als bloße Stätten von Warenproduktion verstehen, als namenlose Buchfabriken, und wenn sie zehnmal – nach westlichen Empfindungen – aus einem namenlosen Land kommen, sondern – im traditionellen Wortsinn – als literarische Anstalten. Die tiefe Bürgerlichkeit des Verlegerberufs: Aufklärung bewirken, Kunst und Bildung befördern und Geld verdienen, scheint mir bei allen Anstrengungen und allen Verwerfungen, die das ostdeutsche Verlagswesen betroffen haben, das innere Schema dortiger Verlagstätigkeit gewesen und geblieben zu sein.

Ich haue deshalb so auf die Pauke, weil die mentalen Barrieren endlich abgebaut werden müssen, die dem Buch aus Ostdeutschland immer noch weitgehend den Zutritt ins westdeutsche Sortiment verwehren. Jetzt werden manche Einwände kommen, aber hier sind meine Erfahrungen perfekt, wenn ich sage, daß eine Positionierung der ostdeutschen Verlage im Buchhandel der

alten Bundesländer noch nicht stattgefunden hat. Ich sage das auf dem Hintergrund einer sogar scheinbar umgekehrten Erfahrung als langjähriger Aufbau-Verleger, denn vom Berliner Haus in der Französischen Straße 32 wurden 1991 vom Gesamtumsatz zirka 78 Prozent in den alten Bundesländern realisiert und nur 22 Prozent in der ehemaligen DDR. Hierin bündelt sich ein besonderes soziales Problem, die vielschichtige Abwesenheit der ostdeutschen Bücher im westlichen Sortiment verbessert es nicht. Es wäre ein Mißverständnis, dies als Klage aufzufassen. Natürlich funktioniert ein Seßhaftwerden auf dem Markt nicht nach dem Kinderliedchen »Hereinspaziert, hereinspaziert« (die Erfahrung machen ja auch die westdeutschen Verleger auf dem Markt der neuen Bundesländer), nur müßte sich an vielen Fronten die Bereitschaft vergrößern, für eine Gleichstellung der ostdeutschen Solisten im Orchester des gesamtdeutschen Verlagsgeschäfts zu sorgen. Ich hatte neulich im »Börsenblatt« schon bitterböse Anmerkungen über Bestsellerlisten und einen mächtigen Buchklub gemacht und wie dort die Abwesenheit von Ostautoren und Ostbüchern kultiviert wird. Der Anstand verbietet es mir, Bestellgrößen von großen Buchhandlungen auszuplaudern, die sie hinter – ich betone – gutgehenden Büchern und Editionen ostdeutscher Verlage eintragen lassen. Zu sprechen wäre auch über die großen etablierten Kaufhäuser, die im Osten hell ihre Lichter angezündet haben, durch ihre Westeinkäufer aber einen großen Bogen um die Bestellung von Ostliteratur machen. So ließe sich aufzählen und aufzählen.
Was für mich aber der eigentliche Knalleffekt ist – da lande ich wieder beim alten Göschen –, sind die großen Besinnungen, die hinter den kleinen Details stehen, und da werde ich einfach den schalen Geschmack nicht los, daß die neuen Bundesländer, auch was die Bücherwelt betrifft, von den alten Bundesländern wie ein Entwicklungsland angesehen und behandelt werden. Man braucht sie als Konsumraum, die Abschöpfung ihres intellektuellen Potentials interessiert nicht. Ich habe übrigens einen aufschlußreichen Test absolvieren lassen. Eine gleiche Partie von Büchern wurde in einem gleichen westrepublikanischen Kultur- und Wirtschaftsraum vom Ostberliner Verlagsplatz aus und von einem Partner aus einer westdeutschen Kultur- und Handelsmetropole angeboten. Bestell-Ergebnis eins zu vier. Zufall? Die

Neinsagungen gegenüber Ost-Berlin waren im übrigen so freundlich, daß sie tiefer nicht treffen konnten. Wie sagte Martin Walser einmal: Auch Kränkungen wollen gelernt sein. Es spielt sich im deutschen Kulturgeschäft gegenwärtig etwas ab, was man mit Selbstgenügsamkeit umschreiben könnte. Deutschland und Europa gehen bei genauem Hinsehen doch nur bis an Weser und Elbe. In dem nordatlantischen Topf quirlt noch eine Portion Nordamerika mit herum, das ist es dann gewesen. Die osteuropäischen Anrainer der alten Bundesrepublik mit den anderen Vergangenheiten – die neuen Bundesländer gehören da dazu – bleiben in irgendeiner Weise suspekt, es sei denn, ein geistiges Produkt aus diesen Landstrichen erregt die deutsche Kaufmannsseele, dann kommt es sowieso auf keine Vergangenheit mehr an. Wenn wir in der neuen Bundesrepublik in diesem Zustand des Desinteresses gegenüber dem Osten verharren, in diesem eigentümlichen Gemisch von Abwarten, Abwehr und Verdächtigung, dann wird nach dem Neusachsen Biedenkopf – und der muß es wissen – die große Versöhnung nicht klappen, und alles, füge ich hinzu, wird mit einem Kulturkollaps enden. Es machen sich ja die bösen Hinterlassenschaften des Kultursturzes und übrigens auch des unsäglichen Literaturstreits um Christa Wolf bereits bemerkbar, die allgemeine Verunsicherung der Intellektuellen, ihr Drang, lieber im Ausland zu arbeiten als zu Hause.

Auch die bedenkliche Entpoetisierung der Bücher gehört dazu, weil offenbar die Phantasie, außer der höchst trivialen, nicht mehr ausreichend kommerzialisierbar ist. Belanglos, sagen Sie? Ich kenne als einer der Ostverleger den mühevollen Weg zu Weltoffenheit und Pluralismus und die teils skurrilen Abhängigkeitsverhältnisse, die ihn öfters verstellten. Ich habe die Launen in Erinnerung, wieso ein Buch gut und ein anderes schlecht sein sollte, und ich weiß, daß wir als Verleger auch nicht immer die reinen Tugendbolde gewesen sind. Auch die teuflischen Rubrizierungen der Zeitungen und der Literaturkritik stehen mir aus DDR-Zeiten reichlich zur Verfügung. Ich kenne die Rolle von Zensur und Selbstzensur, die der vollen Mündigkeit der Verlage – mindestens punktuell – oft im Wege standen. Dabei ging es nicht – wie häufig falsch erinnert wird – um Wörter, Metaphern, Sätze, Passagen und um deren Hinterfragung und Redigierung, darum ging es manchmal auch, aber das wäre ein zu lächerlicher Gegenstand für Empörung, es ging um das »Überhaupt« oder das »Keineswegs«. Es ging um Sigmund Freud »ja« oder »nein«, um Pasternak »heute« oder »in zehn Jahren«, um Nietzsche »halb« oder »ganz«, erst ging es um Kafka, Sartre oder die Romantikrezeption und immer um »ja« oder »nein«, später ging es um Uwe Johnson, Fritz Rudolf Fries, Christoph Hein, Volker Braun oder Günter de Bruyn. Immer wurden von der Politik Barrieren errichtet, um den Fluß der Literatur aufzuhalten. Ich hätte mir nie träumen lassen, daß nach der deutschen Wiedervereinigung dieselben Restriktionen wieder einsetzen könnten und daß deren Verursacher wieder die Politik ist beziehungsweise das kulturelle Klima zwischen Ost und West mit allen seinen halb- und ganzliterarischen Verwaltern und Behörden, was schließlich dasselbe bleibt. Auch haben die Restriktionen eine neue, zusätzliche Berufungsinstanz; sie heißt »der Markt« oder »die wirtschaftliche Lage«. Und die Betroffenen tragen jetzt andere individuelle Namen oder kollektive Adressen: Jetzt geht es um oder gegen Strittmatter, Kant, Gorki, um oder gegen ganze Teile der osteuropäischen Literatur, um oder gegen das poetisch-verträumte Kinderbuch, um die Pflege der Buchillustration und das schöne Buch überhaupt. Aufgrund ihrer Liebschaften und ihrer Gewohnheiten sind die Leidtragenden wieder die Autoren, Künstler und Verleger aus dem Ostteil unserer famosen Republik, weil sie – wie sagte doch Göschen – aus »Mangel an hinlänglichem Vermögen« und aus Mangel an einflußreicher Lobby ihre vielfachen Interessen nur unzureichend plazieren können. Und nun soll einer noch sagen, Geschichte wiederhole sich nicht.

Dennoch: Es ist hier wie allerorts, man kann Jesus zwar im Moment nicht sehen, aber im Weinberg des Herrn tummeln sich die guten Farmer allezeit. Und so steht nicht zu befürchten, glaube ich, daß sich das Verlagswesen in den neuen Bundesländern vom kalten Charme der momentanen Verhältnisse erdrükken läßt. Wir sollten aber im deutschen Buchhandel und in den deutschen Medien ein wenig früher einsehen, als wir es uns sonst zumuten, daß der Hunger auf die sinnliche Welt sich nur stillen läßt, wenn wir die Welt nicht länger künstlich teilen.

Michael Faber

<u>Paralipomena</u>

Der Untergang des ostdeutschen Verlagswesens

Aufgefordert, zu einer Sammlung über das Buchwesen und die Verlegerei einen Beitrag zu liefern, schrieb mir der Ostberliner Dramatiker, Librettist und Essayist Peter Hacks im Sommer des vergangenen Jahres eine winzige Notiz: »Zu Verlagen fällt mir im Augenblick nichts Gutes ein. Sobald sich das ändert, lasse ich es Sie wissen.«

Betroffenheit? Schrulligkeit? Kulturverzagen? Jedenfalls eine Nachdenklichkeit, wie es sie braucht, will man über die derzeitige Situation des ostdeutschen Verlagswesens öffentlich nachdenken. Und die Treuhandanstalt mit ihrer Politik der Privatisierung spielt bei diesen Gedankengängen eine wichtige Rolle. Aber noch ein zweiter Ausspruch gewinnt in diesem Zusammenhang Bedeutung. Aufgeschrieben von Carl Seelig und entnommen einem Gespräch mit Robert Walser, 1940: »Haben Sie schon bemerkt, wie jeder Verleger nur in einer bestimmten Epoche gedeiht? Die Offizinen Frobenius und Froschauer im Mittelalter; Cotta im aufkommenden Bürgertum; die Herren Cassirer dulci jubilo der Vorkriegszeit; Samie Fischer im jungen, vom Kaiserreich sich losgurtenden Deutschland; der abenteuerliche Ernst Rowohlt in der Vabanque Nachkriegszeit. Jeder hat die Atmosphäre, die er für sein Unternehmen braucht, und in der er saftig verdient.«

Der Dialektik des Aufstiegs des einen entspricht der Niedergang des anderen. Die deutsche Verlagsgeschichte ist voll solcher Wechsel. Mit der klassischen Literatur stehen die Verlage Cotta oder Göschen im Zenit oder befinden sich in Gründung. Andere, ehemals bedeutende, wie etwa Grusius, gehen langsam zugrunde. Brockhaus, Meyer oder Reclam begleiten aufstrebend den Übergang ins bürgerliche Zeitalter, Verlage wie die Dieterichsche oder Weidmannsche Buchhandlung versinken in der Bedeutungslosigkeit oder hören bald ganz auf zu existieren. Mit dem allmählichen Verenden des literarischen Expressionismus verenden auch deren wichtigste Verlage, z. B. Kurt Wolf, oder geraten wie Kiepenheuer in eine schwere wirtschaftliche Krise.

Durch die Machtergreifung der NSDAP in Deutschland wird nicht nur die bürgerliche Grundordnung, sondern auch ihre Kultur exekutiert. Parteien werden verboten, Gegner des neuen Regimes verfolgt, verhaftet oder gemordet, Bücher verbrannt, Bilder als entartet aus den öffentlichen Sammlungen und Museen verbannt und ihre Urheber nicht außer Landes getrieben oder mit Berufsverbot belegt. Vielen Verlagen wird mit der Flucht ihrer Autoren und dem Verbot ihrer Bücher die Grundlage einer Weiterexistenz genommen oder zumindest stark untergraben. Andere Verlage hingegen, die sich mit den neuen gesellschaftlichen Umständen arrangieren, erleben ihren, wenn auch nur kurzen wirtschaftlichen Aufstieg oder sichern ihre Existenz mit einer auf Staatskonformismus angelegten Programmpolitik.
Das führte nach 1945 zu unterschiedlichen Reaktionen bei den einzelnen Besatzungsmächten. Wurde der Weiterarbeit ehemals nationalsozialistisches Ideengut verbreitender Verlage durch Verweigerung einer Neulizenzierung von allen Militäradministraturen generell restriktiv begegnet, kam es bei der Beurteilung von großen, teils alten Verlagshäusern zu unterschiedlichen Entwicklungen. Verlagen wie Reclam oder F. A. Brockhaus in Leipzig wurde zwar von den sowjetischen Behörden eine Lizenz erteilt, im Zuge der Reparationsverpflichtungen Deutschlands aber die Demontage vor allem angeschlossener graphischer Betriebe verordnet. Der wirtschaftlichen Konsolidierung ihrer Betriebe wurden so erhebliche Schwierigkeiten in den Weg gelegt. Hinzu kam, daß der anfänglichen gesellschaftlichen Achtung – der Verleger Dr. Ernst Reclam beispielsweise stand als erster nach dem Krieg dem Börsenverein der deutschen Buchhändler in Leipzig vor, seine Amtszeit dauerte bis 1948 – später eine Periode der Ächtung, Behinderungen und Einschränkungen folgte, da mit den Gründungen der BRD und der DDR unterschiedliche politische Zielstellungen auch in den Wirtschafts- und Kulturfragen ihren Niederschlag fanden. So schloß sich nach einer Zeit der breiteren Demokratisierung in der DDR eine Periode der zunehmenden Konzentration auf Schaffung von gesellschaftlichem Eigentum an, was sich besonders in Gründungen volkseigener Betriebe, aber auch in Enteignungen ehemals privater Unternehmen oder offener Behinde-

rung privatwirtschaftlich geführter Verlage widerspiegelte. Das erklärt die Doppelexistenz einiger Verlage in der BRD und der DDR. Waren die Gründungen von Verlagsdependancen in allen Besatzungszonen ursprünglich nur eine Reaktion auf die bestehenden Schwierigkeiten zwischen den einzelnen Besatzungszonen – die Militäradministraturen der Alliierten behielten sich das Recht vor, Auflagenzahlen, Papierkontingentierung und Vertriebsräume mitzubestimmen – bedeuteten sie später für einige Verlage die Sicherung ihrer Verlagshäuser vor dem Zugriff der »staatlichen Enteigner«. Fast alle vor 1933 bereits existierenden Verlage verließen in diesem Zuge die DDR. Zurück blieben lediglich die Namen dieser Häuser, die nunmehr in staatlichem oder volkseigenem Besitz, damit auch unter anderen wirtschaftlichen Voraussetzungen, zwar die Tradition der Häuser zu bewahren versuchten, aber darüber hinaus auch nach einer eigenständigen Verlagsprofilierung strebten. Die Einführung der namensgleichen Produktion auf dem westdeutschen Buchmarkt blieb ihnen aber bis 1989 untersagt.
Heute, im Rahmen der von der Treuhandanstalt verfolgten Reprivatisierungspolitik, kommt dieser historischen Konstellation eine besondere Bedeutung zu: In Umkehrung der geschichtlichen Entwicklung hat in allen diesen Fällen die Treuhand die ostdeutschen Traditionshäuser den westdeutschen »Mutter-Unternehmen« angeboten. Tatsächlich aber war, was es als »Masse« rückzuübereignen galt, nämlich Autoren- und Editionsrechte, Bestände und qualifiziertes Personal (nur in den allerseltensten Fällen auch Immobilien) gar kein Eigentum der zukünftigen Besitzer. Denn ihre Rechte hatten sie nach Enteignung im Osten oder bei freiwilliger Übersiedlung in die westlichen Besatzungszonen bzw. in die spätere Bundesrepublik mitgenommen und die hier und da geltend gemachten Ansprüche der »sozialistischen Betriebseigentümer« auf dem internationalen Lizenzmarkt blockiert. Vieles aber spricht dafür, daß das heutige Interesse der westdeutschen Verlage an ihren ostdeutschen Stammhäusern auch durch die damit bewirkte Beseitigung eines störenden Namensdoppels motiviert ist.
Diese oben nur knapp umrissenen historischen Voraussetzungen sind zu bedenken, will man in unserer heutigen Situation zu richtigen Schlußfolgerungen kommen. Eine rein wirtschaftliche

Betrachtungsweise reicht bei der Beurteilung der ostdeutschen Verlage jedenfalls nicht aus. Politische Zielstellungen und kulturelle Ambitionen müssen ebenso mitreflektiert werden. Der staatliche oder politische Eingriff in die Existenz einer Kultur hat von jeher ihre Verbreitung und Entwicklung häufig eingeschränkt oder verhindert, seltener auch befördert. Das Abbrennen ganzer Bibliotheken in Zeiten der Kolonisation von Kulturen und Reichen, in unserer Geschichte der Auszug der Buchhändler aus der Frankfurter Messe als Folge der feudalen Bücherzensur und Bevormundung, die Restriktionen, denen sich Verlage und Autoren durch die Metternichschen Gesetze ausgesetzt fanden, der weitgehende Exodus der demokratischen Kultur durch Reichsverordnungen, Gleichschaltung und Schwarze Listen im faschistischen Deutschland und die unterschiedlichen politischen Voraussetzungen in den einzelnen Besatzungszonen, etwa in den Eigentumsfragen im Deutschland nach 1945 bzw. in der späteren BRD und DDR, sind nur einige Beispiele dafür.

Mit dem Blick auf die Geschichte und den Zustand des Vereinigungsprozesses scheint es nur folgerichtig, in der Verhinderung einer Weiterexistenz bzw. Beseitigung ehemaliger DDR-Verlage eine logische Konsequenz zu erblicken.

Bleibt die Frage, wie gehen wir als Gemeinwesen mit diesem Erbe um, und müssen wir nicht Geschichte auch als steuerbaren Prozeß begreifen? Ist allein der Vorgang des Untergangs als Argument stark genug, auch die in der DDR entstandene Kultur zu negieren oder zu beseitigen? Mitnichten. Als Mitbegründer eines neuen Verlages kam es mir gerade darauf an, Autoren und Künstler aus diesem Teil Deutschlands zu versammeln, ihnen erneut ein Forum zu geben und als Mittler ihrer individuellen Stimmen und künstlerischen Botschaften Aufmerksamkeit zu verschaffen. Zu konformieren ist keine Gesellschaft auf Dauer. Ein Zitat Schillers, in seinen Bemühungen um ein deutsches Nationaltheater, scheint einen Ausblick zu geben. Im 160. Xenion, überschrieben mit »Die Adressen« in der damaligen aus dem Englischen kommenden Bedeutung eines Schreibens der Volksdeputierten an ihren König, läßt er uns wissen: »Alles ist nicht für alle, das wissen wir selbst, doch nichts ist ohne Bestimmung / es nimmt jeder sich selbst ein Paket.«

ARMIN STEUER

Von den Conquistadores bis zur Treuhand

Sieger und Besiegte in der Geschichte

»Keiner braucht uns!« stellten kürzlich der Dramatiker Heiner Müller und der Politiker Gregor Gysi in einem Gespräch fest. In der Tat: die Produktionskapazitäten im Westen der deutschen Republik reichen aus, um auch den Osten zu versorgen. Wenn also schon genügend Fabriken vorhanden sind: wozu sollte man dann die lästige Konkurrenz aus Zwickau, Dresden oder Schwerin am Leben erhalten? Das bringt doch nur Ärger! Denken westdeutsche »Wirtschaftsführer« wirklich so? Viele im Osten glauben, daß diese so denken. Die Zahlen, einer unbedeutenden Agenturmeldung an einem beliebigen Tag entnommen, sind eindeutig: im ersten Halbjahr 1992 stiegen die Warenlieferungen von West nach Ost, im Vergleich zum gleichen Zeitraum 1991, um erstaunliche 45 % – umgekehrt aber, von Ost nach West, nur um magere 15 %. Die Tendenz ist eindeutig.

»Neufünfland« nur interessant als Absatzmarkt? Nach der Maueröffnung tauchten als erste die Marktschreier und fliegenden Händler des Kapitalismus auf: Versicherungsmakler, Anlageberater und Industriemüllhändler. Ihr Auftreten erinnert an die Glasperlen-Verkäufer kolonialer Zeiten.

Wenn lediglich der Konsument interessant ist, muß der Produzent vernichtet werden: aus LPGs werden Golfplätze, Fabriken mutieren zu Industriemuseen. Und was noch irgendwie brauchbar erscheint, und sei es die Immobilie an sich, wird gnadenlos von den Kapitalgebern aus dem Westen aufgekauft. Mit dem Kapital kommt die Produktivität: ein Schlüsselwort, um den faulen, arbeitsscheuen Deutschen (Ost) endlich den richtigen Leistungsdruck einzutrichtern. Der Leistungsgedanke, der Kampf jedes einzelnen gegen alle, wird zur Ersatzreligion. Da klingt es geradezu rührend, wenn noch ein paar Ewiggestrige an die größere Solidarität vergangener Zeiten erinnern. Wer sich der

neuen Ordnung verweigert, wird mit Arbeitslosigkeit oder Frühpensionierung bestraft.
Wer sich anpaßt, wird mit Pfründen belohnt. Die gelehrigsten Anpasser dürfen dann sogar in der Treuhandanstalt mitsitzen, aber nicht *mit*entscheiden. Das nehmen ihnen schon die neuen Herren ab. Die »Anpassungsfähigen« sind willkommene Helfer für die Zerstörung der alten Ordnung, der alten Kultur. Deren vollständige Zerstörung ist Bedingung, denn es darf keine alten Götter geben neben dem Neuen, dem Einzig Wahren: dem Privateigentum. Was früher die Heilige Inquisition war, scheint heute die Privatisierungspolitik der Treuhandanstalt zu sein. Egal, ob ein Betrieb rentabel ist oder nicht, ob erhaltenswert: Hauptsache, er geht in Privateigentum über. Wenn der neue Herr nur das tote Inventar der Fabrik haben will, um so schlechter für das lebende Inventar, die Arbeiter nämlich.

»Kapitalismus ist die Erfindung einer ungleichen Welt« – nein, nicht Karl Marx hat diesen Satz geprägt. David Ricardo war es, ein englischer Abgeordneter, Bankier, Nationalökonom, der schon Anfang des 19. Jahrhunderts diese weise Einsicht hatte. Es war die Blütezeit des British Empire, des ungezügelten Imperialismus. Die Welt war sozusagen in Ordnung: Die da unten arbeiten, wir hier oben genießen das Leben.
Gestattet sei diese geistige Anleihe beim honorigen Bankier David Ricardo: Kolonialismus ist die Fortschreibung der ungleichen Welt.
Denn das Prinzip der Arbeitsteilung im fortschreitenden Kapitalismus wurde nicht nur auf die nationalen Ökonomien angewandt, sondern es wurde auch im Weltmaßstab durchgesetzt. Ein Prozeß, der damals schon begann und heute noch voranschreitet, und von dessen Früchten wir alle, die wir heute auf der nördlichen Halbkugel sitzen, ganz bequem leben.
Kolonialismus ist eine Erfindung des Europa des 15. Jahrhunderts: Erst zogen die Spanier und Portugiesen in die weite Welt aus, um neue Märkte zu erschließen und schnelleren Zugang zu den Rohstoffen zu erlangen; bald gesellten sich England, Holland und Frankreich dazu. Sicherlich, auch Araber und Asiaten trieben lebhaften Handel, eben auch mit den Europäern. Aber diese waren die ersten, die sich vornahmen, gewissermaßen die

gesamte Welt zu erobern, Handelsplätze zu besitzen und sie mit Waffengewalt zu verteidigen. Dabei behilflich war der von den mittelalterlichen Kreuzzüglern überlieferte Missionierungseifer. Die Christianisierung, die »Rettung der heidnischen Seelen«, war zwar nur ein Instrument, allerdings ein höchst willkommenes, zur Durchsetzung der Machtinteressen.

Paradebeispiel hierfür: die Eroberung Amerikas, dessen Entdekkung ein zufälliges Resultat der Suche eines schnelleren Weges zu den verlockenden Rohstoffen Mittel- und Ostasiens gewesen ist. Der uruguayische Schriftsteller Eduardo Galeano brachte das kürzlich auf die Formel: »Am 12. Oktober 1492 hat Amerika den Kapitalismus entdeckt.« Und mit Hintersinn vermerkt Galeano, daß Christoph Kolumbus in seinem Bord- und Tagebuch die Worte »Gott« oder »Unser Herr« nur 51mal erwähnt, das Wort »Gold« dagegen 139mal, fast dreimal so oft. Sich am Reichtum anderer Völker zu vergreifen war das eigentliche Ziel all dieser Eroberungszüge: Gold gegen Glasperlen war die Maxime.
In dieser ersten Phase des Kolonialismus ging es zunächst nur darum, Tauschhandel zu betreiben. Aber das reichte bald nicht mehr aus: Der Hunger nach Reichtum war unersättlich – der Hunger jedes einzelnen Eroberers und Abenteurers, der Hunger der Könige und Fürsten, der Hunger der Katholischen Kirche. Die Paläste, Schlösser, Kapellen und Dome Europas sind heute noch vollgepfropft mit dem Gold und Silber, das man den Ureinwohnern Amerikas geraubt hat. Noch heute gibt es in der spanischen Extremadura eine Adelsfamilie, die in ihrer langen Aufzählung von Titeln und Namen auch jenen Montezumas trägt – gleichsam als Trophäe –, weil ein Vorfahre diesen Aztekenführer auf dem Gewissen hat.
Mit dem Tauschhandel allein ließ sich bald nicht mehr der Hunger Europas stillen, nun mußten die Gold- und Silberminen systematisch geplündert werden. Der Einfachheit halber nahmen die Europäer das selbst in die Hand: Sie zwangen die – so fälschlich genannten – Indios zur Arbeit. Ihr massenhaftes Sterben brachte dann die Kolonialherren auf den Gedanken, sich die nötige Arbeitskraft aus Afrika zu holen. Die Vertreibung der Ureinwohner Amerikas und die Verschleppung der Afrikaner

sind der bei weitem größte Genozid der Menschheitsgeschichte. Der Kolonialismus des 15. und 16. Jahrhunderts gründet auf diesen Völkermord und begründet den heutigen Reichtum Europas. Auch den Reichtum Deutschlands, obwohl dieses Land sich erst sehr spät zum Kolonialherren aufschwang. Erinnert sei, daß Spaniens Karl V. (1500–1558), hochverschuldet, seine Eroberungszüge in Amerika nur mit der Hilfe des Bankhauses Jakob Fugger finanzieren konnte, was sich dieser Augsburger Bankier fürstlich entlohnen ließ.
Amerika entdeckt den Kapitalismus – die Christianisierung mit dem Schwert in der Hand erfüllte auch den Zweck, eine Kultur und Tradition auszulöschen, die dem Privateigentum nichts abgewinnen konnte. »Sie töten uns, weil wir zusammen arbeiten, weil wir zusammen essen, zusammen leben, zusammen träumen« – Worte eines Maya-Indios, die Eduardo Galeano anführt. Was ihn zur Erkenntnis bringt: »Vom kapitalistischen Gesichtspunkt aus betrachtet, sind die kommunitären Kulturen, die den Menschen weder von den anderen Menschen noch von der Natur abtrennen, feindliche Kulturen.«

Mit jedem Zaun, der in den Prärien Nordamerikas oder der Pampa Argentiniens aufgestellt wurde, hielt der Kapitalismus seinen Einzug in Amerika. Eigensinn siegte über den Gemeinsinn. Der Parzellierung des Grund und Bodens entsprach auch die Parzellierung der indigenen Kulturen, soll heißen ihre Zerstörung. Kommunitäre Lebensformen stehen bis heute im eklatanten Gegensatz zu der kapitalistischen Ordnungswelt, deswegen müssen sie zerstört werden. Sonst könnten sie ja sogar noch als Beispiel dafür dienen, daß auch ein anderes Leben möglich wäre. Anders, als es unsere real existierende Wirtschaftsordnung vorschreibt.
Die Conquistadores haben deshalb schon vor 500 Jahren mit missionarischem Eifer alles zerschlagen, was sie bis dahin nicht kannten. Was damals zerstört wurde, muß heute mühsam wiederentdeckt werden. So hatten schon vor mehr als 1000 Jahren die Tiwanaku (im Süden des heutigen Boliviens) auf den kargen Hochplateaus der Anden ein Bewässerungssystem besonderer Art entwickelt: Die Flächen zwischen den Wassergräben wurden künstlich höher gelegt. Zuerst eine Schicht große Steine, dann

eine Lehmschicht, sodann jeweils eine Lage groben und feinen Kies, und obendrauf die Humuserde. Die Lehmschicht verhinderte, daß das Brackwasser des Titicacasees die Äcker von unten her aufschwemmte, und fing zugleich das von oben kommende Regenwasser auf – das so gesammelte Wasser half über die Trockenzeit. Die Wassergräben, in denen sich viele Algen befanden, regulierten außerdem extreme Temperaturschwankungen. In Feldversuchen, die seit 1988 bei Tiwanaku stattfinden, hat man nun festgestellt, daß mit diesen »vorsintflutlichen« Methoden des Ackerbaus ein doppelt so hoher Ertrag erzielt werden kann, wie mit den »zivilisierten« Methoden, die die spanischen Kolonialherren einführten.

Die Zerstörung war methodisch: Es wurden die Kodizes der Mayas auf den Scheiterhaufen geworfen, es wurden jene Menschen verbrannt, die sich weigerten, dem neuen Gott zu huldigen, und es wurden jene ermordet, die sich weigerten, für die neuen Herren zu arbeiten. Anstelle der alten, verdammenswerten Kultur trat nun der Alleinvertretungsanspruch der Katholischen Kirche. Und mit ihr das Privateigentum.

Dieser missionarische Feldzug findet heute auch noch statt. Zum Beispiel in Paraguay. Ein Land, eineinhalb mal so groß wie das neue Deutschland, mit rund 4 Millionen Einwohnern – und doch gibt es rund 400000 Menschen, die keinen Platz zum Leben finden: die campesinos sin tierra, die landlosen Bauern. In der traditionellen Gesellschaft der Guaranís »gehörte« die Erde demjenigen, der sie besetzt hielt, solange er sie bearbeitete. Katasteramt und notarielle Beurkundung von Kaufverträgen waren nicht notwendig: Wer »sein« Land verließ, gab zu verstehen, daß der nächste es in Besitz nehmen konnte.

Aber in den Zeiten der Zivilisation war dies ein untragbarer Zustand, es kamen das Katasteramt und die Notare und es tauchten diese Papiere auf, die die Indios gar nicht lesen konnten. Mit diesen Eigentumsurkunden vertreiben nun seit etwa 50 Jahren die Großgrundbesitzer die Leute von ihren Feldern. Und dann lassen sie die Erde brachliegen, denn sie ist nur ein Spekulationsobjekt. Für die campesinos ist brachliegendes Land herrenlos, also besetzen sie es. Bis der »Eigentümer« mit der Schutztruppe anrückt. Zur Durchsetzung der neuen Ordnung wird notfalls Gewalt angewandt, so geschehen vor drei Jahren in der

Peter Christ/Ralf Neubauer

Die neuen Herren

Wie die vom »Spiegel« in Auftrag gegebene Emnid-Umfrage aus dem Jahr 1991 belegt, haben auch die ehemaligen DDR-Bürger immer weniger für ihre neuen Landsleute übrig. So meinen zum Beispiel zwei Drittel der Ostdeutschen, die Westdeutschen hätten ihre Heimat »im Kolonialstil erobert«...

Die Europäer, die in früheren Jahrhunderten Afrika, Asien, Amerika und Australien eroberten, hielten sich selbst für die Heilsbringer und die vorgefundenen Gesellschaften für primitiv und rückständig. Ihr Missionierungseifer kannte demzufolge kaum Grenzen. Die Errungenschaften der eigenen Zivilisation galten als Nonplusultra, die Kultur und das Sozialverhalten der kolonialisierten Völker wurden nicht verstanden und daher abgelehnt. Selbst bewährte Strukturen, die nicht in das Denkschema der neuen Herren paßten, wurden so bedenkenlos zerstört. Und immer ging der Prozeß der Kolonialisierung mit wirtschaftlicher Ausbeutung und der Verelendung breiter Bevölkerungsschichten einher. Die Art und Weise, wie der wirtschaftliche und gesellschaftliche Wandel in der Ex-DDR abläuft, erinnert fatal an dieses unrühmliche Kapitel europäischer Geschichte. Die neuen Kolonialherren treten mit der gleichen überlegenen Arroganz auf wie die alten. Sie lassen kein gutes Haar an dem, was sie in der ostdeutschen Gesellschaft vorfinden. Schließlich können sie mit Fug und Recht behaupten, daß der real existierende Sozialismus total abgewirtschaftet hat. Unter diesen Umständen scheint es kaum Sinn zu machen, darüber nachzudenken, was aus der Konkursmasse, die eine korrupte und moralisch in jeder Hinsicht diskreditierte Staats- und Parteiführung hinterlassen hat, erhaltenswert erscheint. Und geradezu ketzerisch muß die Frage anmuten, ob die westdeutsche Erfolgsgesellschaft nicht zumindest in einigen Punkten von dem untergegangenen Staat lernen kann. Tatsächlich ist die Vereinigungspolitik, die in erster Linie in Bonn gemacht wird, zuvörderst darauf angelegt, auch das letzte Stück DDR-Identität auszulöschen.

kleinen Ortschaft J.E. O'leary, im Osten Paraguays, wo drei landlose Bauern exemplarisch an einem Baum aufgeknüpft worden sind. Ähnliches geschieht noch heute, tagtäglich, im Süden Brasiliens.

Enteignung und Entfremdung sind über die Jahrhunderte hinweg die Grundlagen des Kolonialismus gewesen. Das läßt sich auch am Beispiel der deutschen Kolonialisierung Kameruns beobachten, die erst Ende des 19. und Anfang des 20. Jahrhunderts stattfand. Da hatte es schon die Aufklärung gegeben, der Sklavenhandel war abgeschafft. Und dennoch...

Zunächst begann es relativ »harmlos« mit der Gründung einiger Handelsplätze an der Küste. Mit dem Volk der Dualas, die an der Küste lebten, trieb man den Handel: Elfenbein und Kautschuk gegen Blechnäpfe und Schnaps. Aber bald reichte das nicht mehr aus, die Wende kam mit dem Gouverneur Jesco von Puttkamer, der von 1895 bis 1907 in Kamerun herrschte. Schon in seinem ersten Amtsjahr wurde, auf sein Betreiben hin, eine »Allerhöchste Kronlandverordnung« erlassen, die alles Land, »auf das von dritter Seite kein begründeter Anspruch erhoben werde«, zum Kronland deklarierte. Die Afrikaner hatten keinen begründeten Anspruch – das versteht sich von selbst. Der Gouverneur hatte die ausdrückliche Befugnis, das so »erworbene« Land anschließend an die Plantagengesellschaften weiterzugeben. Die größte war die »Westafrikanische Pflanzungsgesellschaft Viktoria – WAPV«.

Neben Kautschuk, das im deutschen Mutterland in großen Mengen für die aufkommende Automobilindustrie benötigt wurde, pflanzte man Kakao an, um den Kindern und Erwachsenen im Deutschen Reich das Leben versüßen zu können. Für die Afrikaner, die nach kolonialem Verständnis »unangepaßt an die Anforderungen der modernen Arbeitswelt« waren – faul eben –, wurde kurzerhand der Arbeitszwang eingeführt. Dazu kam noch die Steuerpflicht.

Ein Volk ohne Land, ohne Geld, zur Arbeit gezwungen und geknechtet: Am 19. Juni 1905 reichten der Häuptling Dika Akwa und sein Sohn Mpundu Akwa, im Namen ihres Volkes, eine Petition an den »durchlauchtigsten allergnädigsten deutschen Reichstag in Berlin« ein. 24 Beschwerdepunkte trugen sie vor, von der Zwangsarbeit über das Niederbrennen von Dörfern bis zum »wucherischen Abkauf« von afrikanischen Frauen durch deutsche Kolonialbeamte. Unter Punkt 22 beklagten sie sich über die »schreckliche Gewohnheit«, Menschen für jedes geringe Vergehen auszupeitschen, »mittels einer Seekuhpeitsche oder eines dicken in Kohlenteer eingetauchten und im scharfen Sand umgewühlten und steifgetrockneten Taus«. Punkt 24 stellte fest: »Die Regierung des Gouverneurs von Puttkamer und deren Beauftragten ist geradezu eine Schande für das hochlöbliche Deutsche Reich!«

Von der Berliner Kolonialverwaltung zur Stellungnahme aufgefordert, antwortet der Gouverneur von Puttkamer: »In der Lösung der hohen Kulturaufgaben, welche wir uns gestellt haben, dürfen wir uns durch kleinliche Rücksichtnahme auf derartige tiefstehende Elemente nicht aufhalten lassen.«

Die hohen Kulturaufgaben erlaubten nur die Rücksichtnahme auf die eigenen Interessen: Der Gouverneur, mit Machtvollkommenheit ausgestattet wie ein deutscher Fürst, war zugleich einer der wichtigsten Gesellschafter der WAPV. Er konnte mithin die rechtlichen Voraussetzungen schaffen, um seine Privatschatulle zu füllen. Voller Dankbarkeit baute ihm die WAPV dafür eine Schmalspurbahn von der Küste bis nach Buea im Landesinneren, wohin der Gouverneur des milderen Klimas wegen seinen Amtssitz verlegt hatte.

Konsequenterweise wurden die Petenten von einem deutschen Richter »wegen der Beleidigung der Beamten des Schutzgebietes« verurteilt, dem Strafmaß von 18 Monaten Gefängnis liegt das Prinzip der »Anerkennung des Herrenstandpunktes der weißen Rasse gegenüber der schwarzen« zugrunde. Aber in der Geschichte gibt es auch manchmal verspätete Gerechtigkeit: Ein Jahr danach mußte von Puttkamer seinen Posten räumen, denn er hatte seiner früheren Geliebten, einer Bürgerlichen namens Maria Ecke, eigenhändig einen Paß auf den wohlklingenderen Namen Marie von Eckardtstein ausgestellt.

Nach von Puttkamer wurde die Landpolitik in der Kronkolonie »menschlicher« gestaltet: Nun durfte immerhin jede afrikanische Großfamilie drei Hektar zur Eigenbewirtschaftung behalten. Ansonsten nichts Neues in Kamerun. Der Aufstand der Bevölkerung wurde mit Geld gebrochen: Kollaborationswillige afrikanische Herrscher erhielten das Recht, einen Teil des bei der Bevölkerung einzutreibenden Tributs, der im übrigen an die Kolonialherren abzuliefern war, für sich selbst zu behalten.

Korruption ist das dritte Element des Kolonialismus neben Enteignung und Entfremdung. Keine originelle Erkenntnis, aber eine lehrreiche. Die Formen und der Umfang der Korruption ändern sich, je nach Bedarf und Umgebung. Was in Kamerun noch mit der Konzession von Steuereintreibung zu erledigen war, mußte in Mittelamerika schon die Formen einer Bananenrepublik annehmen. Schließlich hatte man es mit einem souveränen Staat zu tun. Aber das Prinzip blieb das selbe.

Die Erfolgsgeschichte der »United Fruit Company« begann mit dem US-Amerikaner Minor C. Keith, der sich vor rund 110 Jahren die Gunst der hochverschuldeten Regierung Costa Ricas mit dem Versprechen erkaufte, das Finanzwesen des Landes zu sanieren. Sein Preis: das ganze Land, oder fast das ganze, was auf das selbe hinausläuft. Er durfte eine Eisenbahnstrecke bauen, sie nach eigenem Gusto betreiben. Allmählich kaufte er das gesamte Streckennetz auf, und in dem Maße breiteten sich auch seine Bananenplantagen aus. 1884, am Anfang seiner Karriere, exportierte Keith 420000 Bananenstauden jährlich. Fünf Jahre später war es die siebenfache Menge, 1910 dann sogar zehn Millionen Stauden jährlich.

Reichtum bringt Machtfülle: Wenn der Präsident Costa Ricas ein Telegramm absenden wollte, mußte er Keiths Telegrafennetz in Anspruch nehmen. Der Präsident mußte auch Keiths Trinkwasser benutzen. Die Gesetze, die das Parlament Costa Ricas verabschieden durfte, waren immer zugunsten von Minor C. Keith und seiner »United Fruit Company« (UFCO), die noch nicht einmal Steuern bezahlen mußte. Im Nachbarland Guatemala wurden per Gesetz die Kaffee- und Bananenplantagenbesitzer »jeder strafrechtlichen Verantwortung enthoben«, wenn sie denn mal ihre Arbeiter auspeitschen oder gar liquidieren mußten.

1925 besaß die UFCO fast 650000 Hektar Land in Mittelamerika, wovon aber nur ein Fünftel kultiviert wurde. Der Landbesitz sicherte die Machtposition und die riesigen Gewinne erlaubten es, sich die lokale Führungsschicht zu kaufen. Diese »oberen

Zehntausend«, meistens waren es Mestizen, vergaßen schnell ihre – minderwertige – indianische Herkunft und äfften mit Begeisterung die Sitten der »zivilisierten« Welt nach. Und sei es, daß im tropischen Nicaragua des Diktators Somoza, so erzählt es Eduardo Galeano, die Frauen der feinen Gesellschaft sich den Nerzmantel überzogen, wenn abends ausgegangen wurde. Was wiederum zum Spott der Neokolonialherren gereichte, die, nur an das nächste gute Geschäft denkend, milde lächelten, wie eben jemand über das dumme Kind lächelt, das erwachsen wirken will.

Diese lokalen Bourgeoisien verkommen zu willfährigen Instrumenten der Kapitalinteressen der neuen Kolonialherren. Sie enteignen ihr eigenes Volk und übergeben das Land den neuen Herren – als Gegenleistung dürfen sie die Segnungen der neuen Kultur genießen. Disneyland und Nerzmantel. Die eigenständige Kultur der Mayas, in Guatemala zum Beispiel, die schon ihre Blütezeit erlebte, als noch kein Europäer daran dachte, die Prärien Nordamerikas für sich in Anspruch zu nehmen, diese alte Kultur muß verleugnet werden. Nur in der Form des – milde belächelten – Folklorismus darf sie gelegentlich auftauchen, gewissermaßen fremdenverkehrsfördernd.

Dieser Kulturimperialismus begleitet in Mittel- und Südamerika die Verknüpfung zwischen den geschäftlichen Interessen der US-Firmen und der Kanonenbootpolitik der Washingtoner Regierung. Eine Rückblende: mit seiner berühmt gewordenen Erklärung von 1823 hatte sich der US-amerikanische Präsident James Monroe eigentlich nur gegen die Einmischung der europäischen Kolonialmächte in Amerika gewandt. Die Ironie der Geschichte will, daß diese Monroe-Doktrin seitdem den Neokolonialismus der USA begründet. Dieses Prinzip gilt bis heute.

Argentinien und Brasilien sind keine Bananenrepubliken – da bedarf es anderer Mechanismen um sie unter koloniale Herrschaft zu bekommen. Von Spanien bzw. Portugal Anfang des 19. Jahrhunderts in die Unabhängigkeit entlassen, begaben sich diese Länder in die wirtschaftliche Abhängigkeit des Britischen Imperiums. – Wir erinnern uns an den Bankier David Ricardo, in puncto ungleicher Welt. – Später übernahm dann die US-amerikanische Hegemonie das Geschäft.

Zunächst noch betrachtete Großbritannien seine Kolonien, die echten und die »heimlichen«, lediglich als günstige Absatzmärkte für die Manufakturprodukte der heimischen Industrie und hauptsächlich als Lieferant der dringend für die industrielle Revolution benötigten Rohstoffe. Noch Mitte des letzten Jahrhunderts zettelte Großbritannien einen Krieg der Tripelallianz (Argentinien, Brasilien und Uruguay) gegen Paraguay an, weil dieses Land zu weit vorangekommen war in der wirtschaftlichen Autarkie – in Paraguay stand der erste Hochofen Südamerikas. Solch eine Entwicklung war gefährlich in den Augen der Kolonialherren, denn schließlich mußten die Schlüsselindustrien in den Händen der Kolonialherren bleiben.
Genauso verhielt es sich auch noch in den ersten 30 Jahren dieses Jahrhunderts in Brasilien und Argentinien: Die korrupte Elite, überwiegend Großgrundbesitzer, verhinderte jede Bildungspolitik mit dem Erfolg, daß es keine qualifizierte Arbeiterschaft gab, mithin eine Industrialisierung der Länder verhindert wurde. Erst die vor Hunger und Armut flüchtenden Europäer bildeten allmählich ein Proletariat, das immer lauter seine Rechte auf Arbeit und Brot einforderte.
Mit der Industrialisierung wurde dann auch die moderne Arbeitsgesellschaft, die Arbeitsteilung, eingeführt, im kleinen wie im großen Maßstab – am Fließband und im Welthandel. Einerseits wurde mit der Automatisierung die Arbeit für den einzelnen Arbeiter stumpfsinniger, aber seine Produktivität konnte erhöht werden. Produktivität ist für jeden Kapitalgeber das zentrale, das magische Wort. Andererseits verlagerte man in diese Länder die arbeitsintensiven Produktionszweige, der billigen Arbeitskraft wegen. Damit wurde der periphere Kapitalismus begründet, der heute noch als Maßstab gilt für jene Länder Südamerikas und Ostasiens, denen man gnädigerweise die Bezeichnung »Schwellenländer« verliehen hat.

Nur, wir, die wir auf der nördlichen Halbkugel leben, verraten diesen Leichtgläubigen nicht, daß sie niemals über die Schwelle werden treten können, weil sie nämlich nicht das Eintrittsgeld bezahlen können – sie haben nicht das nötige Kleingeld, das Kapital um einzutreten. Das haben wir behalten, hier im Norden. Die Schwellenländer dürfen ruhig Baumwollkleider und große Schiffe produzieren, das machen sie billiger, und genauso gut, wie wir es früher machten. Aber den Mikrochip, damit ihre Maschinen überhaupt funktionieren, den liefern wir. Und das Wissen aus der Biotechnologie, um bessere Ernten zu erzielen, das behalten wir auch für uns. Wenn der Süden in Zukunft nicht verhungern will, soll er bei uns – exklusiv, versteht sich – die neuen Samen kaufen. Genau das ist Kolonialismus – nämlich Marktmonopol.

Es ist ein weit verbreiteter Irrtum, daß es in unserer modernen Wirtschaftsordnung entscheidend auf den Besitz von Rohstoffen ankommt. Was nützt es den Zaïrern und Chilenen, daß sie auf Kupferminen sitzen? Gar nichts, wenn die zwei Dutzend Broker an der Londoner Börse den Daumen nach unten halten. Lindert der Erzreichtum in Sibirien die Armut der russischen Bevölkerung? Mitnichten, denn es fehlt am nötigen Kapital, um die Vorkommen auszubeuten.

Wer Geld gibt – ob nun Kapital, Subventionen oder Vorruhestandsgeld genannt – bestimmt die Regeln. Selbstverständlich erwartet der Geber vom Nehmer ein ordentlich schlechtes Gewissen, weil dieser doch schließlich sein gutes Geld nimmt. Bei mangelnder Dankbarkeit gerät der Geber leicht in Rage, und der Nehmer fällt in Ungnade. Rebellieren ist zwecklos, denn aus der Untertanenrolle kommt er nicht heraus, solange er schuldet.

Die derzeitige Weltwirtschaftsordnung schreibt also nur die alte Kolonialpolitik fort.

Wer in diese Ordnung neu aufgenommen werden will, muß in Vorleistung treten. Erstens: Jede Form kommunitären Lebens muß abgeschafft werden: das Privateigentum erhält die höheren Weihen eines Dogmas. Zweitens: Die neue Zivilisation wird vorbehaltlos angenommen: jede Rückbesinnung auf tradierte Kulturen ist überflüssig und wirkt lächerlich, wenn sie nicht gar schädlich ist. Drittens: Als neue Eliten sind jene zu akzeptieren, die die Lektionen der neuen Herren am schnellsten lernen und am besten beherzigen. Und die ihre unwürdige Vergangenheit am effizientesten vergessen – sowie die Lehren der Geschichte gleich dazu.

Auf daß es eine ungleiche Welt bleibe.

THOMAS EBERMANN/RAINER TRAMPERT

Es lebe die Marktwirtschaft! – Nieder mit der Treuhand!?

Die Treuhand und das Dilemma der Marktwirtschaft

Die Treuhandanstalt erfüllt zwei Funktionen. Erstens ist sie eine Schimäre. Alle wirklichen Gründe für die Ruinierung des Produktionsstandortes DDR werden verschleiert, indem der abwikkelnden Institution ein »Versagen« angedichtet wird. Die Marktwirtschaft ist unantastbar, geradezu heilig. Da sie, so lautet das Dogma all derer, die modern sein wollen, für »Wohlstand« steht, können nicht ihre stummen Wirkungsmechanismen der Grund sein für das Desaster in den neuen Bundesländern. So werden Institutionen, Bürokraten, korrupte Gestalten und Politiker als Bösewichter ausgemacht, damit auf sie die sprichwörtliche »Verdrossenheit« projiziert werden kann, die in absehbarer Zeit den Ruf nach dem starken Mann, der aufräumt, lauter werden läßt. Am Ruin des Produktionsstandortes DDR trägt die Treuhand ungefähr so viel Schuld, wie Ludwig Erhard Verdienste am »Wirtschaftswunder« hatte – marginal.

Zweitens wickelt die Treuhand den Ausverkauf der Produktionsreste überwiegend marktwirtschaftlich ab. Insofern ist sie eine Realität. Sie gleicht einem Konkursverwalter, der die Waren eines in Konkurs getriebenen Kaufhauses versteigert. Der Konkursverwalter wickelt lediglich ab, was marktwirtschaftliche Konkurrenz hinterläßt. Natürlich lassen sich die Dimensionen nicht vergleichen. Erstmals in der Geschichte kommt das Industriepotential einer Nation, zudem der ehemals zehntstärksten Industrienation, auf einer Auktion unter den Hammer. Da kann nicht alles in geordneten Bahnen ablaufen, und die Skandale müssen zwangsläufig das Maß übersteigen, das ein Konkursverwalter erreicht, wenn er sich einen Posten guter Anzüge beiseite legen läßt.

Wie gesagt, die Literatur und die Zeitungen beschäftigen sich fast ausschließlich mit der mystischen Seite. Diejenigen, die sich bis

vor kurzem als »Sozialisten« bezeichnet haben oder sich heute noch so nennen, machen keine Ausnahme. Das ehemalige Mitglied der Regierung Modrow, die »Wirtschaftsexpertin« Christa Luft, 1989 Entdeckerin der »zivilisatorischen Potenz der Börse«, schreibt in ihrem »Treuhandreport«: »Einen unabänderlichen Zusammenhang zwischen dem Wirken der Treuhandbehörde und der Massenarbeitslosigkeit hätte es nicht geben müssen.« Daran ist nicht alles falsch. Permanent zerstört der Kapitalismus überschüssige, konkurrierende, weniger profitable oder defizitäre Produktion, weltweit, periodisch auch in gewaltigen Schüben (Kriegen), um sich zu sanieren. Nur selten setzt er eine Behörde ein, die noch zusehen soll, welche Teile verwertbar bleiben. Permanent wird so die Massenarbeitslosigkeit produziert, und viele Regionen der Erde scheinen heute jeder Perspektive beraubt. Da dies naturwüchsig und ohne Treuhandanstalten abläuft, darf unterstellt werden, daß die Deindustrialisierung der neuen Bundesländer ohne diese Institution keinen prinzipiell anderen Verlauf genommen hätte. Die Menschen in Polen, Rußland oder Ungarn können diese Annahme bestätigen. Natürlich hat Christa Luft das so nicht gemeint. Schließlich hatte sie in der Regierung Modrow mitbeschlossen, ihre Treuhandanstalt solle »die Umwandlung von volkseigenen Kombinaten, Betrieben und Einrichtungen in marktwirtschaftliche Kapitalgesellschaften... GmbH's und AG's« bewerkstelligen. Der Beschluß war richtig, das Prinzip erst recht – suchen wir also mit Frau Luft nach dem Haar in der Suppe: »Das eigentliche Dilemma dieser Behörde liegt nicht in seinem menschlichen Versagen« (schade!) »oder in organisatorischen Schwächen« (sehr schade!), »sondern in ihrer Konstruktion durch den Gesetzgeber« (endlich!), was ein »Ausdruck von Politikversagen« sei. Ein Konstruktionsfehler ist eine dankbare Floskel, weil sie so beliebig ist, daß sie sich der Erklärung entzieht. »Politikversagen« ist noch dankbarer, weil man das jeden Tag in der Zeitung lesen kann als auf den Begriff gebrachte Zauberformel für alle, die mit der kapitalistischen Ökonomie ihren Frieden geschlossen haben.
Immerhin verweist Luft auf andere Experten, die, bei gleicher Gesinnung, doch lieber auf organisatorische Schwächen und menschliches Versagen abheben, um auf ihre ureigenste Art zu demonstrieren, daß sie nichts begriffen haben. Wenn menschli-

ches Versagen in der Treuhandanstalt Ursache für den Ruin wäre, dann wären Weltbank, Konzernvorstände und Aufsichtsräte ausnahmslos Horte menschlicher Versager.
Der Autor Heinz Suhr (»Der Treuhand-Skandal«; s. S 223) ist den Versagern gnadenlos auf den Fersen. Er entdeckt »viele schwarze Schafe unter Unternehmensberatern«, noch immer zu viele »rote Socken« in den Ämtern, die per Definition Versager sind, aber auch: »Das Management und die Personalpolitik der Treuhand sind ein einziges Drama verpaßter Chancen des Neuanfangs...« So kommt, was kommen muß. Die schärfste Zuspitzung eines parlamentarischen Disputs – »Schuld ist die Bundesregierung«. Als Ausweg sieht Herr Suhr sowohl den obligatorisch zu fordernden Rücktritt besagter Regierung und die sofortige Übertragung der Treuhandanstalt auf die »Aufbauwerke der neuen Bundesländer« mit Vertragskontrollen »durch vereidigte Wirtschaftsprüfer«. Also: Biedenkopf statt Kohl und Wirtschaftsprüfer statt Unternehmensberater – dann blüht die Landschaft.
Der Bonner Korrespondent der »Wirtschaftswoche«, Henning Krumrey, qualifiziert in seinem Buch »Aufschwung Ost« (Frankfurt a. M., 1992) das Versagen: »Chaos... Seilschaften ... Schiebereien... doppelte Loyalitäten... Bilanzfälschungen« und macht sich, nachdem er das materielle Anspruchsdenken von Arbeitnehmern gegeißelt hat, die Ost-Löhne für zu hoch befunden und eine fehlende Werbekampagne der Treuhand für US-amerikanische Investoren beklagt hat, so seine grundsätzlichen Gedanken, welches System ihm einigermaßen passabel erscheint und in welcher Ordnung ihm die Deformationen echt unerträglich sind: »Zwölf Jahre Nazi-Diktatur hatten das Wirtschaftssystem und die Eigentumsordnung nicht grundlegend verändert, aber 40 Jahre Sozialismus haben zwei Generationen deformiert.« So etwas Fragwürdiges würde Rainer Hoffmann niemals aus der Feder fließen, denn als Abteilungsleiter bei der Hans-Böckler-Stiftung ist er natürlich »gewerkschaftlich orientiert«. Aber der modischen Verlockung, den strammen Marktwirtschaftlern der Treuhand mal richtig den Marsch zu blasen, sie seien immer noch nicht marktwirtschaftlich genug, konnte er doch nicht widerstehen: »Eine dezentrale Reorganisation der DDR-Betriebe würde marktwirtschaftlichen Ansätzen

eher entsprechen als ein zentralistisches Vorgehen, das eher an das System der alten Planwirtschaft erinnert.« (aus: »Auferstehen aus Ruinen«; Berlin, 1991)
Wenn das so weitergeht, wirft Frau Steinkühler bald Helmut Kohl vor, er sei Kommunist. Da das Dogma verlangt, in Marktwirtschaft etwas Befreiendes, Segensreiches zu sehen, kann diese, sobald sie sich zeigt, wie sie ist, nur von der teuflischen Planwirtschaft angefressen werden.
Ingrid Brandenburg, die für das »Neue Forum« am Runden Tisch Reden schwang, zeigt im selben Büchlein auf, wie ihre Firma zur Beratung des Mittelstandes einen Weg beschreitet, der dem der Treuhand turmhoch überlegen sein soll: »Diese Gesellschaft (ihre Firma) sollte zum einen dem sich neu bildenden Mittelstand als Ratgeber und potenter Unterstützer zur Seite stehen, zum anderen Investoren aus aller Herren Länder dazu motivieren, Geld und Know-how in diese Region zu stecken.« Frau Brandenburg ist »Dr. rer. ök.« und kennt den Pferdefuß der Sache: »Bleibt die Frage nach potenten Investoren.« Mühen wurden nicht gescheut, denn »wir sind im In- und Ausland als Dauerredner (!) bereits bestens bekannt. Zusätzlich haben wir gute Kontakte zu den verschiedenen Handelsattachés von Botschaften, zu Vertretern des DIHT im Ausland, zu einzelnen Firmen, Banken, Investgesellschaften.« Die Sache scheint ganz gut zu funktionieren, doch: »Alle sind interessiert, keineswegs abgeneigt, nur: Entscheidendes, Voranbringendes ist bisher noch nicht passiert.« Das ist zwar schade, aber weder ein Grund für einen klugen Gedanken noch zur Ermutigung, denn nun plant man erstens »Gründung von Mittelstandszentren unter der Ägide des Bundesverbandes mittelständischer Wirtschaft« und hat zweitens »keine Vorbehalte, zur gemeinsamen Verwirklichung all dieser Vorhaben noch viel hinzuzulernen«!
Selten trifft man auf einen Autor, der sich bemüht, die gröbsten Mystifikationen zu vermeiden. Wolfram Engels tat dies in der »Wirtschaftswoche« und erwarb sich einige Verdienste in punkto Aufklärung: »Stellen wir uns vor, Österreich träte der Bundesrepublik bei und der Schilling würde zum Kurs von eins zu eins auf Mark umgestellt. Dann gäbe es dort keinen Betrieb mehr, der noch wettbewerbsfähig wäre. Die heute so leistungsfähige österreichische Marktwirtschaft würde innerhalb weniger

Wochen kollabieren.« Das ist wohl wahr. Alle bislang zitierten Kritiker der Treuhand begrüßen den Schritt in die deutsche Einheit. Heinz Suhr zum Beispiel will bei aller Kritik »damit nicht die historische Leistung und Bedeutung der deutschen Einheit geschmälert« sehen: »Dem Bundeskanzler kommt der unzweifelhafte Verdienst zu, diese Einheit in einer raschen Geschwindigkeit vollzogen und die alliierten Siegermächte des Zweiten Weltkrieges, vor allem die Sowjetunion, auf seinen Kurs gebracht zu haben.« Wer so den Kurs des Kanzlers lobt, würde uns einen Gefallen tun, wenn er uns mit sekundärem Genörgel über die Personalpolitik der Treuhand verschonte.

Unterstellen wir, das Verhältnis von Ost-Mark zu D-Mark würde den Produktivitätsunterschied mit etwa vier zu eins widerspiegeln – so wurde in der Vergangenheit realistisch getauscht – dann müßte die Wirtschaft der DDR über Nacht eine Aufwertung ihrer Währung von 400 % verkraften. Zur Erinnerung: Bei früheren Aufwertungen der D-Mark um 5 % wurde schon geargwöhnt, die bundesdeutsche Exportwirtschaft könne eine solche Verteuerung ihrer Waren nicht aushalten. Das war häufig übertrieben, aber eine Verteuerung von 400 % wäre für jedes Land der Erde der sichere Knock-out.

Produktivitätsunterschiede können im Warentausch nur durch Währungsdifferenzen, Zölle oder kalkulierte (geplante) Schranken aufgefangen bzw. abgemildert werden. Fallen sie weg, wie bei der Schaffung des großen Deutschlands geschehen, gilt: Nicht profitable Sektoren – gemessen an der Produktivität in den kapitalstarken Regionen Westdeutschlands – zu erhalten, ist aus marktwirtschaftlicher Sicht schädlich. Je mehr vom gesellschaftlichen Gesamtkapital in nicht produktive Sektoren gebuttert wird, desto geringer fällt der Gesamtprofit des Kapitals aus. Das gilt für die Erhaltung nicht (Weltmarkt-)konkurrenzfähiger Betriebe und Regionen ebenso wie für den nicht produktiven Staatshaushalt. Deshalb ziehen gewinnträchtige Regionen Investitionen an und vermindern gleichzeitig die Konkurrenzfähigkeit von weniger produktiven Regionen.

Marktchancen, hoher Grad der Automation, entsprechend qualifizierte Infrastruktur und Dienstleistungen, lassen das Kapital überwiegend in die hochindustrialisierten Zentren fließen und arme Regionen wie weniger durchorganisierte (deindustrialisier-

te) Peripherien tendenziell ausbluten. Die Marktwirtschaft vergrößert ständig das Gefälle zwischen armen und reichen Gegenden. Sie tut dies im Weltmaßstab, aber auch im Rahmen staatlicher Grenzen. Der Appell an dieses System, die Investitionen etwa gleichmäßig über die Welt (oder auch nur über Deutschland, Italien...) zu verteilen, weil dies den Bedürfnissen der Menschen näher käme, ist weitaus unsinniger als die Forderung nach einer humanen Kriegsführung. Die investierenden Unternehmen sind weder »patriotischer« Gesinnung, noch kennen sie Begeisterung für die industrielle Entwicklung »zurückgebliebener« Länder. Sie vergeben zwar Lohnaufträge, und um diese herum entwickelt sich manchmal ein bescheidener Markt. Prinzipiell Industrie aufbauen, ist ihnen jedoch fremd und beschwerlich. Schließlich würden sie so nur Konkurrenten um die Ausbeutung der Rohstoffe, eine tragende Säule ihrer Stellung auf dem Weltmarkt, und um den Absatz ihrer Waren heranzüchten. Deshalb sind fast alle Industrialisierungs- und Marktentwicklungen, die von den armen Ländern erhofft wurden, fehlgeschlagen. Selbst die zeitweise so als Vorbilder gepriesenen »Schwellenländer« geraten in Krisen, wie momentan an Süd-Korea und seiner Abhängigkeit von Japan gut zu studieren ist.
Das Ziel westdeutscher Unternehmen war, den Markt in den neuen Bundesländern zu okkupieren. Dazu bedurfte es der Zerschlagung konkurrierender Produktionen in der Ex-DDR. Die Produktionsstätten hätten in ausländischer Hand unmittelbar konkurriert und als »unnötige« Kapazitätserweiterungen mittelbar. Dies gilt natürlich besonders in einem rezessiven Weltmarkt, der schon bestehende Kapazitäten nicht auszulasten vermag.
Wenn unter solchen Bedingungen die gesamte Volkswirtschaft des ehemals zehntstärksten Industrielandes vorwiegend der bundesdeutschen Wirtschaft zum Kauf angeboten wird, dann geschieht das um den Preis des Dumpings für kleinere, attraktive Einheiten und der Zerstörung der Masse. Wer die Marktwirtschaft befürwortet, sollte nicht darüber nörgeln, daß der Aufkauf von konkurrierenden Unternehmen, zum Zwecke ihrer Stillegung, nun einmal zu ihrem Wesen gehört.
Hinzu kam, daß die in die Marktwirtschaft überführte DDR darauf traf, daß auch der übrige RGW-Bereich die gleiche Um-

wälzung vollzog. Sonst hätte die (Ex-)DDR wohl eine größere Zukunft als vorzüglich industrialisiertes Billiglohngebiet direkt vor der westdeutschen Haustür gehabt. So aber ist der RGW-Bereich weitgehend als Auftraggeber weggefallen, und die ebenso naheliegende tschechische Republik bietet durchschnittliche Facharbeiterlöhne von 100 DM monatlich. Das ist ein starkes Argument gegen »patriotische« Anwandlungen.

Es gibt – neben Qualifikation, politischer Stabilität etc. – nur zwei Gründe, trotzdem in den neuen Bundesländern zu investieren. Der konsumnahe Sektor (Kaufhäuser, Tankstellen...) läßt sich nicht in Portugal oder Prag ansiedeln. Zweitens müßte das begrenzte Interesse westdeutscher (Produktions-)Konzerne, ihre Werkbänke in die neuen Bundesländer zu verlängern, mit Geschenken stimuliert werden, die die Lohnunterschiede zu Prag und Lissabon kompensieren. Dazu kann gehören: Die Schenkung von Grund und Boden, von brauchbaren Maschinenparks, Sanierungsgeldern, Sozialplangeldern, Umweltschutzgeldern (die umgeleitet werden können), Steuervorteilen etc. Man kann der Treuhand nicht nachsagen, sie würde sich um diese Dinge nicht bemühen. In diesem Sinne ist die Treuhandanstalt eine Verkaufsagentur, in der die westdeutschen Konzerne die Kauf- und Ansiedlungsbedingungen für sich selbst regeln. Im Verwaltungsrat regieren von Westkonzernen abgestellte Manager und für alle Abteilungen wurden weitere 120 »Leihmanager« aus dem Westen dort eingesetzt. Für ihre Stammhäuser sortieren sie Kauf- und Kooperationsbedingungen, schalten (ausländische) Konkurrenten aus, sorgen für den Abriß konkurrierender Kapazitäten.

Die aktuelle Bilanz der Treuhand sieht entsprechend aus. Bis Ende '91 hatte sie 5120 Unternehmen (bzw. Unternehmensteile) verkauft. Vom Stahlwerk bis zur Apotheke. Dafür hatte sie netto 14,5 Mrd. DM erhalten und 38 Mrd. DM Schulden gemacht. Nach Schätzungen sollen die Schulden bis Ende '94 auf 250 Mrd. DM steigen, die Verkäufe werden rückläufig sein, weil die »Filetstücke« bald verbraten sind. Ob das verbleibende Grundvermögen tatsächlich einen Wert von 150 Mrd. DM erreicht, bleibt abzuwarten.

Die vielerorts als überraschend gering empfundenen Einnahmen begründen sich durch das ungünstige Verhältnis von Angebot

und Nachfrage, aber auch durch die bewußte Absicht, das bundesdeutsche Kapital billig abstauben zu lassen. Die Geschichten über zu »symbolischen« Preisen verkaufte Betriebe, die gewinnbringend weiterverscherbelt wurden, über praktisch verschenkten Grund und Boden, der über Hypotheken in viel Geld umgemünzt wurde, über Korruptionsfälle, »fehlgeleitete« Gelder für ökologische Sanierungen, Sozialpläne etc. – füllen Regale. Sie erzeugten bisweilen sogar im Westen eine Aufregung, die fast an die Verärgerung heranreicht, die entsteht, wenn der Gatte von Frau Süßmuth ihren Dienstwagen benutzt oder ein saarländischer Politiker einen Zuhälter persönlich kennt. Selbst das Hamburger Weltwirtschaftsarchiv kam nicht umhin festzustellen: »Bei beiden Energieträgern (Strom und Gas) versuchten die westdeutschen Unternehmen eine wettbewerbsschädliche Strategie durchzusetzen. Leider haben sie damit weitgehend Erfolg gehabt.«
Geschichten dieser Art sind zahlreich, bei Zeiss-Jena durften die Schott-Glaswerke nach Belieben räubern und stillegen, die Lufthansa mußte nicht fürchten, daß aus der Interflug ein Konkurrent erwachsen würde und gegen die »Norweger« wurde im Schiffbau sogar mit gewerkschaftlicher Unterstützung Front gemacht.
Wer dieses zielgerichtete Wirken westdeutscher Manager im Rahmen und in Zusammenarbeit mit der Treuhand als »Versagen« oder »Unfähigkeit« qualifiziert, begreift nicht, daß gerade ihre Leistungen imponierend die Lebendigkeit der Marktwirtschaft beweisen.
Eine weitere Funktion der Treuhand erschließt sich, wenn man den Aspekt ihrer enormen Schulden reflektiert. Lassen wir einmal ungeklärt, ob die Politiker, die einst stritten, wie die erwarteten Überschüsse (!), die sich aus dem Wirken der Treuhand ergeben sollten, zwischen Bund und Ländern zu verteilen seien, selbst diesen Unfug glaubten (Apologetik der Marktwirtschaft findet sich schließlich in allen Berufsgruppen).
Jedenfalls mußte die Treuhand gleichzeitig: die Altschulden der DDR-Betriebe (104 Mrd. DM) übernehmen und für die Zinszahlungen aufkommen, obwohl es sich bei diesen eher um eine Besonderheit realsozialistischer Rechnungsführung handelte; an die »Käufer« 12 Mrd. DM für Sanierungen und Sozialpläne,

5 Mrd. DM für Entschuldungen und 2 Mrd. DM für Umweltschutz zahlen; die Hälfte der Zinszahlungen auf die gesamten Staatsschulden der DDR begleichen; ab 1993 50 % des Schuldendienstes tragen; Liquiditätskredite an die »Käufer« geben.
Ein Teil der so produzierten Schulden dient offensichtlich der Entlastung des Kapitals durch Konsumentzug bei den unteren Schichten, denn in absehbarer Zeit werden diese Schulden mit Sicherheit als »unvermeidbare Altlasten« sozialisiert. Die Treuhand wird ihren Nutzen durchaus haben, ... als ein Instrument der Deregulierung. Die schon heute geforderten »Opfer« für die schnelle Aneignung der DDR erhöhen sich noch um die Alimentierungen, für die sich der Staat zum Teil verschuldet hat. Da Staatsschulden und Zinszahlungen Gelder sind, die der kapitalistischen Akkumulation entzogen werden, schränken sich die Konkurrenz- und Wachstumsfähigkeit des deutschen Kapitals ein. Dieser Abzug fällt nicht bedeutend ins Gewicht, solange das Sozialprodukt schneller wächst als die Staatsschuld, also aus dem geschaffenen Reichtum bezahlbar ist. Die rezessiven Tendenzen machen diesen Weg unmöglich, so bleibt, in marktwirtschaftlicher Logik, eine Reduzierung der Konsummasse. Diese tiefgreifende Deregulierung – Deutschland hat wesentlich größere Deregulierungsreserven als seine imperialistischen Konkurrenten! – dürfte so eingerichtet werden, daß sie Bestand haben wird in zukünftigen Zeiten, in denen es um die großen Rohstofferschließungen im Osten geht – und natürlich auch um die Finanzierung von Kriegen. Der »Solidarpakt« ist wirklich erst der Anfang.

GREGOR GYSI

»Der Kapitalismus hat nicht gesiegt, er ist übriggeblieben«

Was nicht zusammengehört, kann auch nicht zusammenwachsen

Erobern ist leichter als regieren.

Jean-Jaques Rousseau,
»Der Gesellschaftsvertrag«, 1762

Bei Virginia Woolf findet sich die Geschichte eines Lokführers. Dieser fährt immer an einem Haus vorüber, vor dem eine Frau steht, die ihm stets freundlich zuwinkt – und er grüßt zurück. Obgleich sich die beiden nur aus der Ferne kennen, stellt sich mit den Jahren eine Vertrautheit her, die wechselseitig ein bestimmtes Bild vom anderen und den Wunsch nach Nähe wachsen läßt. Nachdem der Lokführer seinen Dienst quittiert hat, kommen beide endlich zusammen. Jedoch: Schon nach kurzer Zeit stellt sich Ernüchterung ein, und macht sich Enttäuschung breit. Die Vorstellungen vom anderen, die Erwartungen und Sehnsüchte sind mit den Jahren so groß geworden, daß sie in der Nähe nicht erfüllbar sind. Ein Zurück, die Herstellung früherer Ferne, ist allerdings auch nicht mehr möglich...
Der Text entstand lange vor dem Fall der Mauer jenseits des Großen Teiches. Wirkt er heute nicht wie die Parabel eines intimen Kenners deutsch-deutscher Verhältnisse? Die wechselseitige Zuneigung aus der früheren Distanz ist schließlich in Unmut umgeschlagen, der den Wunsch nach neuerlicher Trennung wachsen läßt. Aber in Wirklichkeit ist es schlimmer, denn auf einer Seite gab es kaum Sehnsucht, eher Gleichgültigkeit, die inzwischen in Ablehnung umschlägt.

Wo liegen die Ursachen für diese Haßliebe, teilweise sogar bloßen Haß? Ist sie genetisch bedingt, müssen wir tiefenpsychologische Untersuchungen anstellen? Hat die Aufklärung versagt? Oder die Politik? Sind die Medien daran Schuld? Die Intellektuellen? Auch wenn sie in Deutschland nie ernst genommen wurden und werden: Sie haben immer versagt. Heißt es. Das ist der Fluch deutscher Gymnasialprofessoren, die um die Jahrhundertwende das schmeichelnde Etikett unter die Leute brachten, Deutschland sei das Land der Dichter und Denker. Und das ausgerechnet zu einer Zeit, in der der Geist besonders niedrig im Kurs stand. Wäre die deutsche Geschichte nicht so bitter verlaufen, könnte man sie für ein Kabarettprogramm halten: Der im Grunde verachteten Intellektuellen, dieser machtlosen Elite, erinnert man sich erst dann, wenn die wirklich Mächtigen gescheitert sind.

Warum mögen sich die Deutschen nicht mehr? Rhetorische Gegenfrage: Haben wir uns denn vor dem Fall der Mauer gemocht?

Ich glaube nicht. Die Deutschen in Ost und West liebten sich nicht mehr als die Franzosen oder die Polen oder ein anderes Volk. Wir unterschieden uns aber durch Besonderheiten, die eben auch eine besondere Liebe wachsen ließ. Die Zuneigung war allerdings sehr unterschiedlichen Charakters. Der 1945 aus Mecklenburg vertriebene Rittergutsbesitzer war bei der Erinnerung an Land und Leute gewiß von anderen Empfindungen durchdrungen als der Bergmann in Bottrop, dessen Schwester in Zwickau lebte. Für die eingemauerten Ostler bedeuteten die verwandtschaftlichen Bindungen hingegen Brücken zur Welt. Solche Verbindungen in den Westen ließen nachsichtige Milde walten, wo man sonst sehr kritisch war. Eine Redakteurin der DDR-Frauenzeitschrift »für dich« – nach der Übernahme durch den Hamburger Medienmulti Gruner + Jahr von diesem als Konkurrenzunternehmen zur hauseigenen »Brigitte« liquidiert – meditierte im Jahr Zwei der deutschen Einheit öffentlich über ihre Freundin. Diese sei vor der Wende gern nach Nürnberg gefahren, um ihrer hochbetagten Tante zu gratulieren, die gegen Jahresende Geburtstag feierte. »Lieber mit Tantchen, Krückstock und fünf Mark über den Christkindl-Markt tappeln als mit Taschen voller Alu-Chips um den Erfurter Dom«, lautete die Alternative, um die die Reisende von den Daheimgebliebenen sehr beneidet wurde. Nun aber, nachdem diese Ausflüge ihre Besonderheit verloren haben, die greise Verwandte in Nürnberg

nur noch eine alte Frau ist und nicht mehr das Ticket in die andere Welt, kann es sich die ostdeutsche Nichte »plötzlich leisten, die Kaffeekränzchen der alten Damen stinklangweilig zu finden«. Das hat überhaupt nichts mit verlorener Zuneigung zu tun, sondern mit den veränderten Konstellationen.
Die verwandtschaftlichen Bande zwischen Ost- und Westdeutschen unterlagen damals überdies einer natürlichen Erosion, die nicht nur mangelnder Pflege angelastet werden kann. Oder dem Umstand, daß die moderne Industriegesellschaft die traditionelle Familienstruktur zerstört und an ihre Stelle den mobilen Single oder DINK (double income no kids) setzt. Mit den Verwandten starben die Verbindungen. Das wurde auch nicht verhindert durch die von bundesdeutschen Politikern und Medien permanent genährte Vision vom Fortbestand der deutschen Nation. Diese Beschwörung besaß bestenfalls rituellen Charakter, schlimmstenfalls diente sie als Munition im Kalten Krieg. Im Bewußtsein der meisten Offiziellen wie der kleinen Leute in der BRD war die deutsche Einheit längst abgeschrieben, was die totale Überraschung auch der westdeutschen Eliten bezeugte, als diese Einheit über Nacht hereinbrach. Obgleich immer davon geredet wurde, hatte keiner ernsthaft an sie gedacht, geschweige denn sich darauf vorbereitet. Schon gar nicht die Menschen im Osten. Aber die hatten auch nie über das Ende von DDR und BRD geredet, sieht man vielleicht von bierseligen Stammtischrunden ab.
Das offizielle Schweigen im Osten und die lauten Sonntagsreden im Westen erzielten in der DDR auf Dauer gegenteilige Wirkung, wie eben auch die vorsätzliche und die unterschwellige Propaganda nicht ohne Folgen blieb. Die Widerspiegelung der DDR-Realität in ihren Medien und die Alltagserfahrungen der Menschen gingen immer mehr auseinander. Das daraus resultierende begründete Mißtrauen legte sich zwangsläufig auch auf alle offiziellen Mitteilungen der DDR-Propaganda zu dem anderen deutschen Staat und dem Kapitalismus schlechthin. Selbst die ungebeugte Wahrheit wurde als Lüge empfunden, wenn sie im Neuen Deutschland stand. Diesen Eindruck verstärkten Verwandtenbesuche und elektronische Medien. Die allabendliche geistige Emigration eines großen Teils des Volkes in ein anderes Land per Television zeitigte irreparable Schäden. Sprechblasen,

so sie von der anderen Seite kamen, wurden für bare Münze genommen: Wer arbeiten will, kriegt Arbeit, und wer Arbeit hat, hat auch genügend Geld und kann sich all das leisten, was im Werbefernsehen vorgeführt wird. Es ist durchaus zulässig zu behaupten, die elektronische Reklame habe erheblich subversiver gewirkt als alle politischen Anstrengungen der BRD.
Die Bundesdeutschen hingegen erlebten bei ihren Visiten in der DDR die scheinbare Korrektheit der eigenen Propaganda. Vorurteile trafen zu, das Bild des Unrechtsstaates schien stimmig. DDR-Grenzer, Zöllner und Volkspolizisten behandelten sie zumeist mit kalter Arroganz; die geduckten Werkzeuge eines Obrigkeitsstaates kosteten in dem Moment, wo sie tatsächliche Macht besaßen, diese an anderen aus. Willkürlich oft, aber keineswegs irrational. Sie gaben nur die Verletzung der eigenen Persönlichkeit weiter. (Auch an die Landsleute, die im Unterschied zu den Kontrolleuren die Staatsgrenze in Richtung BRD passieren durften.) Die westdeutschen Besucher fanden die in ihren Medien wiedergegebenen Beobachtungen in der DDR-Realität bestätigt: Die Häuser waren grau, die Straßen schlecht, die Angebote in den Geschäften mager, überall hingen riesige Tafeln mit Zitaten und Losungen, in Gaststätten fand man selten einen freien Platz... Daß es unter dieser Oberfläche allerdings auch noch anderes gab, nahm man nicht wahr. Weil man es nicht konnte oder nicht wollte.
Letztlich vermochten es vor 1989 weder West- noch Ostdeutsche in ihrer Mehrheit, das grobschlächtige Bild vom jeweils anderen zu differenzieren. Man nahm die Fassade als das Ganze, hielt den Schein für das Wesen. Das erklärt zum Teil die Enttäuschung, die beide Seiten seitdem befallen hat: Die Bilder der Selbstsuggestion halten der Wirklichkeit nicht stand. Und deshalb schafft man sich neue Fiktionen, um sich den eigenen Irrtum nicht eingestehen zu müssen. Auch diese neuen Bilder gründen sich auf oberflächliche Feststellungen: Der Wessi ist arrogant, überheblich, degeneriert – der Ossi undankbar, faul, wenig flexibel. Der andere ist immer genau das Gegenteil von dem, was man selbst gern sein möchte oder annimmt, es bereits zu sein. Die Medien-Öffentlichkeit leistet mit ihrer in der Regel grobgerasterten Darstellung der Wirklichkeit diesem kurzschlüssigen Denken Vorschub. Und auch die offizielle Politik

bedient sich dieser Mechanismen, um ihre offenkundigen Fehler zu kaschieren.

Es ist nicht zusammengewachsen, was angeblich zusammengehörte. Vielleicht war das der kardinale Denkfehler: Es gehörte längst nicht mehr zusammen, was dort in zwei verschiedenen Staaten unabhängig voneinander an eigenständiger sozialer, kultureller und politischer Substanz gewachsen war. Ohne sich dessen bewußt zu sein, hat die Bonner Politik dennoch entsprechend gehandelt. Sie hat nicht vereinigt, sondern okkupiert. Sie hat versucht, den Osten zu verwestlichen. Damit ist sie gescheitert. Das einzige Gebiet, auf dem es glückte, ist das der politischen, also der Machtstrukturen. Die Parteien – mit Ausnahme der PDS – wurden wegfusioniert, die Kommunalverwaltungen und Länderinstanzen nach westdeutschem Muster gebildet. Und das geschah so, wie im 1. Buch Mose, im ersten Kapitel zu lesen ist: »Lasset uns Menschen machen, ein Bild, das uns gleich sei, die da herrschen über die Fische im Meer und über die Vögel unter dem Himmel und über das Vieh und über die ganze Erde und über alles Gewürm, das auf Erden kriecht.« Nicht grundlos spricht Dietrich Kittner, der Kabarettist aus Hannover, vom Protektorat, wenn er die neuen Bundesländer meint.
Ein deutscher Staatsmann verglich einmal die DDR und die BRD mit Feuer und Wasser, die sich seiner Meinung nach nicht vereinigen ließen. Natürlich geht das: Das Feuer verlischt, und der Rest verflüchtigt sich als Wasserdampf. Honecker ignorierte, wie so oft, eherne Gesetze und Gesetzmäßigkeiten. Doch im Kern geben ihm heute viele recht, darunter auch einige, die ihn juristisch verfolgen lassen. Wenn etwa Sachsens Ministerpräsident für autonome Entwicklungen der ostdeutschen und der westdeutschen Gesellschaft plädiert, weil er eine Angleichung der Lebensverhältnisse für unmöglich hält, folgt er nur der Einsicht, daß die in Jahrzehnten gewachsenen Unterschiede nicht überwindbar sind. Offiziell hält Bonn an seinem Versprechen fest. Nach der vierzig Jahre währenden Lebenslüge, daß man unerschüttert an die deutsche Einheit glaube, erleben wir nun die neue Lebenslüge der größeren Republik: Im Osten werde es bald so sein wie im Westen.
Optimistische Prognosen besagen, daß vielleicht in fünfzehn

Jahren das Lebensniveau nur noch zu 25 % auseinanderklaffen wird, andere meinen, es werde zwei bis drei Jahrzehnte dauern, ehe eine Annäherung in Sicht sei.
Das setzt übrigens voraus, die im Osten wollten noch immer so werden wie ihre westlichen Brüder und Schwestern.
Und: Gibt es außer den deutsch-deutschen Annäherungsproblemen nicht noch existentiellere für die Menschheit? Dies aber nur ganz nebenbei, ehe ich mich wieder auf den deutschen Nabel konzentriere.
Ich bezweifle stark, daß die meisten Ostdeutschen eine Kopie ihrer Landsleute im Westen werden möchten. Nicht mehr. Und zwar nicht deshalb, weil ihre damalige Zuneigung aus der Ferne in der Nähe nicht erwidert wird. Sondern weil sie inzwischen erkannt haben, daß ihre Art zu leben und zu denken zwar anders ist, aber deshalb noch nicht schlechter als die der Westdeutschen. Das sind historisch gewachsene Bewußtseinsinhalte, Kindheitsmuster von lebenslanger Dauer. Ganz Junge und Nachgeborene werden davon nur noch partiell geprägt werden, das wird sich mit den Generationen verwachsen, doch es wird noch Jahrzehnte sicht- und spürbar bleiben, was man gemeinhin »Ostidentität« nennt. Zieht eine Familie in ein anderes Wohnhaus, oder besser, sie bekommt lediglich einen neuen Vermieter, wird sie darum nicht mit ihren Gewohnheiten brechen. Sie wird zudem ablehnend reagieren, wenn der Hausverwalter durch die Wohnungstür hereinbricht und diktatorisch erklärt, das mitgebrachte Mobiliar sei Schrott, auch Lampen, Kühlschrank und Waschmaschine müßten ausgewechselt werden, und selbstverständlich gehörten die Bibliothek und die Familienalben auf den Müll. Nur Würdelose werden sich einer solchen Forderung nach Entwertung der eigenen Vergangenheit nicht verweigern. Die meisten aber werden sich mit Trotz wehren, der dann sogar dort wuchert, wo er unberechtigt ist.
Und was verändert der neue Hausverwalter in seinen eigenen vier Wänden? Er sitzt von allem scheinbar unberührt zwischen seinem Plüsch und Plunder, den er sich in vierzig Jahren geleistet hat, und fühlt sich sehr zufrieden. Das ist ihm alles ans Herz gewachsen, davon möchte er sich nicht trennen. In der Sprache der Politik heißt das: Es hat sich bewährt. Von den anderen wird gefordert, zu entrümpeln und zu entsorgen und die vom Nach-

barn respektive Hauswart abgelegten Möbel und Politiker und Gesetze zu übernehmen sowie die Zigaretten zu rauchen und das Brot zu essen, die er selber bevorzugt. Das Angebot, mal den selbstgebackenen Kuchen des Mieters zu probieren, wird ebenso schnöde abgewiesen wie dessen Vorschlag, gemeinsam eine neue Hausordnung zu erarbeiten.
Der Ostdeutsche spürt neben dem Schaden auch noch den Hohn. Und wenn er diesen anspricht, bekommt er zu hören: Jammere nicht.
Das motiviert kaum. Und steigert nicht die Sympathie für den westlichen Nachbarn, der selbstgerecht und selbstgefällig auf seinem weichen Sofa thront und von sich behauptet, in den verflossenen vier Jahrzehnten nichts getan zu haben, was einer selbstkritischen Befragung unterzogen werden müßte. Eine solche Haltung ist dem ostdeutschen Nachbarn sehr geläufig, sie wurde in einem seinerzeit sehr populären Lied zu einer Zeile verdichtet: Die Partei, die Partei, die hat immer recht...

Nichts ist unfehlbar und vollkommen, schon gar nicht das politische und wirtschaftliche System, das sich zumindest als effektiver und demokratischer als das des Staatssozialismus erwies, wenngleich seine zerstörerische Potenz die Menschheit insgesamt gefährdet. Der Kapitalismus hat nicht gesiegt – er ist nur übriggeblieben. Und nunmehr gibt es keine gesellschaftliche Alternative als permanente Herausforderung für dieses System mehr. Der Kapitalismus könnte nun ruhig auf seiner Chaiselongue sitzen und wie der westdeutsche Nachbar mit den Pantoffeln werfen, wenn ihn etwas stört. Aufstehen und sich bewegen scheint er nicht zu müssen: Da ist gegenwärtig keiner, der ihm seinen Platz ernsthaft streitig macht. Und das ist gefährlich, weil seine Produktions- und Konsumtionsweise uns alle zerstören wird. Ohne massiven demokratischen Druck wird sich aber nichts wirklich bewegen. Und dieser Druck muß national entstehen und international wirksam werden.
Und damit hebe ich endgültig den Blick aus dem deutschen Wohnzimmer. Obgleich die Bundesrepublik ihren einstigen Spitzenplatz in den meisten Statistiken verloren hat, kann diese vermeintliche Schwächung nicht darüber hinwegtäuschen, daß die Deutsche Mark härter ist als Krupp-Stahl, sie wird die

Wolga überwinden und gewiß auch den Ärmelkanal. Wenn nicht...

Die wirtschaftliche Expansion und die politische Hegemonie gehen einher mit der Bereinigung deutscher Geschichte. Die herrschende Elite verhält sich so, als seien mit dem Ende der deutschen Teilung – die gleichsam die Strafe für Nazidiktatur und Weltkrieg war – auch die Ursachen für die Zweistaatlichkeit aus der Historie verschwunden. Mit der Mauer fiel auch die Schamgrenze. Jenninger mußte noch in die Wüste geschickt werden, als er 1988 im Deutschen Bundestag über das »Faszinosum Faschismus« schwadronierte. Vier Jahre später wollte man mit ministeriellem Segen auf Usedom den deutschen Forschergeist, die Erfindung der V1- und V2-Raketen feiern. Erst die politische Intervention jenes Landes, auf das die in Peenemünde entwickelten und abgefeuerten Geschosse herniedergingen, führte zur Absage der instinktlosen Gedenkveranstaltung. Personelle Konsequenzen aber blieben damals aus. Das glaubte man nun nicht mehr nötig zu haben.

Vielleicht finden sich auch in solchen Vorgängen Teilantworten auf die eingangs gestellte Frage, weshalb Geschwisterliebe angeblich in Geschwisterhaß umschlug. Vielleicht aber sind wir auch gar nicht mehr Brüder und Schwestern, sondern wieder das, was wir schon immer waren: eine Gesellschaft, die geschieden ist in oben und unten, in Herrschende und Beherrschte, in Funktionäre und Funktionierende, in Regierende und Entmündigte, in Dirigierende und Dirigierte, in Treuhänder und Abgewickelte, in Eigentümer und Enteignete.

Vielleicht sollten wir auf diesem Felde über eine Veränderung nachdenken?

HANS-JOACHIM MAAZ

»Gewinnmaximierung statt Humanisierung«

Geschwisterliebe – Geschwisterhaß im vereinten Deutschland

Von den »deutschen Geschwistern«, besser von »Zwillingen« im Zusammenhang mit der deutschen Einheit zu sprechen, ist nicht nur eine verlockende Metapher für Psychotherapeuten und Soziologen, um Hypothesen für die unerwartet großen psychosozialen Schwierigkeiten im Vereinigungsprozeß zu bilden und dabei auch Modelle der Familiendynamik und systemischen Theorie anzuwenden, sondern entspricht auch dem Sprachgebrauch westdeutscher Politiker, zumindest in den Sonntagsreden und im Wahlkampf, wenn von den »Brüdern und Schwestern« im Osten die Rede war, um »Zeichen der Verbundenheit« zu setzen. In diesem Zusammenhang wurde die westdeutsche Mentalität zumindest äußerlich von Hilfsaktionen für die »Landsleute« in der DDR geprägt: Kerzen in den Fenstern, Geschenkpakete, finanzielle Unterstützung vom Begrüßungsgeld bis zu Milliardenkrediten, Häftlingsfreikauf. Wer in den Westen floh, wurde anfangs großzügig unterstützt, wer in die Bundesrepublik reisen durfte, wurde als Gast bewirtet, beschenkt und herumgeführt. Den Menschen in der DDR wurde vermittelt, sie gehörten trotz der Spaltung Deutschlands in zwei Staaten ungebrochen zur deutschen »Familie«. Für die Mehrzahl der Menschen in der DDR und für die allermeisten in der Bundesrepublik herrschte wohl Übereinstimmung darin, daß die einen »Geschwister« großes Glück und die andern unverdientes Pech gehabt hätten mit ihren »Adoptiveltern«, die die Pflege der gefährlich krank gewordenen, entarteten und hilfsbedürftigen »Kinder« übernahmen. Daß die einen da leben durften und die anderen dort leben mußten, wurde zur Grundlage für eine Spaltung in gut und schlecht, die den verunsicherten und schuldig gewordenen Menschen bald wieder eine fragwürdige Orientierung schenkte. Die Folgen dieser allzu einfachen Aufspaltung fallen heute auf uns zurück. Damals muß dies ungemein entlastend gewesen sein – auch für die benachteiligten »Geschwister«, denn sie fanden ja in ihren neuen bösen »Eltern« eine vermeintliche Erklärung und Entschuldigung für ihr unfreies Mangeldasein. So waren die Rollen im deutschen Drama schnell neu verteilt, die Menschen waren in neue Masken geschlüpft, um ihre schuldigen Seelen, gebrochenen Herzen und schmutzigen Hände nicht erkennen und erleiden zu müssen.

Die Klischees waren schnell und leicht aufgebaut, aber die jeweils andere Lebenswirklichkeit wurde kaum beachtet oder gar verstanden. Statt dessen entwickelte sich diese eigenartige Besuchs- und Geschenks-Heuchelei, aus der die Menschen auf beiden Seiten sich ständig Befriedigungen organisieren konnten: Die Westdeutschen gaben sich gern großzügig-gönnerhaft und konnten sich dabei im Osten grandios fühlen; die Ostdeutschen gefielen sich als »arme Brüder und Schwestern«, die bei jeder Tafel Schokolade oder einem Päckchen Zigaretten bereit waren, Loblieder auf den »goldenen Westen« zu singen. Der Warenfetischismus des Westens konnte sich erst durch den Osten richtig entfalten. Wenn selbst noch der westliche Abfall im Osten verehrt wurde, wie sehr erst mußte dann der eigentliche Inhalt den Menschen Bedeutung verleihen. So zierten leere westliche Bierdosen die östlichen Schrankwände, Plastiktüten mit den bekannten Markenzeichen bekamen Handelswert und mit Jeans trug man seine ganze Weltanschauung zum Markt. So wurden die Westdeutschen vom Osten her auch kaum als gleichwertige »Brüder und Schwestern« verstanden, höchstens als sehr viel größere Geschwister, eher noch als »Tante und Onkel« oder schlicht als die »reichen Verwandten«.

So war die Zeit des gespaltenen Deutschlands jedenfalls geprägt von wechselseitigen tendenziösen Fehleinschätzungen: Vom Osten her wurde das Leben im Westen unkritisch hochstilisiert, verherrlicht und ersehnt wie ein »Schlaraffenland« – das war die gängige Überzeugung der meisten Menschen im Gegensatz zur politischen Propaganda der SED, die von unverbesserlichen Nazis und Imperialisten, den Kriegstreibern und Ausbeutern, von den Menschenfeinden im Westen sprach. Und vom Westen her wurde das Leben im Osten verdrängt, nicht wirklich zur Kenntnis genommen, es wurde mit Angst und Schrecken belegt, unkritisch abgewertet und pauschal schlecht gemacht, im Gegensatz zu der offiziellen Bruder- und Schwestern-Ideologie. Die Menschen im Osten wurden überwiegend als Opfer eines brutalen Systems dargestellt, nicht als Mitläufer oder gar Mittäter. Und kaum jemanden schien dieses fragwürdige Bild von der durch und durch bösen und verdorbenen Obrigkeit und dem armen Volk zu stören, als wenn es völlig normal sei, daß schlechte Eltern die besten Kinder heranziehen würden. Und die Menschen des Westens stellten sich überwiegend als erfolgreich und zufrieden dar oder wurden zumindest so gesehen und nicht als Opfer eines entfremdenden Leistungs- und Konkurrenzdenkens. Wirkliche menschliche Begegnungen mit Einblick in innerseelische Vorgänge und familiäre Konflikte und Austausch von tieferen Bedürfnissen, Hoffnungen und Ängsten blieben in Deutschland jedenfalls eine ganz seltene Ausnahme.

Dies alles sollte sich im Zuge der deutschen Vereinigung schwer rächen: Die wechselseitigen Unkenntnisse und die einseitigen Fehleinschätzungen haben ein Verhalten provoziert und politische Entscheidungen bewirkt, die für unsere Gegenwart beschämend, belastend und enttäuschend sind und für unsere Zukunft zu einer ernsten Bedrohung werden können. Die deutsche Einheit entlarvt die unbewältigte Geschichte, sie reißt den Menschen die sozialen Masken ihrer bisherigen Sozialisation herunter und weist uns mit Nachdruck darauf hin, daß wir es nicht allein mit einem umfassenden politischen und wirtschaftlichen Veränderungsprozeß in Ostdeutschland, sondern mit einer bedrohlichen psychosozialen Fehlentwicklung in ganz Deutschland zu tun haben.

Schauen wir aber zunächst noch einmal zurück auf unsere Vergangenheit: Wir haben gemeinsam den deutschen Nationalsozialismus zu verantworten. Was wesentlich dazu beigetragen hatte, blieb bis heute fast unberührt: Der psychologische Nährboden, der Untertanengeist, Leistungssucht, Radikalität und Destruktivität in den Seelen der Menschen wurzeln läßt. Es wird immer wieder und nur allzu gern übersehen, daß es die Menschen selber sind, die ein Unrechtssystem ausgestalten und wuchern lassen, die in den Krieg ziehen, den Nachbarn denunzieren, Ausländer erschlagen und Juden vergasen. Diese erschreckende Tatsache darf aber um keinen Preis wahr sein, sie

wird immer wieder bekämpft, bestritten und verleugnet und bekommt dadurch immer wieder die Räume und Möglichkeiten, um bösartig mit verheerenden Folgen auszuwuchern: So wurden aus Faschismus Stalinismus und Konsumismus.
Was ist mit den Menschen geschehen, die sich immer wieder in den Strudel verbrecherischer Gewalt reißen lassen, die nicht nur anfällig für destruktives Mitmachen sind, sondern solche Gelegenheiten zum gewalttätigen Abreagieren nahezu suchen und provozieren? Die tiefenpsychologischen Analysen weisen auf seelische Kränkungen und Verletzungen in sehr vielen Menschen hin, die deshalb eine existentiell bedrohliche Bedeutung bekommen und sich in mörderischer Gewalt entladen können, weil sie bereits in der frühen Kindheit geschehen sind, in der der Mensch auf Gedeih und Verderb auf die angebotene Beziehung der Erwachsenen, auf die Bereitschaft und Fähigkeit der Eltern zur Bedürfnisbefriedigung angewiesen ist. Wenn durch Mangel an Zuwendung und Einfühlung, durch Ablehnung und Mißachtung natürlicher und individueller Bedürfnisse und durch Nötigung auf weitgehend normiertes Verhalten hin eine umfassende Einschüchterung und Entfremdung erfolgt sind, bleibt dieses Erziehungsergebnis gebunden an verständliche Empörung, an Zorn und Haß, an Schmerz und Trauer – über die selbst erlittene Unterdrückung und Gewalt, über vollzogene Anpassung und über die damit verbundenen Defizite und Verluste an Lebendigkeit und Lebensmöglichkeiten. Dieser »Gefühlsstau« muß im weiteren ständig unter Kontrolle gehalten werden, wozu der Mensch Dämpfungsmittel und Ablenkung braucht oder sich irgendwann und irgendwo abzureagieren versucht. Er braucht dann nur noch eine passende Gelegenheit oder einen geeigneten Anlaß, was sich aber ebenso leicht konstruieren läßt, wie z. B. auch der Alkoholiker stets einen Grund für sein Trinken anzugeben weiß. Der Mensch wird auf diese Weise zum Suchtkranken oder zum potentiellen Gewalttäter gemacht. So unterscheiden sich Drogenabhängige von süchtigen Produzenten und Konsumenten vor allem in der unterschiedlichen sozialen Bewertung, das zugrundeliegende seelische Dilemma aber darf man sehr wohl gleichsetzen. Verschiedene konstitutionelle und soziale Bedingungen nehmen dann nur noch Einfluß darauf, ob sich die aufgenötigte Destruktivität schließlich gegen sich selbst

(Krankheit), gegen die Umwelt (ökologische Krise) oder gegen andere Menschen (Krieg, Gewalt, Armut) richtet.
Nach der bedingungslosen Kapitulation Deutschlands war die Spaltung in zwei Teilstaaten eine verhängnisvolle Möglichkeit, die massenhafte individuelle Schuld kollektiv zu projizieren und abzuspalten. Das war die psychologische Motivation für den »Kalten Krieg« mit den verordneten Feindbildern vom unverbesserlichen Imperialisten und Kapitalisten und vom gefährlichen Kommunisten. Die Siegermächte standen Pate für die Entwicklung einer neuen Gesellschaftsordnung, die mit dem »Aufbau des Sozialismus« oder dem »Wirtschaftswunder« eine ideologische bzw. materielle Ausrichtung bekam. Dies war an unterschiedliche Sozialisationen gebunden, die zwar gleichwertige Fehlentwicklungen begünstigten, doch äußerlich sehr unterschiedlich ausgeformt wurden. Im Osten wurden durch offen autoritär-repressive Verhältnisse Gehorsam und Unterwerfung erzwungen, wodurch Ängste, Unsicherheiten, Minderwertigkeitsgefühle, eine umfassende psychosoziale Einengung und Hemmungen in den Menschen erzeugt wurden. Und im Westen wurde durch verdeckt autoritär-manipulative Verhältnisse eine Anpassung an eine Lebensart und Wirtschaftsform erreicht, die in den Menschen Neid und Habgier, Besitzstreben, Konkurrenz- und Dominanzverhalten, Ellbogenmentalität und Stärkekult beförderten. Die alten deutschen Untugenden vom eilfertigen Gehorsam, von Disziplin und Ordnung einerseits und von übertriebener Tüchtigkeit und zwanghaftem Perfektionismus andererseits bekamen neue Energie, um die schmachvolle Schuld und bittere Erkenntnis um das millionenfache böse Mittun und feige Mitlaufen zu verdrängen. Und in der Tat, die allgemeine Not war groß und im materiellen Wohlstand des Westens schien es eine erlösende Verheißung zu geben, wie andererseits auch die großen sozialistischen Ideale belastete Seelen wieder auf ein besseres Leben hoffen ließen. So suchten die Menschen in der nach dem Krieg »vaterlosen Gesellschaft« in den neuen Verheißungen, die von der Partei und der DM ausgingen, nach elterlichen Ersatzfunktionen, die das neue Glück bringen sollten, das die meisten Menschen längst verloren hatten und in sich nicht mehr finden konnten, ohne eine bittere und schmerzliche Abrechnung mit ihrer individuellen Lebensgeschichte unter der

Fuchtel autoritärer Eltern und Lehrer aufzumachen. Die 68er Protestbewegung wurde entscheidend aus diesen Spannungen gespeist, konnte sich aber aus der bereits erfolgten Abhängigkeit von der Droge »Wohlstand« nicht mehr befreien. Ähnliches geschah mit der 89er Protestbewegung in der DDR: Sie zerrann im gierigen Rausch, der durch die DM ausgelöst wurde.
Mit dem Fall der Mauer gab es in ganz Deutschland einen Augenblick des Auflebens wirklicher Sehnsüchte und Bedürfnisse nach menschlicher Nähe und Verbundenheit, was die berüchtigten Schauer die Rücken rauf und runter und Tränen in die Augen selbst der hartgesottenen Genossenmasken und Managerfassaden aufsteigen ließ. Da brach mit der Sehnsucht aber auch die Ahnung von dem falschen und verlorenen Leben durch, und die Erinnerung an die Nötigung und die Zwänge der Anpassung und Unterwerfung wurde wieder aktiviert, was seitdem einen heftigen Abwehrkampf in Deutschland ausgelöst hat. Alles, was seitdem geschieht, scheint einem Zweck zu dienen: Laßt die längst aufgegebenen Wünsche und Sehnsüchte ruhen, und laßt uns ja nicht die ganze Wahrheit über unser Leben erfahren! So verhalten sich die Ostdeutschen, wie sie es gelernt haben: angepaßt und untergeordnet, sie folgen ihren aufgenötigten Minderwertigkeits- und Ohnmachtsgefühlen, sie lassen sich abwickeln, evaluieren, verkaufen, bestimmen, über den Tisch ziehen, beherrschen und unterwerfen wie eh und je. Und die Westdeutschen können nun endlich ihre aufgezwungenen Verhaltensweisen ungezügelt und siegreich ausleben: sie dominieren, herrschen, gewinnen, kaufen, bestimmen und lassen überhaupt keinen Zweifel an ihrer vermeintlichen Überlegenheit. Jetzt bestimmt nicht mehr die Partei, was das richtige Bewußtsein und Verhalten ist, jetzt bestimmt ganz schlicht das Kapital, wer oder was sich durchsetzt und behauptet. Die vermeintliche Geschwisterliebe, die von Fürsorge, Mitgefühl, Achtung und Verehrung geprägt schien, ist umgeschlagen in Geschwisterhaß, der von Neid und Mißgunst, Gehässigkeit und Vorurteilen geprägt wird. Im »Bananenfresser« denunzieren die Westdeutschen ihr eigenes gieriges Ersatzverhalten, das nur längst schon einen kultivierten Mantel des Konsumierens bekommen hat, doch im Osten noch einmal ganz unverblümt aufscheint. Im »Jammerossi« werden die durch die Marktgesetze verpönten

menschlichen Befindlichkeiten von Angst, Schwäche, Ohnmacht und Leiden bekämpft. Und im »Besserwessi« klagt der Ostdeutsche über seine auferlegte Behinderung, er habe ehemals keine Durchsetzungskraft, keine Autonomie und kein Selbstbewußtsein entwickeln dürfen. Die »Geschwister« erkennen aneinander die Schatten ihrer jeweiligen Einseitigkeit und Fehlentwicklung – sie könnten jetzt die gemeinsamen Ursachen in den Strukturen der autoritären Gesellschaft erkennen und wirklich zu einem eigenen und erwachsenen Leben finden, doch der »Bruderkrieg« scheint leichter zu führen. Und wie tödlich das werden kann, müssen wir im zerfallenen Jugoslawien miterleben. Bei uns spielt sich das noch etwas »vornehmer« ab: Ostdeutschland wird schlichtweg ausverkauft, das Vermögen an Land, Immobilien und Produktionsmitteln fließt nach Westen; die Arbeitslosigkeit, Existenznot und soziale Abwertung des Lebens fließen nach Osten. Und wo Verheißung und vorübergehende Betäubung durch hartes Geld und Warenfülle schon nicht mehr greifen, entlädt sich die Unterwerfungsaggression gegen die sozial noch schwächeren Ausländer und Asylbewerber. So wie die »Geschwisterliebe« ehemals aufgesetzt war und den Blick in die Tiefe verbergen sollte, so ist der »Geschwisterhaß« eine Not der Menschen, um ihre schmerzliche Selbstentfremdung nicht fühlen zu müssen. Wenn wir bedenken, daß gerade auch bei äußerlich so erfolgreichen Menschen (es gab prächtige Nazis und bedeutende Kommunisten und heute gibt es beneidete Millionäre) ihre frühe lebensbedrohliche Not gerade durch Uniformen, Orden, Macht und Geld kompensiert werden soll und sich darunter ganz tiefe Ängste und mörderische Gelüste verbergen können, mögen wir erneut eine Ahnung von dem Pulverfaß gewinnen, auf das wir uns immer wieder setzen.
Wir haben im Osten tatsächlich viel gewonnen: Demokratie, Menschenrechte, Rechtsstaatlichkeit – doch dies zerrinnt, wenn es nicht in den Menschen wurzeln kann. Christentum und Kommunismus haben uns gelehrt, was aus höchsten Werten wird, sobald sie verordnet und nicht mehr von den Menschen selbst erfahren und entwickelt werden. Noch ist nicht entschieden, ob 45 Jahre westdeutsche Demokratie halten, was sie versprechen, wenn nämlich die bisherige »Entschädigung« für demokratisches Wohlverhalten – äußerer Wohlstand – nicht

mehr so zur Verfügung stehen wird wie bisher. Dieser Prozeß hat längst begonnen. Es ist schon deutlich erkennbar, daß die deutsche Vereinigung kein demokratischer Prozeß mehr ist, sondern eine Kolonialisierung mit der Macht des Geldes. Die Sucht westlicher Lebensart geht mit den Menschen durch: Gewinnmaximierung statt Humanisierung. Das Verständnis für wirklich menschliche Belange ist dabei längst verlorengegangen – als Folge der frühen Entfremdung und Manipulation. Dies hat durchaus auch tragische Momente, wenn nicht allein das Profitinteresse bestimmt, sondern echte Hilfe bewußt gewollt wird, aber an den unbewußten Abwehrmechanismen scheitert. Wenn der Ostdeutsche nicht mehr als Untertan und der Westdeutsche nicht mehr als Obertan agieren, sondern sich wirklich als Menschen begegnen würden, müßten beide ihr bisheriges Leben in Frage stellen, und das ist eben sehr viel belastender und bedrohlicher als in den bekannten auferlegten Rollen zu verharren.
Im Zuge der deutschen Einheit, in dem Moment, wo menschliche Verständigung angezeigt, und die Möglichkeiten der fortgeführten Kompensation durch weiteres Wirtschaftswachstum in Frage geraten, entlarvt sich der Schein der bisherigen deutschdeutschen Beziehungen. Wir stehen uns mit wachsenden Vorurteilen und feindseligen Mißverständnissen gegenüber und können diesen Weg bis zum bitteren Ende gehen – die Katastrophe kommt bestimmt: Wir können wählen zwischen einem ökologischen Kollaps oder dem Krieg zwischen Armen und Reichen. Oder wir fangen gemeinsam an, unsere entfremdete Lebensart zu begreifen, nicht nur im totalitären Sozialismus ein pathologisches Gesellschaftssystem, sondern auch die auf Wachstum und Konsum angelegte westliche Gesellschaft als zerstörerisch zu erkennen. Ohne äußeren Verzicht können wir nicht mehr lange überleben und einen gleichen Wohlstand für alle Menschen auf dieser Welt verträgt unsere Erde nicht – das wissen wir alle. Verzichten aber fällt den Menschen schwer, vor allem wenn sie süchtig sind – dies hat überhaupt nur eine Chance, wenn zugleich bessere Lebensmöglichkeiten eröffnet werden. Dies können menschliche Beziehungen sein, die Ehrlichkeit, unverstellte Authentizität, Herzlichkeit und emotionale Offenheit – auch für Zorn, Schmerz und Trauer ermöglichen. Der Geschwisterhaß, der uns zur Zeit bedroht, ist ein Symptom für die Gefühle, die in

uns schlummern und uns Angst machen, die Ausdruck und Folge der erfahrenen Unterdrückung oder Anpassung im Osten und im Westen sind. Wenn wir überleben wollen, müssen wir uns Räume schaffen und Zeit geben, uns darüber zu verständigen, was uns wirklich ängstigt und belastet und was wir wirklich suchen und brauchen. Der Haß könnte uns einen Weg weisen zur wirklichen Geschwisterliebe, die allerdings Schuld und Versagen, Leiden und unerfüllbare Sehnsüchte mit einschließt.

MARGARETE MITSCHERLICH-NIELSEN

Und wieder keine Trauerarbeit

Die Unfähigkeit der Deutschen im Umgang mit sich selbst

Ein Gespräch

Wie charakterisieren Sie in wenigen Worten die Treuhand?
Die Treuhandanstalt hat treuhänderisch den Besitz des Staates übernommen. Sie tut damit das, was alle Kapitalisten mit staatlichem Besitz tun würden, sie teilt ihn auf, verkauft ihn, um nach ihren Vorstellungen so die Wirtschaft in Gang zu bringen. Daß es sich dabei um Volkseigentum, also eigentlich um erwirtschaftetes Eigentum aller seinerzeit in der ehemaligen DDR produktiv tätigen Menschen handelt, wird wenig zur Kenntnis genommen. Die Menschen werden nicht gefragt, ihre Bedürfnisse spielen keine Rolle.
Wo liegen denn neben rein ökonomischen Motiven die Ursachen dafür, daß Menschen, die 40 Jahre lang aus Solidarität mit den Brüdern und Schwestern Kerzen in die Fenster gestellt haben, jetzt schamlos über die Verwandten herfallen?
Das ist ja das Paradoxe: Wenn Sie Mitglieder der Treuhandanstalt oder der Regierung fragen würden, bekämen Sie zur Antwort, wir wollen doch nur das Beste für die da drüben, wir kurbeln die Wirtschaft an, damit es aufwärts geht, wir schenken denen unsere Rezepte der Marktwirtschaft und jetzt beklagen sie sich auch noch. Der undankbare Ossi. Vordergründig ist da kein Schuldgefühl, so etwas wie Scham schon gar nicht. Auf der anderen Seite aber empfinden sie einen gewissen Genuß, auf der Siegerseite zu stehen, den lieben Verwandten im Osten endlich zeigen zu können, wie weit man es selbst gebracht hat, wie die Welt auszusehen hat. Man kann endlich den Brüdern und Schwestern die eigene vermeintliche Stärke demonstrieren. Keine Frage, einerseits wollen die Westdeutschen helfen, andererseits leben sie den Genuß des Siegers. Und da ist die Treuhand an

vorderster Front zu finden. Da ist Verdrängung im Spiel, vielfach auch Heuchelei.

Die meisten Westdeutschen hatten keinen Bezug mehr zur DDR. Die demonstrativen Bekundungen, die Sonntagsreden und auch die Kerzen waren vielfach nur Schein. Das Mitgefühl mit den armen Unterdrückten trug doch nur, solange man sich sicher war, eine Wiedervereinigung würde es nicht geben. Ich gehe soweit zu sagen, daß sogar eine vollkommene Entfremdung stattgefunden hat. Eigentlich wollte man die da drüben doch nicht. Päckchen und Pakete ja, mal einen begrenzten Verwandtenbesuch, aber das war's dann auch schon. Im Spiegel des negativen Erscheinungsbildes der DDR, dieses Intoleranten, Spießigen, Muffigen, sonnte man sich und konnte seine eigenen Unzulänglichkeiten noch besser verbergen. Und dann kam die Wende. Welche Enttäuschung trotz aller anfänglichen Euphorie.

Gut, aber worin sind denn die Antriebsfedern zu suchen der Treuhand, der Bundesregierung, ja aller Glücksritter hier, die, wo immer sich eine Gelegenheit bietet, die Brüder und Schwestern über den Tisch ziehen, sie reinzulegen versuchen? Ist das nur die Entfremdung? Hängt das möglicherweise auch mit dem hierzulande 40 Jahre lang gelebten Antikommunismus zusammen? Oder hält sich der Westdeutsche aufgrund seines ökonomischen Erfolges schlichtweg für den Besseren? Allemal für den ausgebufften Kapitalisten?

Sicher könnte der Antikommunismus da eine Triebfeder sein. Aber das verkürzt das Problem. Sehen Sie, der Sieg fiel denen in Westdeutschland so leicht, der fiel ihnen zu. Ich glaube nicht einmal, daß es sich um Antikommunismus handelt, denn mit den ehemaligen Kommunisten der Sowjetunion, Rußlands beispielsweise, versteht man sich ja auch prächtig, man verbrüdert sich sogar, scheint sie förmlich zu lieben. Natürlich winken da auch große Märkte. Alles was war, der ganze Haß des Kalten Krieges, die jahrzehntelange Feindschaft scheinen vergessen. Schwört jemand dem Kommunismus ab, darf er an die Tröge. Mit den Brüdern und Schwestern ist das anders: die hat man am Hals, die muß man sanieren, ohne etwas zu erhalten. Die sind schlicht lästig.

Ich denke, das Verhalten der Westdeutschen gegenüber den Ostdeutschen ist so zu definieren: Die Verachtung des Eigenen, der Selbsthaß sind die Triebfeder für diese absurden Umgangsformen, die wir allerorten vorfinden. Denn die Deutschen haben sich im Unterbewußtsein schon immer verachtet. Und jetzt können sich die Westdeutschen an die Aufarbeitung der DDR-Diktatur machen, um vom eigenen Trauma des Nationalsozialismus abzulenken, um den Selbsthaß erneut zu verdrängen. Das Nazi-Trauma sitzt tief, denn es hat hierzulande nie so etwas stattgefunden wie eine kollektive Trauerarbeit, eine wirkliche Auseinandersetzung mit der Nazi-Barbarei, mit der Erinnerung eines Kollektivs an die Leiden der Opfer, an deren Leben und Tod, mit der Bewußtmachung eigener Vorurteile und eigener Projektionen auf eben diese Opfer. Die »Unfähigkeit zu trauern«, wie das Alexander Mitscherlich und ich genannt haben, konnte noch nie so unmittelbar beobachtet werden wie gerade heute. Auch jetzt wird nicht kollektive Trauerarbeit geleistet. Es findet eine gigantische Projektion statt. Jetzt können Deutsche endlich Deutsche verachten. Sie sind von einem uralten Komplex heimgesucht, von dem sie irgendwie wissen und den sie tief verinnerlicht haben. Dieses »Deutschland über alles«, dieses »am deutschen Wesen soll die Welt genesen« zeigt ja in Wirklichkeit die Abwehr eines Gefühls von tief sitzender Minderwertigkeit. Und das Wissen darum, wieviel Abscheu die Welt 1945 gegenüber den Deutschen empfunden hat, scheint man heute in der Verachtung der Deutschen in der ehemaligen DDR unterzubringen. Nebenbei waren ja viele Ostdeutsche 150prozentige Kommunisten, penibler als jedes andere osteuropäische Regime. Und die findet man nun in der eigenen Familie wieder, wo man doch die Nazi-Zeit so trefflich verdrängt hatte, und alles geht von vorne los. Es bereitet offenbar Lust, Aufarbeitung der DDR-Diktatur vorzugeben, in Wirklichkeit aber alles zu liquidieren. Die Arbeitsplätze, die Identitäten, die kulturelle Szene, humanitäre Einrichtungen, selbst wenn man sie anschließend für viel Geld wieder aufbauen muß, ja sogar die Straßenschilder werden in unsinniger Weise abmontiert. Von historischem Bewußtsein keine Spur. Da ist es wieder: 12 Jahre Hitler-Diktatur, 45 Jahre kommunistische Diktatur, damals gemeinsame Leichenberge, heute ostdeutsche Aktenberge – und es wird so getan, als seien sie die Schuldigen und wir hier im Westen die Unschuldigen.

Rührt daher diese offensichtliche Lust an der Demütigung der Ostdeutschen, dieser Hang zu verachtender Besserwisserei? Fühlt sich der Westdeutsche aus Verdrängung überlegen?
Natürlich. Die guten Deutschen aus dem Westen sind die Sieger und die bösen Deutschen im Osten die Verlierer. Wir sind geschickt und schnell unter die Decke der Amerikaner geschlüpft, damals 1945, und konnten mit Einsetzen des Kalten Krieges problemlos die Vergangenheit hinter uns lassen. Zumindest vordergründig. Schnell wurden wir Musterschüler in Demokratie und verdrängten die belastende Vergangenheit. Keine Vergangenheitsbewältigung, keine Trauerarbeit. Währenddessen wurde in Ostdeutschland ein totalitäres kommunistisches Regime installiert, in dem Antifaschisten tatsächlich meinten, den besseren Staat zu errichten. Aber durch den staatlich verordneten Antifaschismus, der auf seine Weise jede Schuld des neuen Staates und seiner Bürger an Nazi-Deutschland leugnete, wurde ebenso verdrängt wie in Westdeutschland. Jetzt verordnen wir der ehemaligen DDR unser System, alle unsere Wertemuster, mögen sie noch so umstritten sein. Und die Ostdeutschen, historisch nun zweimal Verlierer, fügen sich. Auch sie hassen sich, und deshalb lassen sie sich demütigen. Ihren ganzen Selbsthaß und den Haß darüber, wieder Verlierer zu sein, schieben sie auf den Osten ab, auf die Polen, die Ausländer, die Asylanten.
Hat denn die ehemalige DDR-Bevölkerung masochistische Züge? Genießen die Ostdeutschen womöglich auch noch die Zerstörung und Demütigung durch ihre Brüder und Schwestern aus dem Westen?
Mit Sicherheit! Natürlich ist ihnen das nicht bewußt. Die DDR hatte diesen eben schon erwähnten verordneten Antifaschismus. Immer hieß es gebetsmühlenartig: Wir sind keine Faschisten! Wir verschreiben uns dem Sozialismus und sind damit aus dem Schneider. Bei uns kamen alte Nazis schnell wieder in hohe Ämter, denken Sie an die Globkes, Lübkes und Kiesingers. Der Kalte Krieg machte es möglich. Auch wir haben wie die drüben unseren Staat auf Schweigen aufgebaut. Aber die Ostdeutschen fühlen sich heute doppelt schuldig: Sie tragen die Last des Nationalsozialismus und des SED-Regimes. Die Ostdeutschen legen zutiefst masochistische Züge an den Tag aufgrund dieses tiefsitzenden Schuldgefühls, erneut versagt zu haben. Mit dem

Bewußtsein ist das so eine Sache: Man weiß etwas und weiß es doch nicht; was man nicht wissen will, das weiß man nicht; nicht sein kann, was nicht sein darf... Die Ostdeutschen würden masochistische Züge natürlich weit von sich weisen, aber sie haben zutiefst die Attitüde des Unterwürfigen.

Wenn Sie masochistisches Verhalten bei den Ostdeutschen diagnostizieren, kann man dann – und das keineswegs nur auf die Treuhand bezogen – bei den Westdeutschen sadistisches Verhalten ausmachen?

Die Deutschen hatten immer eine Neigung zum Sadomasochismus. Das hängt mit ihrer Geschichte und ihrer autoritären Erziehung zusammen. Die Art der Erziehung der letzten zwei Jahrhunderte hatte sadomasochistische Züge. Entweder verhielt man sich sadistisch oder masochistisch, meistens beides. Dafür steht die Hitler-Zeit. Da war man beides gleichzeitig. Da verzichtete man auf Butter zugunsten von Kanonen, da ging man zur SA und zur SS und mimte parallel den gütigen Familienvater und vieles mehr. Die Deutschen waren schließlich durch die Nazi-Ideologie trainiert worden, nicht zu trauern. Sie waren auf eine Mentalität der Heldenverehrung, des süßen Sterbens für Vaterland und Führer, dessen unwerte Feinde zu vernichten oberstes Gesetz war, eingeschworen. Und dafür haßten sie sich. Sie litten und ließen leiden. Als Psychoanalytiker würden wir sagen, die Deutschen wurden auf eine paranoid-schizoide Seelenverfassung eingeübt; sie brauchten Feinde und Sündenböcke, um sich selbst als Herrenmenschen ungehindert idealisieren zu können. So ist der Antisemitismus zu erklären, die Xenophobie. Heute hat man Angst, von den Brüdern und Schwestern abgelehnt zu werden, und überträgt den Selbsthaß innerhalb der Familie auf die Asylanten. Da ist die Verdrängung der Vergangenheit, die Unfähigkeit, die Gegenwart realistisch wahrzunehmen, sich den Problemen offener und freier zu stellen. Der Ostdeutsche, der heute vorgibt, in seinem Betrieb immer Sabotage verübt zu haben, gleichzeitig aber betont, aus eben diesem Betrieb seine Identität abgeleitet zu haben, der Ostdeutsche, der weder Ulbricht noch Honecker geachtet hatte, aber gleichzeitig an ihnen vorbeidefiliert ist, der hat weder seine Mitbürger geachtet noch sich selbst. Die Probleme des Selbsthasses und des Hasses innerhalb der Familie machen Angst und werden auf Asylanten verschoben.

Was halten Sie von der These: Der Charakter des Siegers zeigt sich in der Behandlung des Besiegten?

Als ob es Hitler, dem die Deutschen Wochen vorher noch begeistert in den totalen Krieg gefolgt waren, nie gegeben hätte, identifizierten sie sich nach 1945 übergangslos mit den westlichen Siegermächten. Die Sieger zeigten sich dann auch recht großzügig den Deutschen gegenüber. Sie installierten den Marshallplan und vieles mehr. Heute ist das anders: Hier versucht der Sieger, die Bundesrepublik und ihre Ideologie der Marktwirtschaft, mit der Vergangenheitsbewältigung der DDR-Diktatur gleichzeitig seine eigene unaufgearbeitete Schuld der Nazi-Zeit mit unterzupflügen, die Schuld zu verschieben. Doch eines darf man nicht vergessen: Zu solchen Operationen gehören immer zwei: Es ist also nicht nur der Charakter des Siegers, den es aufzuzeigen gilt, sondern auch der Charakter des Besiegten – und die bedingen sich, sind sich sogar ähnlich. Der eine benimmt sich sadistisch, der andere masochistisch. Ich meine, die Ostdeutschen benehmen sich so unterwürfig, wie es die Westdeutschen taten, als die Amerikaner kamen. Aber daß man die eigenen Brüder und Schwestern fleddert, wie Bewohner einer Kolonie behandelt, das ist schon hart. Denen da drüben werden sogar noch die Kindergärten genommen, den Frauen die Berufstätigkeit, den Menschen ihr gutes Klinikwesen, ihre Theater, Verlage, alles.

Vielleicht steckt aber in alledem noch ein anderer Aspekt der Verdrängung: Was bedeutet der Kommunismus für die Deutschen? Ist er nicht auch ein Stück deutscher Identität? Der Sozialismus als urchristliche Idee, als großes Ideal. Marx und Engels als deutsche Vordenker. Während der Nazi-Zeit waren die Amerikaner die Feinde, der jüdische Weltkapitalismus, Amerika und auch Frankreich galten als durch das jüdische Kapital verseuchte Länder. Der Kommunismus, der Bolschewismus waren ohnehin der Todfeind. Dann war der Krieg vorbei. Und plötzlich standen die Westdeutschen auf der Seite der Amerikaner, die man kurz zuvor noch verteufelt hatte. Plötzlich konnte man den Selbsthaß auf den Kommunismus übertragen. Aber eigentlich wollte man ja auch Sozialist sein.

Mit unseren westlichen Verbündeten waren wir wieder Nationalkapitalisten, und das schlechte Gewissen, das man hatte, wenn man nicht sozial genug war, das schob man ab. Was man haßt, ist immer ein Stück von einem selber.

Hat sich Deutschland mit der Vereinigung übernommen?

Ja, psychisch sogar hochgradig. Da war die alte Bundesrepublik endlich irgendwie zur Ruhe gekommen, indem sie keine Identitäten mehr hatte. Gott sei dank, würde ich sagen, daß die nationalen Identitäten und alle dümmlichen Attitüden endlich der Vergangenheit anzugehören schienen. Natürlich reicht die reine Identifikation über die D-Mark, den Konsum und »Made in Germany« auf Dauer auch nicht aus. Natürlich bringen Geld und Konsum als Lebenszweck eine gewisse Trostlosigkeit mit sich, aber zumindest läßt es sich in solchen Wänden recht gut leben. Endlich waren die Westdeutschen ein richtiger Teil des Westens: Ihr Herzenswunsch, anerkannt und bewundert zu werden, war in Erfüllung gegangen. Zumindest ökonomisch. Sie hatten westlich-demokratische Verhältnisse, waren ein überschaubarer, bisweilen sogar charmanter Staat, hatten einen Willy Brandt. Da fiel auch ein ganzes Stück dieses gefährlichen Sadomasochismus, der dieses Volk sonst so beherrscht hat, ab. Sie hatten sich im Westen integriert, durften an allen Tischen sitzen, waren zu Musterdemokraten geworden. Die alte Bundesrepublik hatte ihre Rolle gefunden, selbst die Intellektuellen, die kritische Jugend konnten sich mit diesem Staat abfinden. Und dann die Wiedervereinigung, dieser Riesenstaat mitten in Europa. Nichts ist mehr wie es war. Plötzlich sind da wieder dieses Mißtrauen von außen und das Gefühl, die Welt erwarte von diesem Deutschland neue Signale. Für Deutschland ein Desaster mit unübersehbaren Folgen. Hoffentlich nicht für die Nachbarn.

Kann man sagen, daß den Westdeutschen die Wiedervereinigung überhaupt nicht gelegen kam?

Selbstverständlich, das läßt sich begründen. Es war seit langem eine der zahlreichen Lebenslügen dieses Landes, die Wiedervereinigung wirklich zu wollen. Man hatte sich mit der Teilung abgefunden, man war wohlhabend geworden, war Teil des Westens und hatte immer das Negativbeispiel Osten vor Augen, vor dem der vermeintliche Glanz noch deutlicher wurde. Der

Osten interessierte nicht mehr, verschlang, wenn überhaupt, nur Geld. Dazu kam dieses Gefühl, die im Osten seien immer noch auf dem Niveau der 50er Jahre, Spießer und Kleingeister. Wir hier im Westen dagegen sind zu echten Weltbürgern geworden, während die im Osten Provinz waren und blieben. Und da sind sie plötzlich. Also wenn schon, dann bitte als eine Gesellschaft, die aus einem Unrechtsstaat kommt, und die gleich zweimal büßen muß: für 40 Jahre Kommunismus und 12 Jahre Nazi-Diktatur. Sie sind die Schuldigen, die endlich mit ihrer Vergangenheit abrechnen müssen, was wir ja nie getan haben. Sie müssen unsere Schuld mit abtragen. Ein Unglück ist das alles für die Westdeutschen, und das läßt sie so böse werden: Eingeordnet in Europa, und zwar als Westeuropäer, standen wir da, und jetzt müssen wir plötzlich auf das Niveau runter, das wir glaubten verlassen zu haben. Man war endlich wer, und jetzt ist man wieder der unangenehme Deutsche. Der ungehobelte Angeber, der Mensch mit den untergründigen Minderwertigkeitskomplexen, manche würden historisch sagen, der verspäteten Nation; alle anderen waren Nationen, wir waren keine. Man mag sie nicht! Noch dazu die neue gewalttätige Ausländerfeindlichkeit, die Nazi-Skins mit ihren Nazi-Parolen.

Hängen diese Verhaltensweisen, auch die der Treuhand, damit zusammen, daß die Westdeutschen kein taugliches Feindbild mehr haben, an dem sie sich reiben können?

Das ist natürlich ein Problem. Mit dem Zusammenbruch des Kommunismus wurden auch die alten Feindbilder zusehends untauglicher. Solange alle Menschen im Osten, wenngleich auch ziemlich diffus, als Feinde definiert werden konnten, hielt man hier zusammen und definierte sich darüber. Plötzlich sind die Feinde weg, aber dafür Märkte da. Wir haben keine äußeren Feinde mehr. Der Buhmann innerhalb der Familie macht Angst. Wenn die West- und Ostdeutschen einen gemeinsamen Feind hätten, an dem sie sich beide reiben könnten, würden sie sich viel besser vertragen, rücksichtsvoller und einfühlsamer miteinander umgehen. Jetzt aber ist der eine Sieger, der andere Besiegter. Die da drüben sollen jetzt erst einmal lernen, was Demokratie heißt, was wir schon lange wissen, was Wirtschaft heißt, die wir ja angeblich so erfolgreich beherrschen. Der Westen hat natürlich eine Lust daran, Sieger zu sein, eine gewisse Häme, daß die anderen so zurückgeblieben sind, wirtschaftlich, und so provinziell sind. Aber es darf ja in Wirklichkeit kein Feindbild sein, da es sich um die »Brüder und Schwestern« handelt. Da kommen ihnen die Asylanten sehr gelegen, denn den Brüdern und Schwestern kann man ein so primitives »raus mit euch« nicht entgegenschleudern, obwohl manche es gerne täten.

Zu den Menschen, die in der Treuhandanstalt arbeiten. Jungmanager, Yuppies, alles Westimporte, die über Land ziehen, Betriebe schätzen, kalkulieren, verkaufen, liquidieren, abwikkeln. Für zahlreiche Westdeutsche ist der Ausverkauf der ehemaligen DDR-Volkswirtschaft ein Karrieresprungbrett. Spielen da auch Zwänge mit, die im hiesigen System ihre Wurzeln haben? Momente der Macht, die man hier vermißt, hier, wo man nur ein Rädchen im Prozeß ist?

Hier sind diese Menschen in eine Hierarchie eingebunden, die sich nicht so leicht aufbrechen läßt, der man nicht entgehen kann. In Ostdeutschland ist auch der hier als mittelmäßig Eingestufte kraft seiner Treuhandposition etwas Besonderes. Er ist der Boß. In Ostdeutschland kann er experimentieren am wirtschaftlichen Objekt – die Menschen zählen da weniger, da kann er sich womöglich noch bereichern. Plötzlich herrscht ein Gefühl vor, Herr im Land zu sein. Diese Mechanismen finden wir immer wieder. Dabei handelt es sich vorwiegend um junge Menschen, die im Westen nur funktionieren, im Osten aber plötzlich Manager sind, die neuen Herren. Und das leben sie ja auch auf eine recht primitive Weise. Diese Menschen machen die im Osten zu Kommunistenschergen, undifferenziert und ungebildet, das Land pauschal zum Terrorregime, werfen den Menschen dort vor, charakterlos zu sein, weil sie sich 40 Jahre haben unterdrücken lassen, und legen die Attitüde, dieselbe erniedrigende Ausdrucksweise wie die einstigen DDR-Funktionäre an den Tag. Da zeigt sich wahrscheinlich bei diesen jungen Managern, bei dieser ganzen Gruppe von »Abwicklern«, doch wieder so eine Art Herrenmenschendenken. Zumindest lassen sie die Ostdeutschen auf der ganzen Linie spüren, wie wenig sie von ihnen halten. Nur, warum lassen die da drüben sich das gefallen? In anderen historischen Phasen hätte das vielleicht Bürgerkrieg bedeutet.

Sind diese Treuhandmanager und ihre Gehilfen im Nadelstrei-

fen eine ganz besondere Spezies, ein Produkt der alten Bundesrepublik?
Von diesem Typus geht so etwas aus wie ein leichter hämischer Herrschaftsflair. In der Marktwirtschaft geschult, als obersten Wert Kapitalismus und Konsumismus. Das hängt natürlich mit den autoritären Herrschaftsstrukturen auch bei uns zusammen, besonders in der Wirtschaft. Wenn Menschen autoritär behandelt werden, also das Gefühl haben, nichts als Pinscher im System zu sein, dann wandeln sie sich schnell zu Schäferhunden, wenn sie einmal die Macht dazu haben. Also ich denke, daß diese Spezies sehr wohl ein Produkt der alten Bundesrepublik ist, da sich hier Karriere, Erfolg und Status bedingen. Und verlassen Sie sich darauf: Die Ostdeutschen werden diese Mechanismen ihrerseits so schnell verinnerlichen, daß sie diese Muster der Machtausübung bald weitergeben werden.
Es wird seitens der Treuhand auf Teufel komm raus privatisiert. Ein ganzes Land wird neuerlich enteignet. Da werden Bürger aus ihren Wohnungen vertrieben, die alten Besitzer kehren zurück?
Ja, das ist absurd und einfühlungslos. Das scheint mir auch eine politische Dummheit zu sein, dadurch bringen sie große Teile der Bevölkerung gegen sich auf. Den Krieg haben wir gemeinsam verloren, und dann hatten es die drüben viel schwerer als wir im Westen. Wenn für Kriegsverbrechen, Faschismus und Massenmorde Abbitte zu leisten war und ist, dann doch bitte gleichmäßig. Jetzt werden die Bürger er ehemaligen DDR quasi noch einmal bestraft. Es ist diese Art von Moral, die nur privatwirtschaftlich denkt. Eigentum ist die Moral. Aber es ist Eigentum der Ostdeutschen, das ihnen nun weggenommen wird, Volkseigentum, auch wenn das so antiquiert klingt. Das ist überhaupt eine eigenartige Moral: Die, die heute schreien, Eigentum ist der Maßstab aller Dinge, waren doch im Faschismus an den Enteignungen in vorderer Front beteiligt. Denken Sie an die Arisierungsprogramme, an die Enteignungen in allergrößtem Maßstab und daran, wie wenige ihr Eigentum nach dem Krieg zurückbekamen.
Müßte man Ihr Buch »Die Unfähigkeit zu trauern« heute fortschreiben?
Das habe ich bereits 1987 versucht mit dem Buch: »Erinnerungsarbeit, zur Psychoanalyse der Unfähigkeit zu trauern«. Im Vor-

wort der Taschenbuchausgabe weise ich auf die heutige Situation hin. Ich glaube, daß die Diagnose einer Unfähigkeit zu trauern immer noch aktuell ist, vielleicht aktueller denn je.
Tabus gibt es nicht mehr, die Sehnsucht nach der Barbarei der Nazi-Zeit wird offen geäußert. Daß Nazi-Strukturen bestehen blieben, wurde uns 1992/1993 drastisch vor Augen geführt. Jugendliche in beiden Teilen Deutschlands versuchen den Hitlerismus neu zu beleben, ihren Selbsthaß in Fremdenhaß zu verwandeln. Hinter diesen Nazi-Skins und ihren rechten Anhängern steht eine nicht geringe Anzahl schweigender Deutscher. Denn alle Lichterketten verdecken nicht, daß die Mehrheit der Deutschen zwar die Anschläge auf Asylantenheime verurteilt, aber deren Meinung teilt, Asylanten und Fremde hätten Deutschland so schnell wie möglich zu verlassen. Mitleid mit den Opfern der Bürgerkriege und Einfühlung in das traurige Los der meisten Asylanten, als Folge einer kollektiven Fähigkeit zu trauern, ist nur wenig zu spüren, auch bei den Politikern nicht. Eine argumentative Auseinandersetzung mit den Vorurteilen und Ressentiments eines großen Teils der Deutschen findet nicht statt. Lieber gibt man ihnen nach und beschränkt sich auf eine Verfassungsänderung. Man sieht: Ohne eine befreiende Trauer- und Erinnerungsarbeit bleiben viele Denk- und Verhaltensstrukturen aus der Nazi-Zeit bestehen.

Die Autoren

Birgit Breuel, geb. 1937, studierte Politische Wissenschaften in Hamburg, Oxford und Genf. 1959 Direktionsassistentin im Hamburger Weltwirtschaftsarchiv (HWWA). 1961 bis 1962 Direktionsassistentin beim International Report in New York. 1965 Prüfung als Einzelhandelskauffrau. 1970 bis 1978 Mitglied der Hamburger Bürgerschaft und CDU-Fraktionssprecherin für Wirtschaft. 1978 bis 1986 Ministerin für Wirtschaft und Verkehr des Landes Niedersachsen. 1986 bis 1990 Ministerin der Finanzen des Landes Niedersachsen. Seit 1. Oktober 1990 Vorstandsmitglied der Treuhandanstalt. Seit 13. April 1991 Präsidentin der Treuhandanstalt. – Der vorliegende Artikel erschien in »Die Zeit« Nr. 47 vom 13. November 1992 unter dem Titel »Grenzenlos überfordert«.

Peter Christ, geb. 1948. Studium der Volkswirtschaftslehre; Diplom-Volkswirt. Seit 1976 Journalist: »Stuttgarter Zeitung« (1976 – 1977); »manager magazin« (1978 – 1979); »Die Zeit« (1979 – März 1992), davon vier Jahre Leiter der Wirtschaftsredaktion. Anfang 1990 bis März 1992 Korrespondent der »Zeit« für Ostdeutschland in Ostberlin. Seit April 1992 Chefredakteur des »manager magazin«. Buchveröffentlichungen: »Gegenwirtschaft« (1981); »Reise ins andere Deutschland« (1986). Textpassage aus: Christ/Neubauer, »Kolonie im eigenen Land. Die Treuhand, Bonn und die Wirtschaftskatastrophe der fünf neuen Länder«, Berlin 1991.

Thomas Ebermann, geb. 1951 in Hamburg, war in verschiedenen Funktionen für die Partei der Grünen tätig, u. a. als Sprecher im Bundesvorstand (1987) und als Mitglied des Bundestages in der Fraktion. Anfang 1989 verlor er durch die Rotation sein Bundestagsmandat. Nach massiven Flügelkämpfen verließ Ebermann im April 1990 die Grünen, weil die Partei – so seine Kritik – immer mehr zur »staatstragenden Partei« geworden war. Ebermann arbeitet in erster Linie publizistisch, u. a. für die Zeitschrift »Konkret«. Aufsehen erregte sein mit Rainer Trampert herausgegebenes Buch »Die Zukunft der Grünen«, Hamburg 1990.

Elmar Faber, geb. 1934 in Desbach/Thüringer Wald. 1954 – 1959 Studium der Germanistik in Leipzig. Diplom bei Hans Mayer mit einer Arbeit über Adalbert von Chamissos »Peter Schlemihl«. Danach Redakteur einer wissenschaftlichen Zeitung. Seit 1953 Mitglied in der SED. Ab 1968 Lektor und

Verlegerassistent im Bibliographischen Institut Leipzig; seit 1970 Cheflektor der Verlags Edition Leipzig, seit 1976 Verlagschef. Von 1983 bis 1992 Verleger des Aufbau Verlags, Berlin und Weimar, sowie des Verlags Rütten & Loening, Berlin; seit 1990 zugleich Inhaber der Sisyphus-Presse Faber & Faber, Berlin. Langjähriger Chef des Verleger-Ausschusses in der DDR und stellvertretender Vorsitzender des Leipziger Börsenvereins. Aktiv in der Pirckheimer-Gesellschaft für Buchkunst und Bibliophilie. Mitglied des Redaktionskollegiums der »Marginalien«. Publizistische Tätigkeit auf dem Gebiet der Buch- und Verlagsgeschichte. Der Beitrag wurde erstmals im »Börsenblatt« Nr. 6 vom 22. Januar 1993 veröffentlicht.

Michael Faber, geb. 1961 in Leipzig. Studium der Germanistik an der Leipziger Universität. Frühzeitige Beschäftigung mit Verlags- und Buchgeschichte, angeregt durch das Elternhaus. Mehrere wissenschaftliche Publikationen vor allem zu Verlagsentwicklungen im 19. und 20. Jahrhundert in Deutschland. Seit 1991 gemeinsam mit seinem Vater Elmar Faber eigene verlegerische Arbeit.

Gregor Gysi, geb. 1948, 1966 bis 1970 Studium an der Humboldt-Universität, Berlin, Juristische Fakultät, Abschluß als Diplomjurist. Während der Oberschulzeit Absolvierung einer Facharbeiterausbildung als Rinderzüchter. 1970 Richterassistent, Wechsel zum Kollegium der Rechtsanwälte als Assistent. Rechtsanwalt seit November 1971. 1976 Dissertation zum Thema: »Zur Vervollkommnung des sozialistischen Rechts im Rechtsverwirklichungsprozeß«. Seit April 1988 Vorsitzender des Kollegiums der Rechtsanwälte Berlin, danach Vorsitzender des Rates der Kollegien der Rechtsanwälte. Dezember 1989 bis Februar 1990 Vorsitzender der SED, Februar 1990 bis März 1993 Vorsitzender der PDS, März 1990 bis Oktober 1990 Vorsitzender der PDS-Volkskammerfraktion, seit Oktober 1990 Vorsitzender der Abgeordnetengruppe der PDS im Deutschen Bundestag. Zahlreiche Publikationen.

Jörg Heimbrecht, geb. 1945 in Berlin, Dr., Dipl.-Chemiker, arbeitet als Journalist und Filmemacher. Autor zahlreicher Publikationen. Bekannt wurden u. a. »Das Milliardending« (1984), »Rheinalarm« (1986) und »Der Tod, der von den Feldern kam« (1988). Heute ist Heimbrecht überwiegend als Fernsehautor, z. B. für das WDR-Magazin »Monitor« tätig. Autor der Treuhand-Reportage: »Das Milliardengrab – Wie die neuen Länder von der Treuhand verkauft werden.«

Rudolf Hickel, geb. 1942, Professor für Politische Ökonomie und Finanzwissenschaft im Studiengang Wirtschaftswissenschaften an der Universität Bremen. Mitglied der Arbeitsgruppe Alternative Wirtschaftspolitik. Maßgebliche Publikationen zur Wirtschafts- und Finanzpolitik sowie zum Aufbau der fünf neuen Bundesländer und zum ökologischen Umbau. Gemeinsam mit Jan Priewe: »Finanzpolitik für Arbeit und Umwelt« (1989), »Der Preis der Einheit – Bilanz und Perspektiven der deutschen Vereinigung«

(1991). Mitautor einer Studie für den Senat von Rostock zur kommunalen Wirtschaftspolitik 1991.

Regine Hildebrandt, geb. 1941 in Berlin, Politikerin. Studium der Biologie und Promotion an der Humboldt-Universität, Berlin. 1964 bis 1978 stellvertretende Abteilungsleiterin der Pharmakologischen Abteilung des VEB Berlin-Chemie. 1978 bis 1990 Bereichsleiterin in der Zentralstelle für Diabetes und Stoffwechselkrankheiten Berlin. 1989 Engagement in der Bürgerbewegung »Demokratie Jetzt«. Seit Oktober 1989 Mitglied der Sozialdemokratischen Partei der DDR. 1990 Vereidigung als Ministerin für Arbeit und Soziales nach der ersten freien Volkskammerwahl in der DDR. 1990 Ministerin für Arbeit, Soziales, Gesundheit und Frauen des Landes Brandenburg. 1992 Wahl zur »Frau des Jahres 1991« durch den Deutschen Staatsbürgerinnen-Verband. Verleihung des Hoegner-Preises 1992. – Ein Gespräch mit dem Herausgeber.

Rolf Hochhuth, der 1931 geborene Dramatiker lebt in Basel. Seit 1963 freier Schriftsteller. Autor zahlreicher Schauspiele, Erzählungen und Essays. Gesellschaftskritische Publikationen. Wegweisend für die Anfänge des politisch-dokumentarischen Theaters. Seine wichtigsten Werke: »Der Stellvertreter« (1963), »Soldaten, Nekrolog auf Genf« (1967), »Guerillas« (1970), »Die Hebamme« (1971), »Juristen« (1979), »Ärztinnen« (1980), »Judith« (1984), »Sommer 14« (1990). Mitglied des PEN-Zentrums. Zahlreiche Preise, u. a. Berliner Kunstpreis (1963), Baseler Kunstpreis (1976), Lessing-Preis (1981), Jacob-Burckhardt-Preis Basel (1990), Elisabeth-Langgässer-Preis (1991). Hochhuths Werke sorgten immer wieder für Aufsehen, so wurde die Kritik am Verhalten der katholischen Kirche und Papst Pius XII. während der Nazi-Zeit (»Der Stellvertreter«) zu einem Welterfolg. Infolge des Schauspiels »Juristen« stürzte der baden-württembergische Ministerpräsident Hans Karl Filbinger. Die Ermordung des früheren Treuhand-Vorsitzenden Detlev Rohwedder dramatisierte Hochhuth in »Wessis in Weimar«. – Das Gespräch Hochhuths mit dem »manager magazin« erschien im Juni 1992 (»Der zweite Anschlag auf Detlev Rohwedder«). Der Vorabdruck der umstrittenen Textpassagen ist dem »Spiegel« 23/1992 entnommen. »Wessis in Weimar«: © 1993 by Verlag Volk und Welt GmbH, Berlin.

Rüdiger Liedtke, geb. 1947, lebt als Journalist und Schriftsteller in München. Studium der Politischen Wissenschaften. Autor zahlreicher Bücher, u. a. »Widerstand ist Bürgerpflicht« (1984), »Die Vertreibung der Stille« (1985), »Die neue Skandalchronik« (1989), »Wem gehört die Republik?« (1991). Jahrelange Arbeit für Funk und Fernsehen über politische und ökonomische Themen. Autor von Fernsehfilmen im Bereich Geschichte/Zeitgeschichte.

Johannes Ludwig, geb. 1949, Studium der Musik und der Wirtschaftswissenschaften. Wissenschaftlicher Mitarbeiter an der Technischen Universität Berlin. Danach freier Journalist und Autor (Zeitungen, Hörfunk, Fernsehen). Derzeit am Institut für Publizistik der Freien Universität Berlin tätig (Journalisten-Weiterbildung). Buchveröffentlichungen über Arisierungen, Bankenmacht, Wohnungsbau, Steuern, Wirtschaftskriminalität. Aufsehen erregte sein Buch »Boykott, Enteignung, Mord – Die ›Entjudung‹ der deutschen Wirtschaft« (1992).

Hans-Joachim Maaz, geb. 1943 in Niedereinsiedel (Böhmen), Studium der Medizin von 1962 bis 1968 in Halle/Saale. Seit 1980 Chefarzt der Psychotherapeutischen Klinik im Evangelischen Diakoniewerk Halle. Er kämpfte gegen die Tabus und Widerstände des SED-Staates für tiefenpsychologische und körperorientierte Therapieformen in der DDR. Seit der Wende publizistische Tätigkeit. Autor der Bestseller »Der Gefühlsstau – Ein Psychogramm der DDR« (1990), »Das gestürzte Volk. Die unglückliche Einheit« (1991) und »Die Entrüstung – Deutschland, Deutschland: Stasi, Schuld und Sündenbock« (1992).

Margarete Mitscherlich-Nielsen, geb. 1917 in Dänemark. Studium der Medizin und Literatur, psychoanalytische Ausbildung in Stuttgart, London und Heidelberg. Die Ärztin und Psychoanalytikerin lebt in Frankfurt. 1955 heiratete sie den 1982 verstorbenen Psychoanalytiker Alexander Mitscherlich. Jahrelange Arbeit am Sigmund-Freud-Institut in Frankfurt. Beirat des Hamburger Instituts für Sozialforschung und Mitherausgeberin der Zeitschrift »Psyche«. Mitglied des PEN-Zentrums der Bundesrepublik. Buchveröffentlichungen u. a.: »Die Unfähigkeit zu trauern« (1967, gemeinsam mit Alexander Mitscherlich), »Müssen wir hassen?« (1972), »Das Ende der Vorbilder« (1980), »Die friedfertige Frau« (1985), »Erinnerungsarbeit« (1987), »Die Zukunft ist weiblich« (1987), »Über die Mühsal der Emanzipation« (1990). Zahlreiche Preise und Auszeichnungen. – Ein Gespräch mit dem Herausgeber.

Ralf Neubauer, geb. 1952. Wirtschaftsjournalist. Studium der Volkswirtschaft in Kiel; Assistent am Institut für Agrarpolitik der Universität Kiel; Promotion zum Doktor der Agrarwissenschaften. Redakteur bei den »Kieler Nachrichten« und der »Stuttgarter Zeitung«, für die er auch als Wirtschaftskorrespondent in Berlin war. Ab 1992 Wirtschaftskorrespondent in Berlin für die »Zeit«. Textpassage aus: Christ/Neubauer, »Kolonie im eigenen Land. Die Treuhand, Bonn und die Wirtschaftskatastrophe der fünf neuen Länder«, Berlin 1991.

Jan Priewe, geb. 1949, arbeitet als Professor für Wirtschaftswissenschaften seit 1982 an der Fachhochschule Darmstadt, seit März 1993 an der Berliner Fachhochschule für Technik und Wirtschaft. Er ist Mitarbeiter der Arbeitsgruppe »Alternative Wirtschaftspolitik«. Seit der Wende in der DDR hat er sich intensiv mit Fragen der deutschen Einheit befaßt, Buchveröffentlichungen, u. a. zusammen mit Rudolf Hickel »Der Preis der Einheit. Bilanz und Perspektiven der deutschen Vereinigung« (1991). Für die Gruppe Bündnis 90/Die Grünen im Deutschen Bundestag hat er einen Entwurf für ein neues

Treuhandgesetz erarbeitet. – Der Beitrag ist eine für dieses Buch überarbeitete und auf den neusten Stand gebrachte Fassung des Aufsatzes: J. Priewe, »Ist die Deindustrialisierung vermeidbar? Kritik der Treuhandanstalt und mögliche Alternativen«, in: R. Hickel u. a. (Hg.), »Umverteilen. Schritte zur sozialen und wirtschaftlichen Einheit Deutschlands«, Köln 1993.

Jörg Roesler, geb. 1940, wissenschaftliche Tätigkeit als Wirtschaftshistoriker an der Humboldt-Universität, Berlin (dort promoviert und habilitiert), an der Akademie der Wissenschaften der DDR in Berlin (Ost). Mehr als zwei Jahrzehnte Forschung und Lehre über die Leitung und Planung der DDR-Wirtschaft und ihrer Wachstums- und Effizienzprobleme im Vergleich zu den osteuropäischen Ländern. Nach einem Semester als »visiting professor« an der McGill-University in Montreal/Kanada arbeitet er seit Sommer 1992 am Forschungsschwerpunkt Zeithistorische Studien der in München angesiedelten Fördergesellschaft Wissenschaftliche Neuvorhaben mbH, einem Ableger der Max-Planck-Gesellschaft. Der interdisziplinäre Forschungsschwerpunkt führt Studien zur Aufarbeitung der DDR-Geschichte durch. – Der Beitrag wurde für den vorliegenden Band aktualisiert und bis 1993 fortgeschrieben. Seine ursprüngliche Fassung entstammt »1999. Zeitschrift für Sozialgeschichte des 20. und 21. Jahrhunderts« 1/1992.

Detlev Karsten Rohwedder, geb. 1932 in Gotha/Thüringen. Studium der Rechts- und Wirtschaftswissenschaften in Mainz und Hamburg. Stipendiat der Ford Foundation an der Universität von Kalifornien in Berkeley/USA. 1961 Promotion. Seit 1969 Mitglied der SPD ging Rohwedder als beamteter Staatssekretär in das Wirtschaftsministerium Karl Schillers. Unter den Wirtschaftsministern Friedrichs und Lambsdorff (beide FDP) zuständig für den Bereich der Industrie-, Energie- und Außenwirtschaftspolitik. Experte bei Wirtschaftsverhandlungen mit der DDR. 1979 Wechsel in den Vorstand der Hoesch AG; ab 1980 Vorstandsvorsitzender. Von Juni 1990 an Verwaltungsratsvorsitzender (nebenberuflich) der Treuhandanstalt; ab Sommer 1990 Präsident der Treuhandanstalt. »Manager des Jahres 1990«. Am 1. April wurde Rohwedder in seinem Privathaus in Düsseldorf ermordet. – Quelle des Briefs »An alle Mitarbeiterinnen und Mitarbeiter der Treuhand«: Pressestelle der Treuhandanstalt Berlin.

Armin Steuer, geb. 1956, Publizist, Filmemacher und Übersetzer. Zunächst als Diplomverwaltungswirt 10 Jahre im Auswärtigen Dienst tätig. Seit 1986 freier Autor mit Schwerpunkt Geschichtsdokumentationen, u. a. »Dem deutschen Volke« (ARD, 1991), »Mythos Stalingrad« (ARD, 1993). Übersetzungen aus dem Spanischen, z. B. Eduardo Galeano: »Von der Notwendigkeit, Augen am Hinterkopf zu haben« (1992). Mitarbeit bei der Lateinamerika-Redaktion der Deutschen Welle, Köln. TV-Nachrichtenredaktion des WDR, Köln; freie Fernsehproduktionen. Steuer ist Experte für Kolonialismusthemen. Er lebte 22 Jahre in Ländern der Dritten Welt, u. a. in Kamerun und Argentinien.

Rainer Trampert, geb. 1946, Industriekaufmann. Politisch aktiv durch die Anti-Atomkraft-Bewegung. Aktive Gewerkschaftsarbeit. 1979 Gründungsmitglied der Grünen. Mitglied der Hamburger GAL. 1982 einer von drei Vorstandssprechern der Grünen. Schwerpunkte: Wirtschaft und Sozialpolitik. Zunehmend kritische Position gegenüber der Partei. 1985 theoretische Position von Trampert und Thomas Ebermann im Buch »Die Zukunft der Grünen. Ein realistisches Konzept für eine radikale Partei« mit 12 Thesen zur »ökologischen Krise und gesellschaftlichen Umwälzung«. 1985 Bestätigung als Vorstandssprecher der Grünen. Mit der Kritik an der zunehmend »staatstragenden Rolle« der Grünen verließ Trampert gemeinsam mit Thomas Ebermann und anderen im April 1990 die Partei der Grünen. Trampert arbeitet heute u. a. publizistisch mit dem Schwerpunkt Gesellschaftskritik.

Weiterführende und ergänzende Publikationen

Zeitungen, Zeitschriften, Fachzeitschriften:

Kurt Hübner: »Von der BRD lernen, heißt siegen lernen.« Anmerkungen zur marktwirtschaftlichen Transformation der DDR, in: Blätter für deutsche und internationale Politik, März 1990. Aus dem Inhalt: »Reduktion der Vielfalt – Bestandsaufnahme der Wirtschaftslage in der DDR – Szenario einer Transformation – EG-Mitgliedschaft als letzte Hoffnung?«

Rudolf Hickel: »Wirtschaftswunder« durch Ausverkauf oder sozial-ökologische Wirtschaftsdemokratie? Denkanstöße zum DDR-Umbau, in: Blätter für deutsche und internationale Politik, März 1990. Aus dem Inhalt: »Umbau der DDR im Interessenstreit der BRD – A-Szenarium: ›Wirtschaftswunder durch Ausverkauf‹ – D-Szenarium: Sozial-ökologische Wirtschaftsdemokratie – Fragen an den Umbau des Wirtschafts- und Währungssystems in der DDR aus kritischer BRD-Sicht.«

Warnruf der ökonomischen Vernunft. Eine schnelle Anhebung des Wohlstandes der DDR-BürgerInnen und ein hastiger Anschluß der DDR an die BRD schließen sich aus. Thesen von Wirtschafts- und Sozialwissenschaftlern aus beiden deutschen Staaten, in: Blätter für deutsche und internationale Politik, März 1990.

Hannes Bahrmann: Treuhandanstalt für den Jahrhundertdeal, in: die tageszeitung, 16. Juni 1990. »In der DDR wird das Volksvermögen aufgelöst – Ein Riesenvermögen steht zur Disposition – Ursprünglich sollte die Treuhand das Volksvermögen schützen.«

Peter Christ: Volks-Wirtschaft im Angebot. Manager aus der Bundesrepublik organisieren die Privatisierung der DDR-Staatsbetriebe, in: Die Zeit Nr. 29, 13. Juli 1990. Über das Treuhandgesetz, die Struktur der Treuhandanstalt und die Probleme, auf die die Manager der Treuhand bei der Privatisierung stoßen.

Gesamtdeutsches Institut/Bundesanstalt für gesamtdeutsche Aufgaben (BfgA): Psycho-soziale Befindlichkeit der Menschen in den neuen Bundesländern nach der Wende im Herbst 1989. Analysen und Berichte Nr. 1/1991. Ebenda: Befindlichkeit der Menschen in den neuen Bundesländern im ersten Jahr der deutschen Einheit. Ausgewählte Beiträge aus Zeitungen und Zeitschriften, 10/1991.

Jan Priewe: Logik des Kahlschlags. Die Aufgaben der Treuhandanstalt sind unlösbar, in: Blätter für deutsche und internationale Politik, Februar 1991. Aus dem Inhalt: »Die Aufgaben – Die Bilanz der Treuhand nach sechs Monaten – Warum geht die Privatisierung so langsam? – Alternativen.«

Armin Mahler: Irrwege im Niemandsland. Über die Rolle der Treuhandanstalt und das Versagen der Politik, in: Der Spiegel 10/1991. »Die Treuhand entscheidet über die Arbeitsplätze von Millionen Menschen und das Schicksal ganzer Regionen – keine Institution im Lande ist mächtiger als die Treuhandanstalt in Berlin, und kaum eine wird weniger kontrolliert. Die Superbehörde macht, ohne demokratische Legitimation, Strukturpolitik – die Regierung in Bonn kneift.«

Peter Christ: Zum Sündenbock gestempelt. Detlev Karsten Rohwedder und die Treuhand – eine Bilanz, in: Die Zeit Nr. 15, 5. April 1991. »Vor dem Mord an Detlev Rohwedder war die Kritik an der Treuhandanstalt immer heftiger geworden. Viele Ostdeutsche halten die Berliner Institution für den Hauptverursacher ihrer wirtschaftlichen Not. Tatsächlich jedoch haben etliche Probleme ihre Ursache in Fehlern des deutsch-deutschen Einigungsvertrages.«

Sabine Sütterlin: Behutsam auf die Straße gestellt. Neue Ziele und doch keine Zukunft: Die Treuhand nach dem Attentat, in: Die Weltwoche Nr. 15, 11. April 1991.

Markus Schneider: »Wir sind immer noch keine richtigen Kapitalisten.« Was tun mit Fabriken, die niemand will? Beobachtungen beim größten Konzern der Welt, der Treuhand in Berlin, in: Die Weltwoche Nr. 16, 18. April 1991.

Rudolf Hickel: Föderalismus zum Nulltarif. Die öffentliche Armut in den neuen Bundesländern als Entwicklungsbremse, in: Blätter für deutsche und internationale Politik, April 1991. Aus dem Inhalt: »Ausgangslage: Ökonomische Schocktherapie ohne Therapie – Der öffentliche Sektor in der Transformationskrise – Grundlagen der föderalen Finanzverfassung – Konstruktionsfehler und Korrekturbedarf: Wege aus der programmierten Finanznot durch den Einigungsvertrag – Kommunen in der Finanzkatastrophe – Ausblick: ›Aufbauprogramm Ostdeutschland‹.«

Jörg Roesler: Marode oder unterlegen? Zum Kollaps der DDR-Wirtschaft, in: Marxistische Blätter 5/1991. Aus dem Inhalt: »Der Kollaps der ostdeutschen Wirtschaft im Sommer 1990 – Besorgnis bei radikaler Handelsliberalisierung in Marktwirtschaften – Währungsunion bei geringerem ›ordnungspolitischen Gefälle‹ – Politisches Interesse versus ökonomische Reform – DDR von vornherein ökonomisch benachteiligt? – DDR-Wirtschaft: Unterlegen, nicht marode.«

Elmar Altvater: Ist das Wirtschaftswunder wiederholbar? Ein Leistungsvergleich zwischen Währungsreform 1948 und Währungsunion 1990, in: Blätter für deutsche und internationale Politik, Juni 1991.

Jan Priewe: Sanieren, dezentralisieren, demokratisieren. Plädoyer für die Neufassung des Treuhandgesetzes, in: Blätter für deutsche und internationale Politik, Juli 1991. Aus dem Inhalt: »Die Probleme – Der Gesetzentwurf von Bündnis 90/Grüne – Kosten und Finanzierung der Treuhandanstalt.«

Michael Daxner: Die Überführung der Wissenschaft in den Westen, in: Kritische Justiz 24/1991. »Hochschulen zwischen Abwicklung und Neustrukturierung.«

Stefan Heym: Warum nicht für jeden eine Flasche Bier? Der Schriftsteller aus der ehemaligen DDR über die erneute Enteignung des Volkes, in: Die Weltwoche Nr. 32, 8. August 1991.

Mischung aus Marx und Mafia, in: Der Spiegel 37/1991. »Geschäftsleute aus Ost- und Westdeutschland plündern die Unternehmen der Treuhandanstalt. Sie tricksen, täuschen und bestechen. Hemmungslos werden Bilanzen frisiert. Selbst die vornehme Zunft der Wirtschaftsprüfer spielt mit. Der Steuerzahler wird um Milliarden betrogen. Justiz und Polizei in Deutschland haben kapituliert.«

Gerhard Schmidtchen: Die Ostdeutschen als Fremde in ihrem eigenen Land. Sozialpsychologische Anmerkungen zur Lage in Deutschland nach der Einigung, in: Frankfurter Rundschau, 9. September 1991.

Oskar Lafontaine: Die Bonner Schocktherapie mußte scheitern. Ein Jahr Einheit: Schwerer als die Desillusionierung der Menschen wiegt die Deindustrialisierung, in: Frankfurter Rundschau, 2./3. Oktober 1991.

Peter Christ: Genies und Bankrotteure. Die ostdeutsche Holding hat Schwierigkeiten mit Arbeitsmenge und Personal, in: Die Zeit Nr. 44, 25. Oktober 1991.

Birgit Breuel im »Spiegel«-Gespräch: »Wir wollen Kerne erhalten.« Die Treuhand-Präsidentin über die Zukunft der ostdeutschen Betriebe, in: Der Spiegel 46/1991.

Gero Neugebauer: Privatisierung in der ehemaligen DDR. Materialien zur Arbeit der Treuhandanstalt, in: Berliner Arbeitshefte und Berichte zur sozialwissenschaftlichen Forschung Nr. 58, Dezember 1991. Das Zentralinstitut für sozialwissenschaftliche Forschung der FU Berlin hat eine umfassende Sammlung zum Thema Treuhand und die Folgen vorgelegt. Analysiert wird das Wirtschaftssystem der ehemaligen DDR, die Personalpolitik der SED im Wirtschaftsbereich, die Grundzüge der Privatisierungspolitik der Regierungen Modrow und de Maizière und die Aktivitäten der Treuhand nach der deutschen Einheit. Die Studie wird ergänzt durch einen ausführlichen Pressespiegel.

Kurt Hübner: Das Kopieren des Westens ist ein Weg in die Sackgasse. Die Wirtschaft im Osten braucht einen neuen entwicklungspolitischen Ansatz, in: Der Tagesspiegel, 13. Dezember 1991. Der Autor fordert einen Weg, der die in Ostdeutschland vorhandenen ökonomischen und sozialen Potentiale nutzt. »Anstelle der Imitation des westdeutschen Exportmodells sollte sich die staatliche Wirtschaftspolitik auf eine weitgehend innengerichtete Industrialisierung konzentrieren, die auf die Vernetzung regionaler Wirtschaftskreisläufe setzt.«

Manfred Kolbe: Die Treuhand als Sanierungsfall. Plädoyer für eine »vorübergehende Industriepolitik« im Osten der Bundesrepublik, in: Frankfurter Rundschau, 21. Januar 1992.

Helmut Höge: Das große Absahnen. Die Treuhand läßt ihnen oft freie Hand, den Unternehmensberatern aus dem Westen, in: die tageszeitung, 27. Januar 1992.

Walter Süß: Eine Behörde verkauft die ostdeutsche Volkswirtschaft, in: Das Parlament Nr. 13, 20. März 1992. Eine Geschichte der Treuhand mit kritischen Stellungnahmen zahlreicher Parlamentarier.

Sabine Sütterlin: Von der St. Galler Schulbank schnell zur Berliner Praxis, in: Die Weltwoche Nr. 13, 26. März 1992. »Junge Schweizer sollen bei der Treuhand nach West-Manier marode Firmen sanieren und Hunderte von Arbeitern auf die Straße stellen.«

Arbeitsgruppe alternative Wirtschaftspolitik: Memorandum '92. Gegen den ökonomischen Niedergang – Industriepolitik in Ostdeutschland, in: Blätter für deutsche und internationale Politik, Mai 1992.

Birgit Breuel im Gespräch mit der »Welt«: Der Osten Deutschlands ist doch keine Manager-Steppe, in: Die Welt, 22. Juni 1992. »Die Präsidentin der

Treuhandanstalt will ihr Haus vom ›Plattmacher‹-Image befreien und gegen ›Desinformation‹ Front machen.«

Alte Rechte, neues Unrecht, in: Der Spiegel 27/1992. »Private Investoren und staatliche Stellen, Hausbesitzer und Alteigentümer streiten verbissen um Immobilien in den neuen Bundesländern. Behörden und Gerichte sind ebenso unwillig wie überfordert, der Aufschwung im Osten scheitert an den Eigentumsfragen. Hilflos versuchen die Bonner, ihre gescheiterte Politik zu revidieren.«

Klaus von Dohnanyi: Der Notplan Ost, in: Die Zeit Nr. 28, 3. Juli 1992. »Zwei Jahre nach der Währungsunion eine ernüchternde Bilanz: Das Glück der deutschen Einheit könnte den Ruin des Wirtschaftswunders Bundesrepublik bedeuten, wenn es nicht gelingt, die Verödung der ostdeutschen Industrielandschaft zu stoppen.«

Kurt Biedenkopf im »Blätter«-Interview: »Die Aufholjagd ruiniert die ganze Gesellschaft«. Eine andere Entwicklungspolitik für die neue Bundesrepublik, in: Blätter für deutsche und internationale Politik, August 1992. Der sächsische Ministerpräsident analysiert die Politikverdrossenheit in Deutschland und kritisiert einen Teil der westdeutschen Rezepte zur Überwindung der Vereinigungs-Krise. Er beschreibt den schwierigen Weg zu einheitlichen Lebensverhältnissen in Ost und West und fordert eine Neudefinition des Finanzausgleichs sowie eingreifende Strukturveränderungen auf dem Arbeitsmarkt.

Ralf Neubauer: Die Bilanz bröckelt, in: Die Zeit Nr. 39, 18. September 1992. »Arbeitsplatzgarantien werden nicht eingehalten, Preise nicht gezahlt, die Käufer bleiben aus.«

Fritz J. Raddatz: Nicht mehr alt, noch nicht neu. Verlegen in einem fernen Land, das auch Bundesrepublik Deutschland heißt: Was ist aus den Verlagen der DDR geworden?, in: Die Zeit Nr. 41, 2. Oktober 1992.

Dietmar H. Lamparter: Die Gewinner der Einheit, in: Die Zeit Nr. 41, 2. Oktober 1992. »Die Währungsunion war ein gigantisches Konjunkturprogramm für die Konsumgüterbranche im Westen. Jetzt profitieren Telekommunikationsmultis und Baukonzerne.«

Günter Grass: Rede vom Verlust. Über den Niedergang der politischen Kultur im geeinten Deutschland, in: Süddeutsche Zeitung, 21./22. November 1992. Der Schriftsteller hielt diese Rede am 18. November 1992 in den Münchner Kammerspielen innerhalb der Reihe »Reden über Deutschland«.

Thomas Friedländer: Die marktwirtschaftliche Transformation in den neuen Bundesländern aus Sicht von Entwicklungstheorie und -politik, in:

Zeitschrift für Sozialökonomie, Dezember 1992. Aus dem Inhalt: »Volkswirtschaftliche Leistungsfähigkeit: Wachstum, Produktivität und Einkommen – Die irreparablen Schäden der schnellen Währungsunion – Aufschwung West und Abschwung Ost – Vom Kombinat DDR zur DM-Kolonie in treuhänderischer Verwaltung – Arbeitslosigkeit – Exodus des Wissenschaftspotentials: ein Beitrag zur Abwicklungs- statt Entwicklungspolitik – Entwicklungspolitische Lehren ja oder nein?«

Wilfried Gottschalch: Soziales Streben als Folge der Gleichschaltung der ostdeutschen Länder, in: Freibeuter 51/1992. Aus dem Inhalt: »Soziales Sterben als Zerstörung lebensgeschichtlicher Erfahrung – Die Rollen und Biographien der Kommunisten, Dissidenten und Mitläufer – Das Narrenspiel der Hoffnungen und sein Ende.«

Jürgen Habermas: Die zweite Lebenslüge der Republik: Wir sind wieder »normal« geworden, in: Die Zeit Nr. 51, 11. Dezember 1992. Eine Analyse des Zustandes der Republik nach der Wiedervereinigung. Die Verfassungsdebatte am Beispiel der Asylfrage. Jürgen Habermas zum Einigungsvertrag: »Das klägliche Symbol des Vertrages, den Herr Schäuble in der Gestalt des Herrn Krause mit sich selber abgeschlossen hat, ist kein Ersatz für einen Gesellschaftsvertrag, der in einer Verfassungsdebatte öffentlich hätte ausgehandelt werden müssen.«

Ralf Neubauer: Was tun mit dem Rest? Ostdeutschland: Korrekturen in der Bonner Politik verunsichern die Treuhandanstalt, in: Die Zeit Nr. 53, 25. Dezember 1992. Der Artikel setzt sich mit der Form der Management KG auseinander, mit Vorgaben, die die Sanierung vor die Privatisierung stellen wollen.

Jörg Goldberg: Absturz West statt Aufschwung Ost? Zur Dimension der kommenden Krise, in: Blätter für deutsche und internationale Politik, Januar 1993.

Bücher:

Jan Priewe/Rudolf Hickel: Der Preis der Einheit. Bilanz und Perspektiven der deutschen Vereinigung. (Frankfurt/Main 1991). Eine kritische Bestandsaufnahme der Währungs- und Wirtschaftsunion, die Folgen der ökonomischen Transformation. Das Buch setzt sich mit dem einseitigen Auftrag der Treuhand auseinander, mit den politischen Vorgaben und sucht Lösungsansätze für die Zukunft.

Gerd Grözinger (Hrsg.): Nur Blut, Schweiß und Tränen? Alternativen zum Katastrophenhandeln bei der deutschen Einigung. (Marburg 1991). Eine ungeschminkte Bestandsaufnahme der Versäumnisse bei der Währungs- und Wirtschaftsunion mit konstruktiven Änderungsvorschlägen.

Heinz Suhr: Der Treuhand-Skandal. Wie Ostdeutschland geschlachtet wurde. (Frankfurt/Main 1991). Die wechselvolle Geschichte der Treuhand, deren Grundidee zum Schutz des »Volksvermögens« durch alte Seilschaften, inkompetente Bürokraten und raffgierige Westspekulanten in ihr Gegenteil verkehrt wurde. Mit zahlreichen Dokumenten.

Hans-Joachim Maaz: Das gestürzte Volk. Die unglückliche Einheit. (Berlin 1991). Ein wichtiger Beitrag zur psychologischen Dimension der Vereinigung und für die Suche nach einer gesellschaftlichen Identität für Ost- und Westdeutschland.

Peter Christ/Ralf Neubauer: Kolonie im eigenen Land. Die Treuhand, Bonn und die Wirtschaftskatastrophe der fünf neuen Länder. (Berlin 1991). Die Treuhand wird als »Problemfall erster Ordnung« diagnostiziert, das Vertrauen auf die Selbstheilungskräfte der Marktwirtschaft in dieser historisch einzigartigen Umgestaltung als blauäugig. Eine fundierte Auseinandersetzung mit der Treuhand, ihrer Politik und dem Umgang der Westdeutschen mit der ehemaligen DDR-Bevölkerung.

Martin Flug: Treuhand-Poker. Die Mechanismen des Ausverkaufs. (Berlin 1992). Die Entstehung der Treuhand, ihr Anspruch und die Politik der »Abwicklung«. Auseinandersetzung mit den Politischen Vorgaben. Beispiele, Bilanz und Ausblick.

Horst Siebert: Das Wagnis der Einheit. Eine wirtschaftspolitische Therapie. (Stuttgart 1992). Das Mitglied des Sachverständigenrates zur Begutachtung der gesamtwirtschaftlichen Entwicklung (»Fünf Weise«) ist ein kompromißloser Verfechter der Privatisierungspolitik der Treuhand und setzt in erster Linie auf die Marktkräfte. Eine kritische Bestandsaufnahme der Treuhandarbeit.

Christa Luft: Treuhandreport. (Berlin und Weimar 1992). Die Professorin für Außenwirtschaft und Wirtschaftsministerin der Regierung Modrow war maßgeblich am Zustandekommen der Treuhand beteiligt. Informationen aus erster Hand, massive Kritik an der Umfunktionierung der Treuhand unter de Maizière und den Initiatoren der Währungsunion. Bewertung der volkswirtschaftlichen Substanz der ehemaligen DDR, Kritik an Deindustrialisierung und Demontage im sozialen Bereich.

Inga Markovits: Die Abwicklung. Ein Tagebuch zum Ende der DDR-Justiz. (München 1993). Eine Auseinandersetzung mit dem Rechtssystem der DDR und seiner Überführung in den Rechtsstaat bundesdeutscher Prägung.